U0635154

本书由南开大学亚洲研究中心资助出版

FOOD SECURITY

AND CHINA

FROM AN

国际视野下的
粮食安全与中国

INTERNATIONAL

PERSPECTIVE

徐振伟 著

天津出版传媒集团

天津人民出版社

图书在版编目（CIP）数据

国际视野下的粮食安全与中国 / 徐振伟著. -- 天津：天津人民出版社，2022.3

ISBN 978-7-201-18151-6

Ⅰ. ①国… Ⅱ. ①徐… Ⅲ. ①粮食安全－研究－中国 Ⅳ. ①F326.11

中国版本图书馆 CIP 数据核字 (2022) 第 010050 号

国际视野下的粮食安全与中国
GUOJI SHIYE XIA DE LIANGSHI ANQUAN YU ZHONGGUO

出　　版	天津人民出版社
出 版 人	刘　庆
地　　址	天津市和平区西康路 35 号康岳大厦
邮政编码	300051
邮购电话	（022）23332469
电子信箱	reader@tjrmcbs.com
策划编辑	王　康
责任编辑	郭雨莹
装帧设计	汤　磊
印　　刷	天津新华印务有限公司
经　　销	新华书店
开　　本	710 毫米 × 1000 毫米　1/16
印　　张	18
插　　页	2
字　　数	220 千字
版次印次	2022 年 3 月第 1 版　2022 年 3 月第 1 次印刷
定　　价	86.00 元

版权所有　侵权必究

图书如出现印装质量问题，请致电联系调换（022-23332469）

前言

　　美国前国务卿基辛格曾说过：谁控制了石油，谁就控制了所有国家，谁控制了粮食，谁就控制了所有的人，谁控制了货币，谁就控制了整个世界。这句话一方面说明了石油、粮食和美元是美国控制全球的三大战略，另一方面也说明了民以食为天，粮食是人类生存的必需品。这种生存必需品的基本属性决定了粮食与其他商品不同，它既具有经济性，又具有政治性；既具有现实性，又具有战略性。

　　粮食的生存必需品属性决定了粮食的战略属性，这种属性使得美国将粮食作为一种非传统武器，服务于美国的政治和外交利益，虽无形却最致命，粮食比能源、金融等更具有国家战略的基础地位。粮食安全关乎人们的温饱问题，它既涉及人与自然、人与土地、人与水资源、人与农业技术、人与能源、人与金融等的关系，也涉及人与人之间的关系。从历史发展来看，粮食问题的解决经历了个人、家庭、村落、国家、全球等各个阶段，范围不断拓展。今天，粮食问题不仅是涉及各国政治、经济及国际战略的重要问题,也是关系世界和平与发展的全球性问题。

迄今为止,人类社会共爆发了两次全球性的粮食危机,分别是1974年粮食危机和2008年粮食危机,这两次粮食危机像无声的海啸一样将众多的人卷入饥荒和贫困的深渊,使大量穷人食不果腹,也让很多人感受到来自粮食价格上涨的经济压力。全球性粮食危机是由多种因素引起,并经过一定时间积累的结果。它爆发的原因复杂多样,既有气候生态等自然因素,也有人为的经济、政治等因素;既有国内方面的因素,也有国际方面的因素。在粮食危机爆发后,国际粮食市场的粮食价格飙升,粮食供求矛盾加剧,粮食生产国和出口国纷纷出台贸易限制措施,禁止本国的粮食出口,以优先满足国内的粮食消费需要。在粮食危机的冲击下,许多国家的人们走上街头进行示威,抗议政府的政策不力,使社会陷入动荡。值得注意的是,基于资金匮乏和技术落后等各种原因,发展中国家是全球性粮食危机的最大受害者。自然灾害、农业生产力落后、战乱冲突、国际局势动荡等因素导致发展中国家粮食供给量的下降,而经济危机、粮价波动、收入水平低等原因又导致发展中国家的粮食获取能力下降,两者的共同作用导致了发展中国家粮食安全的脆弱性、不稳定性。目前联合国的报告指出,全球仍有大量人口面临饥饿和营养不良的困境,这些人大多数身处发展中国家,因此对于广大的发展中国家特别是依赖粮食进口的国家而言,解决人民的温饱问题,实现本国的粮食安全还有很长的路要走。

在2020年新冠肺炎疫情在全球蔓延后,许多人担心会再次爆发全球性的粮食危机。新冠肺炎疫情大流行对全球粮食供应和消费造成了多方面的消极影响,诸如劳动力流动受到限制,导致播种、收割期间劳动力不足;疫情导致农资供应紧张,农资运输受阻,增加了农业生产的成本;停工停产冲击食品加工供应链,导致农产品积压或损坏;很多人的收入减少,即使不是从事农业生产的人员也由于收入的减少(比如失业)没有办法购买足够的粮食。此外,为应对疫情,多国采取"封城""封国"等限制措施,正常的粮食贸易受到干扰,贸易保护主义抬头,有些粮食出口国开始收紧出口政策并采取了暂停出口的限制措施,以优先保证本国的粮食安全。基于新冠肺炎疫情对全球粮食贸易和国际粮食市场带来的冲击,发展中国家特别是依赖粮食进口的发展中国家是首当其冲的受害者。联合国秘书长古特雷斯于 2021 年7 月指出,2020 年全球饥饿人口比 2019 年增加了 1.61 亿人,新冠大流行造成巨大破坏,使全球 30 亿人无法负担健康饮食,世界严重偏离了到 2030 年实现可持续发展目标的轨道。他强调,贫困、收入不平等、高粮价、气候变化和冲突均为始作俑者,是导致灾难的驱动因素,而新冠肺炎疫情无疑进一步加剧了这种灾难。

中国作为人口大国,保障粮食安全至为重要。在中国的历史上,因饥荒而导致的农民起义和王朝更替比比皆是。可以说,中国 5000 年的文明史也是中国人民不断与饥荒抗争的历史。在新中国成立后,中国共产党带领中国人民逐步解决了温饱问题,用占世界少量的土地和水资源养活了 14 亿人口,这是中国共产党人为世界和平与稳定做出的巨大贡献。粮食是每一位国民的生存必需品,政府有义务让所有国民获得这种生存必需品,粮食安全是国家安全的基础,所以中国才实行世界上最严格的耕地保护制度。世界上恐怕找不到第二个国家,像中国这样制定了如此严格的制度。这也证明了中国的粮食安全压力一直存在。

自党的十八大以来,以习近平同志为核心的党中央将粮食安全提升到一个前所未有的战略高度。习近平总书记在不同的场合不断强调粮食安全的重要性,他指出,保障国家粮食安全是一个永恒的课题,中国人的饭碗任何时候都要牢牢端在自己手上,并强调农业的基础地位任何时候都不能忽视和削弱,手中有粮、心中不慌在任何时候都是真理。当前,中国人民正在为追求更加美好的生活质量而努力,不仅关注吃饱的问题,而且关注吃好的问题;不仅关注粮食的数量,而且注重粮食的品质;不仅重视粮食安全,而且强调食品安全。这些对中国政府解决粮食安全问题,满足中国人民对美好生活的期望提出了更高的要求。

尽管近几年中国的粮食生产连年丰收,但粮食生产、流通、消费等一系列环节中存在的问题仍需要引起我们的重视。例如,如何调动农民种粮的积极性,吸引优秀的人才从事农业生产,让农民成为一种有尊严的职业;如何实现农业现代化,突破自然资源瓶颈制约,提高农业生产力,实现农业生产比较效益,维持粮食基本自给;如何在保护中国种质资源的同时,提高中国种业的高科技含量,研发更为先进的种业"芯片",解决农业科技"卡脖子"的问题,进而缩短与发达国家农业技术的差距;如何与国际上公认的粮食安全观念接轨,在保障粮食供给、提高所有家庭粮食获取能力的同时,确保食品安全、改善营养结构,使人人吃得安全、吃得放心。这些问题都是中国迈向世界强国所面临的挑战。居安思危方能有备无患。我们在看待自身的粮食问题时有必要扩大视野,从全球和国际的视角学习借鉴其他国家的经验。每个国家都十分重视本国的粮食安全,采取各种措施来保障本国的粮食生产和粮食供应,但是因为各自资源禀赋和比较优势的差异,不同的国家采取的保障措施各有不同,各个国家基于自身技术、资本、政策的差别也导致他们维护自身粮食安全的能力有所不同。

他山之石,可以攻玉。其他国家保障本国粮食安全的经验和教训值得我们借鉴。因此,本书从历史的角度回顾了 2008 年的粮食危机,分析在这一背景下世界主要各国的粮食问题及其对策,以及在国际粮食安全领域的中外关系(冲突与合作),最终结合现实将上述国际范围内的问题、对策的启示,落脚于对中国粮食安全对策及其前景的展望。

开卷有益。让我们从战略的高度和"人类命运共同体"的视角站在新的历史起点上,体察古人"但愿苍生俱饱暖"的心境,着眼于关乎人类未来生存命运的深层次问题和可持续发展问题,关注弱势群体,不忘初心,行稳致远,将粮食问题的研究继续推向深入。

此为序。

目　录

第一章　粮食欧佩克计划的破产及其原因

2008 年至今全球粮价不断上涨,世界迎来了高粮价的时代,粮食安全问题再一次成为世界各国和国际组织关注的首要课题。本章从世界粮食危机爆发的原因切入,引出俄罗斯和泰国等国提出"粮食欧佩克计划"。该计划的主要目的是协调粮食供应从而调控粮食价格,但最终并没有实现。分析该计划提出的背景及其失败的原因,有助于深化对粮食危机非生产性因素的认识,也有助于深化对国际粮食市场上不同行为体之间复杂博弈关系的认识。

一、全球粮食危机的爆发及其原因

自 2008 年粮食危机爆发以来,全球饥饿人口不断增加,首次突破了 10 亿,约占世界总人口的 1/7。粮食危机类似一场无声的海啸,把更多的中下层民众推向贫困和绝望的深渊,并使许多已经脱贫的家庭重新返贫。面对饥饿和粮价高涨,人们抗议政府的应对不力。他们走出家门,走上街头进行游行示威和抗议,从非洲到拉美再到亚太,数十个国家尤其是发展中国家爆发了"饥饿暴动"和"饥饿骚乱"。此外,在许多国家和地区,饥饿与营养不良问题带来的消极影响也波及社会、政治、经济的各个层面。随着国际粮食安全问题的日益突出,2008年6月,各国领导人聚会罗马,共同商讨缓解世界粮食危机的途径。

世界粮食危机的爆发有着深刻的现实原因。首先,自然因素是诱发世界粮食危机的直接原因。在科学技术日新月异的今天,农业生产仍无法摆脱靠天吃饭的局面,这决定了农业一直是一个弱质产业,而近几年频繁出现的极端天气和全球气候变暖的趋势更大大影响了农业生产。自然因素导致的粮食减产对维护世界粮食安全是个不小的打击。

其次,随着农业现代化的发展,粮食与能源的联动关系越来越密切。粮食价格更容易受到能源价格的冲击,国际能源价格的提高导致粮食生产成本的上升。成本的大幅增长对一些中小农业生产者来说是致命的打击,财力不够强大的农户无法承受高额的成本,生产积极性遭到极大挫败,有的甚至选择退出农业生产,因而导致了粮食产量的下降,造成国际粮食贸易数量的减少。同时,由于世界石油价格的居高不下,一些科技发达的大国加强了对石油替代品的开发和生产,这导致供给生物燃料生产的农产品数量不断增加,越来越多的玉米被制成生物乙醇,供给汽车消费,出现"人与汽车争粮"的现象,因此生物能源的发展也加剧了粮食短缺的局面。

再次,粮食进口国与粮食出口国双方粮食政策的矛盾,也加剧了粮食危机的程度。粮食进口国与粮食出口国采取相互矛盾的政策,不仅无法解决双方国内粮食安全问题,还加剧了国际粮食市场供给紧缺情况。粮食进口国家与粮食出口国家间缺乏完善的信息沟通机制与合作机制,带有利己主义的盲目性决策,对双方来说都具有严重的损害性。[1]

---

① 王明国:《机制复杂性及其对国际合作的影响》,《外交评论》,2012年第3期。

与此同时,投资资本在大宗商品期货市场的大量投资,对已有的国际农产品市场影响很大,导致农产品价格持续保持高位。根据亚洲开发银行数据显示,仅仅在一年之内,世界小麦、大米的出口价格就分别上涨了130%和98%。受利益驱使,国际基金炒家对世界粮食市场进行干预和操纵,一些实力弱小的国家、地区无法承受持续偏高的粮价,导致本国粮食安全受到威胁。

最后,从长期原因来看,发达国家农业生产对发展中国家农业生产的挤压是导致世界粮食危机的重要因素。随着时代的发展和科技的进步,农产品的生产方式有了较大变化。西方国家由于拥有强大的科技实力,其粮食生产成本大大降低,发达国家利用本国优势对中小发展中国家的农业生产造成了不利影响,导致中小发展中国家粮食生产能力被削弱,粮食产量下降,需要依赖从发达国家进口粮食。这更加剧了世界粮食危机爆发的程度和破坏力。

需要补充说明的是,国际上主流的生产观念也对粮食危机有着一定的影响。多年来,自由贸易比较优势理论的传播钝化了许多发展中国家发展自身农业生产的愿望。一些发展中国家没有就如何提高本国粮食生产而努力,而是天真地认为世界粮食供应永远是充足的,可以完全依赖便宜的进口来替代国内生产,这种停滞不前的思想观念导致了一些国家在农业生产方式和农业生产水平上的停滞甚至倒退。

二、粮食欧佩克计划的提出及其破产

(一)粮食欧佩克计划的提出

2008年,世界粮食危机的爆发为一些国家敲响了警钟。为维护本国人民首要的生存利益及国家发展权益,一些粮食出口国开始寻求共同合作、规避粮食安全威胁的方法。俄罗斯率先提出成立"粮食欧佩克"的设想,在与乌克兰、哈萨克斯坦举行的一次农业峰会上,俄罗斯将这一设想公之于众。

时任俄罗斯农业部长的戈尔杰耶夫认为,在世界粮食生产和贸易过程中应当建立一种协调和平衡机制,以免出现粮食价格过高,也可防止过多的粮食被用作制造生物燃料。在这种机制下,所有的国家都应有一个平衡的粮食生产和消费。一方面,俄罗斯抨击美国推行的生物能源战略,认为此战略要为世界粮食危机的爆发负一定责任。当美国国会通过了一项禁止设立卡特尔组织的反欧佩克法案(NOPECP)时,戈尔杰耶夫说道:"美国的立法者们应为此而蒙羞。这个世界上充斥着饥饿,而大量的粮食却被用来制作生物燃料。"①俄罗斯抨击美国的目的是为了体现粮食欧佩克计划的人道主义色彩,占据道义制高点,强调这一国际机制的正当性和合法性,并借以回应别国对俄罗斯此举的政治动机的质疑。另一方面,俄罗斯又在积极拉拢美国等西方发达国家开展农业合作。在八国集团峰会上,时任俄罗斯总统的梅德韦杰夫就曾提出他关于保持粮食价格的理念。作为解决粮食安全问题的措施,俄罗斯总统提出建立一个粮食峰会机制:"俄罗斯已经提出了新建议——建立一个有农业部长出席的新形式的G8。"②

同样,俄罗斯政府高官提出在独联体框架内建立一个粮食欧佩克组织,以便协商俄、乌、哈三国在世界粮食市场中的出口政策,并保护这些国家在全球谷物市场中的利益,这种机制有助于制定全面发展粮食生产的联合方案(如欧佩克在石油行业中的行为)。粮食欧佩克这一机制的优点在于可以将粮食需求平衡在一个合适的水平,以及调整成员国国内的粮食供应(这也是欧佩克所做的)。这可以防止本国需要的粮食被用于出口。"俄罗斯注意

---

① Зачем Минсельхоз вспомнил « зерновой ОПЕК, http：// newsland. com/news/detail/id/253385/.

② Дмитрий Медведев « похоронил » зерновой ОПЕК, http：// www. agro－delo. ru/news/8744. html.

到,在俄罗斯、乌克兰和哈萨克斯坦,由于畜产品和农产品大量出口导致了国内粮食、饲料需求大,价格上涨,由此带来的种种弊端广受诟病。这个新的机制可以参与协调成员国国家间的粮食出口,防止恶性竞争,从而保护成员国农业和畜牧业的利益。"①

俄罗斯除了与美国等西方发达国家以及独联体国家的合作之外,还积极拉拢一些东欧国家参与。俄罗斯政府官员曾乐观地认为:"原则上,可能参与这个组织的除了俄、乌、哈之外,还有匈牙利(3.5万吨的粮食出口量)、保加利亚、罗马尼亚,在将来或许土耳其也可能加入。尽管在2007年的时候,白俄罗斯一直保持沉默,但是此前白俄罗斯一直被视为一个合作伙伴。"②

在全球粮价高企的情况下,在东南亚,以泰国为首的大米生产国为捍卫自身利益,提出成立"大米欧佩克"(OREC)的想法,想要通过成立大米欧佩克来主导和控制大米的出口,并吸收更多的国家参与。实际上,早在2001年,泰国就曾提出建立大米输出国组织的想法,③2008年国际粮食危机的爆发则使得这一设想更为迫切,一方面全球粮价的飙升使得泰国等国的出口收入增加,泰国农民获益,另一方面泰国等国认为他们在全球粮食市场缺乏定价权和话语权,这又损害了他们的利益。

获得丰厚的出口收入却还想要垄断大米的出口,为此要建立大米输出国组织来主导世界大米的价格,正如泰国人所说:泰国出口廉价的大米,却进口昂贵的石油,这不利于泰国本国的国际收支和贸易平衡。这就是大米欧佩克"诞生"的最大理由。在泰国人看来,同样作为国际大宗商品的石油和粮食,石油欧佩克的建立保证了其成员国获得高额垄断利润,而粮食领域却缺乏欧佩克组织。

---

①② Зачем Минсельхоз вспомнил «зерновой ОПЕК, http://newsland.com/news/detail/id/253385/.

③ Melissa Alexander, Focus on Thailand: Government Takes Lead in Setting Rice Exporter, *World Grain*, No.12, 2002, pp. 20 – 24.

（二）粮食欧佩克计划提出的原因

从经济学角度讲，资本主义发展到一定阶段必然会形成垄断，其原因在于资本主义由自由资本主义向垄断资本主义过渡。众多的小资本在市场中会不断融合，形成少数的几个大资本和大企业。由于它们规模较大，势均力敌，在大范围竞争中很容易产生恶性竞争，最终两败俱伤，双方都损失惨重，因此大企业一般会采取妥协、联合的方式，从而减少竞争造成的损失，提高收益。粮食是当前非常重要的战略资源，因此少数的粮食出口大国可以利用控制粮食资源来控制市场，进而控制价格，实现垄断。

在国际粮食贸易中，一直以来都存在发达国家与发展中国家地位不平等的问题，这也为粮食欧佩克计划的提出埋下了伏笔。某些主要的粮食出口国在国内实行粮食补贴政策，每年用大量的财政支出补贴给农民，使得该国农民从事粮食生产的成本大大降低，该国粮食价格大大低于国际一般水平，从而在粮食的国际贸易中占据了有利地位。而且这些进行农业补贴的发达国家还拥有世界上最为发达的农业技术，农业生产率也远高于许多发展中国家，所以在粮食的产量上也占据优势地位。这些发达国家在粮食国际贸易中依靠自己的成本优势和产量优势，每年大量出口粮食到发展中国家，并且对于粮食的国际价格有着绝对的掌控权力。这种在国际贸易中的优势完全是由于发达国家在农业上的大笔投入得来的，这在国际贸易中显然是不公平的，虽然联合国粮农组织多次就这些发达国家的粮食补贴政策提出相关提案，要求恢复国际粮食贸易的平等和自由，但都无果而终。大量实行粮食补贴政策的发达国家扰乱了国际粮食贸易的合理秩序，使得国际粮食市场的自由竞争被打破，国际粮价受到很大影响。

在国际粮食贸易中扮演很重要角色的是跨国粮商"ABCD"：ADM（Archer Daniels Midland），邦吉（Bunge），嘉吉（Cargill）和路易达孚（Louis Dreyfus）。粮食价格上涨并没有使一般小农获得更多收益，利润都被这四大跨国粮商拿走了。这些粮食巨头在世界粮食危机中赚取了超额利润,嘉吉公司同期净收入从 5.53 亿美元增加到 10.3 亿美元,上升 86%。① 这四大粮商分别在不同的农业生产资料领域占据垄断地位,并获取高额利润。生产资料价格的上涨增加了农业成本,降低了农民种粮的热情和积极性,但是在发达国家,高额的农业补贴使农民的利益受损降到最低,而发展中国家的农民就没有如此幸运了。这使得发展中国家粮食的种植面积显著减少。这些对发展中国家粮食贸易不利的现象体现了国际粮食贸易中发达国家与发展中国家的不对等地位,这也是国际粮食危机爆发的根源。②

随着时间变迁,发展中国家在国际粮食贸易中不仅没有扩大自己的市场份额,相反下降了许多。发达国家在国际粮食贸易中的市场份额不断提高,其主导地位也得到加强。这种强者愈强、弱者愈弱的局面使得一些较小的粮食出口国无法获得国际粮食贸易中的相应利润,同时国内粮食安全得不到保障,当危机发生时,财力弱小的发展中国家极容易受到波及。

同时,国际粮食贸易的壁垒设置具有不合理性。当全球性的粮食危机爆发后,各个粮食生产国和出口国纷纷出台政策,实行粮食出口限制并提高关税。这些出口限制措施极大地减少了国际粮食贸易量,导致人们对粮食危机的恐惧日益加深。粮食减产、限制出口、粮食安全紧张,这一系列国际贸易的壁垒设置也使得国际粮食危机的爆发具有更强的破坏性。

(三)粮食欧佩克计划的无果而终

当粮食欧佩克和大米欧佩克的倡议提出后,批评者认为该计划与穷人为敌,只会加剧而不会缓解饥饿和贫穷,③同是东盟成员国的菲律宾的官员

---

① 尹成杰:《粮安天下》,中国经济出版社,2009 年,第 93 页。
② Sara J. Schwartz,Jitendar S. Mann,Randolph, Beth Rose,*The Rice Economy of Asia*,Washington,DC. : Resources for the Future,1986,p. 5.
③ 《泰国"大米欧佩克"提议引发争议》,《经济参考报》,2008 年 5 月 5 日。

认为,泰国的倡议损害了菲律宾的合法权益,特别是菲律宾广大中下层民众的生存权益,因为菲律宾是主要的大米进口国之一。大米欧佩克垄断价格的行为无疑增加了菲律宾的进口成本,为此,菲律宾反对建立大米输出国组织的倡议。

设立"大米欧佩克"的原因看似合理,但实际上是几个较大的大米输出国为了联合操纵国际大米价格而选择的一种"漂亮"的外衣,操纵大米价格的本质还是国家利益的驱使。在国际粮食贸易中,如果由供给方来制定价格,那么需求方在粮食贸易中的利益必然受损,对于一些依赖粮食进口的国家来说,过高的粮价会威胁国家的粮食安全。为了维护世界粮食安全及国际粮食贸易公平而成立的"大米欧佩克"恰好违背了它的初衷,成为威胁世界粮食安全的另一个因素。并且,几个较大的大米出口国即使结成了联盟,也无法控制大米贸易中的所有生产国,要使所有大米生产者达成一个共同的价格协议几乎是不可能的。

在各方利益的博弈下,在权衡利弊得失之后,泰国政府最终放弃了大米欧佩克的设想。泰国外交部长认为,此时成立大米欧佩克的时机并不成熟,为了在粮食危机中保护自己正当的利益,泰国会考虑采取其他的方式。

三、粮食欧佩克计划失败的原因

(一)粮食生产大国之间的博弈

从经济学上讲,垄断是依靠控制产量而达到控制价格、控制市场的,但垄断是不稳定的。由于各大资本之间都有为了增加自身利益而增加产量的趋势,所以当各大企业都增加产量时,垄断集团就会破裂,市场就会回到竞争之下。总而言之,在垄断价格下,各个垄断合作方都有为自己增加收益的趋势,都是为自己而采取行动,因此最终会导致垄断破裂。

　　具体到粮食领域,各个大国之间的博弈使得世界主要的粮食生产国和出口国很难形成共识。比如在俄乌关系方面,两国互为竞争对手,乌克兰认为参加俄罗斯的粮食欧佩克得不偿失,乌克兰粮食协会主席弗拉基米尔·克利缅科认为,粮食产量是显示一个国家发展水平的不可忽视的硬指标,就此而言,乌克兰整体上已经达到了世界粮食平均单产的水平。然而依照这位乌克兰粮食协会主席的观点,乌克兰不应只满足于达到世界平均单产的水准,而应该争取成为世界领先的粮食生产者,正如他所说:"如果乌克兰的玉米单产在 2012 年达到美国艾奥瓦州的水平,那么我们将不会只收获 2100 万吨作物,而是 6600 万吨以上,如果我们的大麦产量和小麦产量能达到与法国持平的水准,那么我们可以收获 4200 万吨大麦和 1.08 亿吨小麦。"①他同时指出,乌克兰最有前途的农产品是玉米。杂交技术和先进的栽种技术可以让单产超过 100 吨。他认为,与俄罗斯进行粮食欧佩克合作的想法是不切实际的。"从这些国家中我们借鉴不到什么。如果要创建粮食欧佩克,乌克兰应当与美国、法国和巴西合作,我们可以向这些国家学习种植经验。"②

　　在乌克兰人看来,俄罗斯倡导粮食欧佩克来统一协调粮食出口政策无非是要加强俄罗斯在农业领域的话语权,而这无疑会损害乌克兰的利益,因为乌克兰在黑海有港口,也有更加完善的农业基础设施。相比于俄罗斯,他们的粮食产品进入市场的机会要大得多。③ 农业专家们认为,这种机制可能被证明是有用的,但是其创建的方式存在大量的隐性缺陷。"由于粮食欧佩克掌握着定价政策,几乎所有的乌克兰的粮食市场都会被这个跨国机构所控制。从成员国的国家利益的角度来看,'粮食欧佩克'的创建将大大限制

---

　　①②　"Зерновой ОПЕК" с Россией и Казахстаном не в интересах Украины – В. Клименко, http://www. proagro. com. ua/conferences/corn2013/4077463. html.

　　③　Немецкий эксперт: Зерновой ОПЕК может быть выгоден Москве, но не Киеву, http://test. org. ua/usefulinfo/food/news/165.

他们国家的影响力和政策。"①所以,主要粮食出口国之间激烈的竞争关系让粮食欧佩克的组建在一开始就缺少成功的背景条件。

而在主要粮食出口国的博弈之中,我们不能忽视的是美国在其中所占的重要地位。作为世界第一粮食生产国和粮食出口国,美国在国际市场上所占份额以及在当前国际上的强国地位决定了美国拥有强大的话语权。就战略利益而言,粮食欧佩克与美国利益并不一致,甚至可以说与美国的战略利益背道而驰。因为美国不需要加入任何粮食欧佩克就可以对国际粮食市场施加很大的影响,而加入欧佩克反而会约束美国的行动自由。

美国本身的粮食生产能力尚未得到完全开发,国内粮食供给并未受到粮食危机的威胁。美国在世界拥有的农业生产能力之高,让我们很难想象美国会加入粮食欧佩克。而且美国国会通过了反对欧佩克的法案,这一行动本身就让美国行政当局为难。如果美国反对粮食欧佩克,作为美国盟友的澳大利亚、加拿大加入粮食欧佩克的可能性就会大大降低。目前美国和澳大利亚等国控制着国际粮食市场的主导权和定价权,作为领头者的美国对其盟国有着举足轻重的影响力,只要美国没有加入粮食欧佩克,国际粮食市场的主导权就仍然掌握在以美国为首的强国手中,即使是为了维护当前的主导地位,美国也不会同意加入粮食欧佩克之中。

2008 年美国颁布了《禁止石油生产与出口卡特尔法案》(*No Oil Produ-cing and Exporting Cartels Act of 2008*),该法案又被称作 NOPEC(反欧佩克法案)。② NOPEC 的存在使得美国不可能受俄罗斯的拉拢进入到粮食欧佩克的阵容之中,这本身就使得粮食欧佩克的势力下降,而且美国政府会极力反对类似"石油欧佩克"这样的卡特尔集团产生。

---

① Зачем Минсельхоз вспомнил « зерновой ОПЕК, http: // newsland. com/news/detail/id/253385/.

② Thanking Republicans For Supporting The No Oil Producing And Exporting Cartels Act of 2008, May 21,2008, http: // capitolwords. org/date/2008/05/21/H4328 – 2_thanking – republicans – for – supporting – the – no – oil – pro/.

就欧盟来说,欧盟掌管农村和农业发展事务的官员玛丽安·费舍尔·伯尔在访问乌克兰期间曾经明确表示:"欧盟不支持乌克兰参与俄乌哈三方粮食联盟。"她强调:"我们不能忘记,乌克兰是世界贸易组织的成员……欧盟担心这种卡特尔现象会在粮食贸易中出现,进而影响国际粮食价格。"①许多西欧和北美的媒体指出,俄、乌、哈在这一方面的合作将会对世界粮食市场产生巨大影响,并挑战美国、加拿大、澳大利亚、法国等在世界谷物理事会中最具影响力的国家在这一领域的垄断地位。俄罗斯、哈萨克斯坦与乌克兰的粮食产业合作与一体化曾一度有进展的端倪,但是欧盟对这种合作持激烈的反对态度。显然,哈萨克斯坦,特别是俄罗斯与乌克兰之间的联合超出了欧盟的设想。

正如农业市场研究协会(ИКАР)的资深分析人士伊戈尔·巴维斯基(Игорь Павенский)所说:"让这些国家在粮食和农业领域达成一致的合作是非常困难的。"②俄、乌、哈之间本身就存在竞争,而澳大利亚和加拿大之间也一样存在竞争。如果这些竞争者之间无法达成协议,那么就出现了以下问题:"粮食欧佩克"的成员将如何控制粮食生产? 如何影响粮食价格? 成立"粮食欧佩克"的意义又是什么呢?

(二)粮食欧佩克运行机制安排的困难

垄断的形成,客观上要求能够牢牢控制市场,能够控制市场价格和产量,只有能对市场价格和产量产生影响,才能达到垄断时的均衡。当无法达到资源垄断或自然垄断时,很难真正控制该商品市场。

---

① Инна Богословская, кандидат экономических наук, депутат Верховной Рады Украины Источник: журнал "Аграрное обозрение", июль – август 2009 года, http: // agroobzor. ru/article/a – 289. html.

② "Зерновой ОПЕК". Отраслевые эксперты сомневаются в необходимости создания подобной организации, http: // grainboard. ru/news/Zernovoy – OPEK – Otraslevie – eksperti – somneva-yutsya – v – neobhodimosti – sozdaniya – podobnoy – organizatsii – 146526.

对粮食欧佩克而言,其成员国之间如何进行分工? 采取什么定价机制? 这些都是尚未得到解答的问题。石油这种产品的生产本质属性决定了它能被国家政府牢牢控制,因此其运行机制并未出现问题。但粮食与石油不同,从事粮食贸易的跨国粮商和私人业主们并不会因为国家发出一声号召就提高或是降低价格;国家政府对粮价的控制力较差,并不具有石油市场的主导和控制能力。此外,粮食生产的过程有其特殊性,粮食生产存在一定的周期性,也具有一定的不确定性,这导致了粮食生产调节政策具有时滞性。即使国家政府使用强制的政策来控制本国粮食的生产,要达到政策要求的产量也需要一定的生长时间,政府无法即时强力地控制粮食的产量。因此类似石油市场通过调整产量来调整价格的手段无法在粮食市场上应用,由国家政府强行控制国内粮食生产行业的想法是很难成功的。[1]

同时,粮食欧佩克成员国缺乏健全的金融体系,也缺少协调统一的期货市场体系。由于近年来全球货币超发,造成流动性过剩,加上全球股市债券市场以及房地产市场都颇为低迷,投资回报率降低而且风险巨大。所以大量热钱便涌向了国际大宗商品,如风险较低、价格较稳的农产品期货。期货市场越来越决定了粮食价格的形成,也使得粮食的金融属性更趋明显,因此能否建立起统一协调的期货市场体系就显得至关重要。国际粮食期货商的炒作对世界粮食价格的上涨起到了推波助澜的作用。2007 年,全球投资农产品的金额大涨 33% ,一路飙升至 1750 亿美元。[2] 芝加哥的粮食期货合同交易量直线上升,世界大量的粮食储备掌握在实力雄厚的国际基金炒家手中。在这种世界金融体系背景下,如果没有完善的金融和期货市场体系,是很难控制粮食价格的,而粮食欧佩克和大米欧佩克的各个成员国恰恰不具有这样的实力。

---

① 张锐:《"大米欧佩克"的冲动与未来》,《国际商报》,2008 年 5 月 17 日。
② 彭亮:《米价蹿升背后的资本推手》,《财经时报》,2008 年 4 月 11 日。

（三）农产品的本质属性

垄断的形成需要以商品自身特性作为基础，类似于自然垄断或资源垄断，通过控制稀有产品达到垄断。具体而言，垄断商品不能够影响当前世界环境，不会对国家安全、社会稳定产生影响；否则，这样的卡特尔将无法实现，国家法律不能允许。

就粮食欧佩克来说，其"流产"取决于粮食的特殊本质属性。首先，作为生存必需品和战略物资品的基本属性，粮食属于极端重要的战略资源，世界各国普遍重视本国的粮食安全问题，任何国家都不会轻易地让粮食价格控制在少数人手中。而石油属于自然垄断资源和非可再生资源，这种垄断地位几乎不能改变。"石油欧佩克"之所以能够存在，不仅由于其成员国的市场占有率和价格控制权，还由于欧美利益集团、财团参与其中，众多利益交集。但是粮食的价格一旦被少数人控制，其他国家迫于生存压力会不得不进口高价粮食，而这样的涨价很可能给一些贫穷国家、地区造成粮食短缺和粮荒，这种恶果是谁都不希望看到的，所以国际社会不可能把这种本质性的战略资源交由一个唯利是图的卡特尔组织控制。因此各个国家都会想办法提高自己国家的粮食自给率，不会过度依靠国际贸易来得到粮食。正因如此，国际市场的粮食贸易量在全球粮食产量中的比例比较低。2010 年世界粮食产量为 22.8 亿吨，世界粮食出口总量为 27554.5 万吨，进口总量为 26738.1 万吨，[1]可以看出，世界粮食贸易总额在世界粮食总产量中所占的比重并不大。

其次，粮食的基本属性决定了建立粮食欧佩克的倡议面临巨大的国际社会压力。当前，世界粮价一直在上涨，近年不会大幅度走跌，因为粮食需求居高不下。从人道主义的立场观点来看，当粮食危机爆发后，一些国家为

---

① 刘忠涛、刘合光：《世界粮食贸易现状与趋势》，《农业展望》，2011 年第 5 期。

维护自身狭隘的利益,出于一己之私,不顾其他国家民众的生存,联合起来卖出更高的价格,这种做法无异于趁火打劫。所以,成立粮食欧佩克和大米欧佩克的设想遇到较大的舆论和道德压力,面对各种质疑和批评,泰国也在大米欧佩克的立场上出现了退缩。

(四)主要倡议国不足以决定世界粮食供应

垄断需要控制商品市场中大比重的比例,如果无法达到一定份额,便无法实现对价格和产量的控制,最终也不可能形成垄断。

欧佩克一词来源于石油输出国组织(Organization of the Petroleum Exporting Countries,OPEC),该组织是亚洲、非洲和拉丁美洲一些主要石油生产国的国际性石油组织,本质上是一个联合起来共同对付西方石油公司,维护石油收入的垄断组织——卡特尔。粮食生产大国如果想达成协议联合成立粮食欧佩克,那就必须具有建立卡特尔的条件。

首先,建立卡特尔必须要在该产业拥有强大的控制力度和发挥作用的空间,必须可以对产品价格和产量进行直接的控制,并有控制价格的能力。显然,大米欧佩克与石油欧佩克不可同日而语,大米欧佩克的建立缺乏现实基础。俄罗斯、乌克兰和哈萨克斯坦想建立粮食欧佩克,但是在世界八大粮食出口国中,乌克兰名列第五,哈萨克斯坦和俄罗斯只是分列第七位和第八位。并且,俄罗斯、乌克兰、哈萨克斯坦只占到世界粮食出口总量的不到20%,这一比重不太可能对最终定价造成有效影响。由此可见粮食欧佩克的参与国由于市场份额不足,并不具有对价格和产量的绝对控制权,也就不具备建立卡特尔的先决条件。

其次,设定和执行卡特尔协定的组织成本必须较低,这就要求涉及的厂商数目较少,并且有较高的行业集中度。只有这样,才能降低卡特尔的谈判和协调成本。并且,少数几家厂商需要控制整个市场,从而能够使价格保持较高水平。这几个条件粮食欧佩克都不能达到。虽然粮食欧佩克的参与国只有俄罗斯、乌克兰和哈萨克斯坦,但是每个国家生产粮食的厂商却有很多,因为粮食产业在这些国家大多都是私营的。如此众多的企业达成一个价格协议是很困难的,而且即使由国家间进行价格控制,国家对这些私营企业的掌控权也是有限的。不像石油欧佩克中的石油企业大多都是国家垄断企业。因此粮食与石油不同,粮食的生产和出口由私人企业来掌控,国家无法直接提高或降低价格。在俄罗斯,政府有两种办法调节粮食价格:关税政策和粮食干预,比如政府可以通过购买粮食的方式提高粮食价格;或通过增加出口税,在世界市场上限制粮食的流量并降低国内粮食价格。但这些措施只能作为最后手段。价格攻势可能会对粮食供应商造成冲击,农民可能会因此而赚不到钱。那么下一年,种植的粮食作物就会减少,国内市场将面临粮食短缺,这将导致面包产品和畜产品价格的上升。因此让农业专家们百思不得其解、俄罗斯官员又不予答复的问题是:"建立'粮食欧佩克'有必要吗?"①

最后,卡特尔还需要具有稳定性,即卡特尔形成的均衡不容易被打破。潜在的进入者很容易打破卡特尔的均衡,因为一旦卡特尔内部把价格定得很高,利润空间变大,就容易吸引新的厂商进入该行业,从而破坏卡特尔的稳定性。石油欧佩克就不用担心这个问题,因为石油属于自然垄断行业,石油输出国组织占有世界上39%的原油储备,而且石油属于不可再生能源,其他国家即使想进入也没有可开采的资源,所以石油欧佩克具有稳定性。但是粮食欧佩克就没有那么幸运了,首先美国、澳大利亚等储粮大户并没有加入粮食欧佩克,另外中国、印度的粮食产量都要高于粮食欧佩克的成员国,他们中有的国家没有参与到粮食的国际贸易中来,一旦粮食欧佩克成立,故意提高粮食价格,那些粮食生产大国很可能也会成为粮食贸易大国,从而打

① "Зерновой ОПЕК". Отраслевые эксперты сомневаются в необходимости создания подобной организации,http: // grainboard. ru/news/Zernovoy – OPEK – Otraslevie – eksperti – somneva-yutsya – v – neobhodimosti – sozdaniya – podobnoy – organizatsii – 146526.

破卡特尔的均衡。

四、粮食欧佩克计划的后续影响及中国的对策

在道义和国际舆论的压力下,泰国放弃了成立大米输出国组织的计划,作为替代,泰国发起组建大米贸易合作委员会(Council on Rice Trade Cooperation,CRTC)。新成立的 CRTC 仅仅局限在为大米出口国相互交换其对贸易的看法提供平台。同时,该组织也推动各成员国相互交流农业技术,提高大米产量。但是基于泰国、越南之间激烈的出口竞争,这种信息交流的质量大打折扣,机制建设的匮乏、信息共享的缺失也使得 CRTC 处于有名无实的尴尬境地。

泰国的大米欧佩克计划偃旗息鼓,而俄罗斯、哈萨克斯坦却对粮食欧佩克计划情有独钟。俄罗斯农业部长宣称:“我们控制了世界粮食市场 20% 的出口份额,能够通过这种合作将这一数字提升到 30%。这种合作正在紧锣密鼓地策划当中,该项目的实施不仅将会产生一个新的协调机构,还会创造出更具竞争力的现代物流基础设施,包括码头、港口和相关道路的扩建。”[①]俄罗斯希望通过成立粮食欧佩克来使三国粮食出口竞争变成粮食出口合作,从而提高粮价,为俄罗斯乃至另两个国家获得更多的出口利润。按照俄官员的话说:“俄、乌、哈三家在黑海地区的粮食竞争是无意义的。因为这种竞争的存在,黑海地区的粮食价格长期徘徊在 10—15 美元之间,比墨西哥湾和卢旺达的价格还要低。而事实上,本应该正好相反。”[②]

对哈萨克斯坦而言,粮食欧佩克对哈萨克斯坦尤为重要,因为像哈萨克

---

① Сергей ОБОЛЕНСКИЙ:Цена ушла в « спячку »,2014 年 2 月 4 日,http:// www. kazpravda. kz/ida. php?ida = 50466.

② 俄罗斯、乌克兰、哈萨克斯坦成立“粮食欧佩克”,2013 年 8 月 13 日,http:// agroinfo. com/rossiya – ukraina – i – kazaxstan – sozdayut – zernovoj – opek/.

斯坦这样的国家没有自己的港口,不得不使用俄罗斯的港口作为粮道。借助一致的价格和对外政策,各方都可以从中受益。因此,"当他们作为竞争者出现在世界市场中,他们将会遭受损失,而如果建立同盟则共同获益"①。

相形之下,乌克兰对该计划既心存疑虑又充满期待。2013 年乌克兰粮食大丰收,但农民的收入却增长缓慢。为此,乌克兰谷物协会认为,建立一个类似于欧佩克的粮食输出组织值得探讨,毕竟对于乌克兰而言,同俄罗斯合作可以获得许多好处,而俄、乌、哈三国共同建立一个粮食盈利分配同盟的构想已经出台五年了,却一直被搁置。在乌克兰亲俄势力的推动下,2013 年三国同意来年进行协调合作,乌克兰宣布它已完成粮食同盟方案的计划构想,三国将共同协调粮食出口政策。但乌国内的亲欧势力则担心在该框架下,俄罗斯将主导乌克兰的粮食政策,他们认为在全球粮食市场中,乌克兰本身就是一个有力的竞争者,"与俄、哈的粮食同盟将使得乌依附于他们"②。因此他们主张与欧盟建立自由贸易区,扩大与欧盟国家的往来。乌国内不同势力对粮食欧佩克计划的不同态度也体现了乌克兰在俄欧之间摇摆不定的矛盾心态,而这种矛盾直接引发了乌克兰的政局动荡,也使得粮食欧佩克计划面临更多变数。

粮食问题关系到民众基本生存的状况,在全球可耕地面积减少、水资源日渐匮乏的情况下,粮食的安全问题成为各国共同关注的议题。对中国而言,中国参与国际粮食贸易,使中国与国际市场的联系更加紧密,能够在国际粮食市场中发挥更大的影响力。但与此同时,中国稳定的粮食供应也将面临更大的不确定性,并将受制于国际市场各种因素的影响。如果中国进口粮食的比重继续增加,粮食输出国便有可能通过粮食禁运对中国造成安

---

① Сергей ОБОЛЕНСКИЙ:Цена ушла в « спячку »,2014 年 2 月 4 日,http: // www. kazpravda. kz/ida. php?ida = 50466.

② Агентство АгроФакт:Зерно объединения:Украина и Россия вернулись к идее « зерновой ОПЕК »,2013 年 10 月 18 日,http: // www. agronews. ru/ news/ detail/ 129710/.

全战略威胁。

从粮食欧佩克的典型案例中我们可以看到,粮食作为生存必需品和战略物资品的属性决定了粮食不可能实现自由贸易。世界任何一个地区的粮食歉收和减产都有可能引起国际市场上的供应紧张和价格波动,所以在国际粮食进出口贸易中,采取贸易保护主义已经成为常规的做法。按照一般道理,如果粮食能够在国际市场上自由流通,其价格由市场调节决定,那么国与国之间的粮价差额就会缩小到运输费用水平。在这种情况下,那些粮食生产效率高、成本低的国家就会成为当然的供应者,而处在相反条件下的国家就会成为进口国。从世界范围内来看,就可以最大限度地实现各国民众的福利。但在现实生活中,几乎从来没有出现过这样的理想状态,很少有国家在粮食贸易中执行自由贸易政策。掌握粮食霸权的美国,虽然宣扬带头推行自由贸易政策,但它一方面实行巨额的农业补贴,降低农业生产成本来挤压别国农民的生存空间,从而占领更多的国际市场,扭曲了自由贸易原则,另一方面通过高关税和其他手段将国内保护的门槛越抬越高,以免别国拥有竞争力的农产品冲击美国市场。同样,其他的粮食输出国如俄罗斯、越南、阿根廷等国在国际粮食市场紧缺时,首先限制粮食出口来保证国内的粮食供应。

因此,利用国际市场虽然有利于改善中国的资源配置,增加经济福利,但对一个拥有14亿人口的大国而言,这种做法是极具风险的。同时,中国的大国效应也决定了中国的粮食安全必须立足国内。假如我们大量进口粮食,过于依赖外部市场,必然会抬高国际粮价,对世界市场造成灾难性的影响,这不仅影响进出口平衡,损害民众利益,而且也对其他的粮食净进口国构成威胁。

所以中国应该立足自身,充分利用国内资源,提高对农民的种粮补贴,改进粮食直补的方式,调动农民种粮的积极性,通过粮食产业化来提高农业附加值,从而带动农民致富。同时,开展农田水利建设,严守18亿亩耕地红线。毕竟,粮食安全首要的问题是粮食生产能力的提高。

当前,中国粮食安全最大的矛盾是粮食消费增长的速度快于粮食生产增长的速度,这导致中国粮食进口的规模逐年增大。基于人口规模的膨胀、耕地和水资源的短缺,保持传统的高度自给自足来实现粮食安全的代价会越来越大。基于此,开展农业"走出去"战略势在必行,我们要充分利用国内国外两个市场、两种资源,将海外开发战略性、短缺性农业资源作为国内市场的有益补充,毕竟进口部分的粮食相当于节省了中国宝贵的耕地和水资源。

同时,与别国合作以制度建设来保证国内粮食供应。比如通过东盟十加一的框架和东亚大米储备库机制,把粮食安全作为中国与东盟农业合作的重点,加强区域内农业企业的交流与合作,改善贸易环境。① 现在,中国与东盟在粮食方面的合作,已从一开始的贸易与技术交流层次,提升到共同建立粮食风险预防与紧急应对机制,合作的对象也向外扩大到整个东亚的其他国家。并且,各方把粮食安全的议题也延伸到诸如湄公河区域开发、关税优惠、贸易投资等领域。在东盟十加一的框架之下,通过农业技术交流,推行自由贸易区合作来促进双方的粮食贸易,这对中国而言,不但减少了国际粮食市场的不确定性对中国的影响,缓解国际粮价大幅波动对中国市场的冲击,也增加了中国粮食进口的渠道,为减缓粮食消费的压力提供了有力的保障。通过东亚大米储备库机制,各国共同储备大米用以支援陷入粮食短缺的国家,并且维持大米价格的稳定。该机制将为东盟与中国在粮食方面的合作提供新的平台。

自从石油欧佩克成立以来,除了给其成员国带来巨大的垄断利润之外,世界其他各国都处在一种经济受损的状态。泰国对世界石油价格上涨的担忧和自身缺乏粮食定价权的无奈由此可见一斑。这既是对石油欧佩克的不

---

① 早在 2002 年,中国在东盟地区论坛提出了"新安全观"。新安全观实质是超越单方面安全的范畴,以合作互利来实现共同安全,这种新安全观超出了传统安全的界限,强调非传统方面的安全,比如粮食安全。

满也是促使粮食欧佩克成立的原因之一。粮食欧佩克的提出,是为了缓解世界粮食危机对各国的冲击和破坏,为中小粮食出口国在国际上谋求一定的权益。它的初衷具有积极的一面,但并没有意识到,粮食欧佩克本身就是一个企图对世界粮价进行垄断的组织,这一组织形式如果成立,必然会对国际粮价的被动接受者带来利益的损失。[①] 与此同时,当前国际粮食贸易的主导和控制者,基于维护自己的已有利益,必然不会同意建立粮食欧佩克的计划。

解决世界粮食危机,维护世界粮食安全,保障人类最起码的生存安全需要的是一个合理、公平的国际粮食贸易环境,这一环境的构建需要的不仅仅是小部分粮食出口国的合作,而是世界范围内更大规模的、以公平为出发点的国际性合作。只有建立起公平合理的国际经济贸易新秩序,才能稳定国际粮食价格,共同克服世界粮食危机,规避因粮食安全威胁国家生存的问题。

---

① 陆志明:《“大米欧佩克”是一种市场垄断》,《东方早报》,2008 年 5 月 6 日。

美国的『粮食喂养未来计划』

2008 年,在人为和自然因素的双重作用下,全球爆发了粮食危机。为应对这一危机,美国政府推出了"粮食喂养未来计划"(Feed the Future),实施大规模的粮食援助活动,开展了向受援国增加农业贷款和粮食供应、与受援国开展农业科技合作与交流、改善受援国粮食贸易体系等一系列援助活动。尽管该计划取得了一定的成效,但美国国家利益的局限、私人企业的趋利性和转基因技术引发的争议影响了其实施效果。由于无法解决土地等资源分配不公的深层次社会问题,且美国为了维护其经济利益和霸权地位而推行贸易保护政策,该计划无法从根本上解决受援国面临的粮食危机。

一、"粮食喂养未来计划"的提出

在全球工业化和城市化迅速发展的背景下,粮食安全的脆弱性和重要性越来越突出。极端天气、耕地流失、环境污染和人口膨胀等问题,威胁着各国的可持续发展,引发了贫困国家的粮食危机。在一些落后国家,由于农业形势日益恶化,农民无法生产出足够的粮食养活全家,余粮也无法运到当地市场销售。粮食短缺、粮价高涨导致许多人买不起食物,陷入贫困和饥荒。针对 2008 年爆发的粮食危机,美国政府迅速采取行动,在食品和发展援助方面投入了超过 150 亿美元的资金,以满足紧迫的人道主义需求,提高受援国的农业生产力。这些投资便是"粮食喂养未来计划"的雏形。

2009 年 7 月,八国集团首脑会议在意大利拉奎拉召开,八国领导人在会上承诺,"采取行动,以实现可持续的全球粮食安全"[1]。会议宣言指出:"作为世界上最富裕的国家,各国有对抗饥饿和营养不良的义务。这不仅是道德上的需要,而且是经济和安全上的需要。"[2]与会国承诺,将在未来四年内提供 330 亿美元,通过加强农业研究,与私人企业开展合作,传授新的生产技术,来提高受援国的农业产量,增加当地农民的收入。这一宣言在随后举行的 193 个国家参加的世界粮食安全首脑会议上获得通过,成为全球可持续粮食安全的指导原则。

在此次八国集团首脑峰会上,奥巴马承诺,将在未来三年内为发展中国家的农业发展和粮食安全投入至少 35 亿美元。这一承诺为"粮食喂养未来计划"奠定了基础。2009 年底,美国农业部长汤姆·维尔萨克(Tom Vilsack)宣布成立全国粮农研究所(National Institute of Food and Agriculture, NIFA),大力提倡科学技术和转基因技术,以配合奥巴马政府即将推出的"粮食喂养未来计划"。2010 年上半年,美国国际开发署(U. S. Agency for International Development, USAID)署长拉吉夫·沙阿(Rajiv Shah)在一次国际营养圆桌会议上阐述了美国政府制定的粮食安全新架构,并正式发布了"粮食喂养未来

---

① "L'Aquila Food Security Initiative (AFSI),2012 Report",available at:http://www.state.gov/documents/organization/202922.pdf.

② Lucy Madison,"Obama Announces Global Food Initiative",May 18, 2012, available at:http://www.cbsnews.com/8301 - 503544_l62 - 57437150 - 503544/obama - announces - global - food - initiative/.

计划"行动指南,落实奥巴马政府为解决全球饥饿问题和粮食安全问题而制定的战略。2010 年 11 月,美国成立粮食安全局(Bureau for Food Security, BFS),该局隶属于美国国际开发署,负责执行"粮食喂养未来计划",协调各部门的工作,整合美国国务院、农业部和千年挑战公司(Millennium Challenge Corporation, MCC)等机构的援助行动,加强和扩大与非政府组织及私人机构的合作。① "粮食喂养未来计划"由此正式启动。

美国政府一向认为,粮食安全对实现美国的经济、环境和国家安全目标具有重要意义,是一个值得高度重视的社会问题,正如美国政府的文件所言:"现在是对广泛且类型各异的挑战进行仔细评估和达成共识的时候了。通过巧妙地识别这些挑战和有效地调配资源,我们可以帮助解决以往无法解决的重大社会问题,包括气候变化、食品安全、儿童营养不良、国内外粮食保障等问题,并可望同时保护和改善环境,为美国农村和世界创造财富。"② 对发展中国家而言,减少长期饥饿人群的数量有利于国家的可持续发展。对美国而言,帮助发展中国家发展经济和减少贫困,改善其国民健康状况,有利于提高美国的国际地位和话语权。美国前农业部长安·维尼曼(Ann Veneman)指出,美国帮助忍受饥饿的发展中国家发展粮食生产并向其提供粮食援助,不仅有利于发展中国家的国家安全,而且有利于美国的国家利益。他呼吁美国民主党和共和党抛开党派分歧,一致支持政府提出的这一重要计划。③ 美国要创建一个由白宫领导的全球粮食安全机制,制定应对全球粮食危机的全面而长期的战略,围绕粮食、能源、发展与贸易,与受援国及

① Melissa D. Ho, Charles E. Hanrahan, "The Obama Administration's Feed the Future Initiative", January 10, 2011, available at: http://www.fas.org/sgp/crs/nnsc/R41612.pdf, p.15.

② U.S.Agency for International Development,Boosting Harvests, Fighting Poverty,October 2012, available at: http://www.feedthefuture.gov/sites/default/files/FtF_annual_report_web_ready.pdf, p.5.

③ U.S.Agency for International Development,Feed the Future,available at: http://www.feedthefuture.gov/article/former – agriculture – secretaries – discuss – food – securitynational – security – urge – bi-partisan.

世界银行、联合国粮食计划署和其他国际机构更好地协调工作,优先在发展中国家扩大农业生产与贸易。"粮食喂养未来计划"体现了美国的这一战略意图。

二、"粮食喂养未来计划"概况

(一)宗旨、指导原则和目标

"粮食喂养未来计划"又称全球饥饿和粮食安全计划(Global Hunger and Food Security Initiative),其宗旨是减少发展中国家的营养不良、饥饿和粮食危机,降低人群发病率,提升社会发展质量,实现健康与粮食安全的持续发展,提升民众的生活水平。该计划遵循五项指导原则:①美国将与伙伴国家(即受援国)共同制定和实施整个计划;②该计划将投资于对农民技能有助益的领域;③该计划将密切配合地方及地区性努力;④该计划将支持多边机构和国际组织消除全球饥饿的努力;⑤该计划将是一项长期的、追求效果的承诺。[①]"粮食喂养未来计划"的总目标是:以可持续的方式帮助别国减少饥饿,提高农村贫困人口的收入,减少营养不良儿童的人数。为实现这一目标,美国致力于提高全球农作物的营养价值和产值,帮助合作伙伴解决灌溉、作物改良、病虫害防治等相关的技术难题和问题,并帮助发展中国家培养未来的农业领袖。

"粮食喂养未来计划"挑选的受援国需符合美国制定的三个标准:国民长期营养不良,具有快速提高农业产量的潜力,当地政府有接受援助的意

[①] U. S. Department of State, U. S. Food Policy Aims for Transformational Change: The Obama Administration Initiative to Improve Food Security Worldwide, 15 March, 2010, available at: http: // iipdigital. usembassy. gov/st/eng – Hsh/publication/2010/03/20100318113958cmretrop0. 7781793. html#axzz32b gVhoVE.

愿。该计划援助的对象国①及具体援助目标如下表所示:

表 2-1 "粮食喂养未来计划"受援国及援助目标一览表

国家	援助目标
孟加拉国	提高农场生产率,增加对市场系统和价值链的投资,增强食品安全和规划能力,增强农业创新能力
柬埔寨	提高农业生产力和农村居民收入,加强营养实践
埃塞俄比亚	向系统化农业转型,保证食品安全,链接弱势市场,完善贸易政策
加纳	改善核心主食价值链,通过社区机制和优良种子来改善妇女儿童的营养状况
危地马拉	促进农业的可持续发展
海地	提高农民收入,促进当地有关机构和组织的发展
洪都拉斯	对农民进行培训,提高农民收入,创造就业机会
肯尼亚	打造玉米和耐寒主食及乳品,开展农业技术研究
利比里亚	发展多种饮食价值链,增加农民收入
马拉维	增加种子供应,提高农民收入,改善营养状况,将粮食安全与营养相结合
马里	发展适合当地的农业技术,促进价值链发展,降低成本,增加农民收入
莫桑比克	进行农业技术创新,培育优良种子
尼泊尔	提高农业生产率,改善营养和卫生状况
卢旺达	促进农业系统转型,开发创新型研究项目,帮助制定相应的政策并提供支持
塞内加尔	提高关键农产品的生产率,开拓农产品市场,开展加强营养的活动,进行政策改革,改善农村基础设施,提高人力资源管理能力
塔吉克斯坦	五年内将贫困率从54%降至45%,将5岁以下儿童营养不良的比例从37%降至26%,通过加强农业生产和提高营养水平来减少贫困率
坦桑尼亚	主要农作物增产至少50%,灌溉面积增加15.5%

---

① 在该计划推行的过程中,美国针对的受援国有所调整,现在的受援国分别是孟加拉国、埃塞俄比亚、加纳、危地马拉、洪都拉斯、肯尼亚、马里、尼泊尔、尼日尔、尼日利亚、塞内加尔、乌干达。

续表

国家	援助目标
乌干达	加强农业生产与改善营养状况之间的联系
赞比亚	形成油籽、豆类、玉米和园艺产品价值链，加强农业政策宣传，强调性别平等，改善营养系统

资料来源：U. S. Department of State, Feed the Future Countries, available at：http：// www. feedthefuture. gov/countries.

（二）援助工作和领域

"粮食喂养未来计划"计划在 10 年内大幅提高发展中国家的生产力，减少饥饿、贫穷和营养不良的现象。为此，美国承诺每年提供 10 亿美元的双边发展援助资金，用以支持以下援助工作：①扶持发展中国家的农业政策，扩大种子、化肥、农药、农村信贷的供应，改进农民与市场间的贸易路径，发展农业新技术；②扩展公共－私人伙伴关系，调动美国政府、私人基金会、大学和跨国公司共同开发新的粮食品种和种子；③向全球大学应用研究网络提供资助；④设立试点项目，研究气候变化对农业生产的影响；⑤支持多边机构和国际组织的援助活动；⑥协调、整合美国艾滋病紧急救援计划（President's Emergency Plan for AIDS Relief, PEPFAR）和千年挑战公司的对外援助项目。由于粮食危机和营养不良直接影响到艾滋病防治计划的受益人，威胁着抗艾计划的实施，美国政府扩充了千年挑战公司的计划，以解决受援国面临的粮食安全挑战。

概括而言，"粮食喂养未来计划"主要在以下七个领域开展援助活动：

1. 助力更加开放的贸易系统

美国认为，一个更加开放的贸易系统有助于提升粮食安全。美国政府通过区域性的双边和多边途径强调农业贸易自由化的重要性，并把贸易自由化作为促进世界粮食安全的切入点，帮助贫困国家提升其农业生产力和基础设施建设水平。具体而言,美国政府做出了以下努力:①促进发展中国家的农村发展,保证可持续的农业、渔业、林业生产和自然资源的合理开发;②向发展中国家提供技术援助,帮助其达到国际食品安全与质量标准;③提高发展中国家制定贸易政策、管理税务、进行海关检疫的水平,强化其贸易地位。

2. 救助妇女儿童

"粮食喂养未来计划"在其网站主页上承诺,"帮助1800万弱势的妇女儿童摆脱饥饿和增加收入,是本计划的核心内容之一。美国将对700万儿童进行营养援助,以缓解营养不良的状况,避免儿童死亡。美国将通过提供教育和工作机会来提高妇女地位,维护妇女权益,进而增加粮食供给,提高儿童的营养水平"①。

在撒哈拉沙漠以南的非洲地区和亚洲及拉丁美洲,妇女对家庭食物的产出分别担负着70%、65%和45%的责任。② 然而,由于社会地位和经济地位较低,且作为母亲存在生理上的需求,她们经常会面临营养不良的问题。同时,对土地所有权和控制权的限制,导致这些女性缺少经济收入来源。因此,"粮食喂养未来计划"针对两性平等的问题,设定了以下援助目标:①争取女性在资源、教育、技术与信息方面的权利;②将女性农民和小农场主有效地整合到商业化体制中,同时解决其土地所有权问题;③培养更多高素质的女性,让她们接受更好的教育;④有效提升农村财政与安全网络系统的服务水平,促进社会卫生与健康事业的发展;⑤寻求解决收入分配不均问题的方案,在不牺牲儿童福利和妇女健康、不降低营养水平、不增加额外劳动时间的前提下,增加妇女的收入。2012年2月,"粮食喂养未来计划"与国际粮

① U. S. Agency for International Development, Feed the Future, July 28, 2015, available at: http://www. usaid. gov/what – we – do/agriculture – and – food – security/increasing – food – security – through – feed – future.

② Chris Otter, Feast and Famine: The Global Food Crisis, *Current Events in Historical Perspective*, Vol. 3, Issue 6 (March 2010), p. 1.

食政策研究所(International Food Policy Research Institute,IFPRI)联合发布了"妇女务农权益指数"。该指数是第一个评估妇女在农业生产决策、土地所有权、社区领导力和收入掌控能力方面所取得的进展的工具。"粮食喂养未来计划"还帮助务农妇女利用小型灌溉等农耕技术来提高收入,并为增强其自主权而加大投入。例如,该计划致力于帮助坦桑尼亚妇女争取土地所有权,在海地指导妇女种植芒果和可可等既能创收又能防止坡地侵蚀的作物。

在儿童方面,"粮食喂养未来计划"自推行以来已通过营养项目惠及近900万儿童。美国国际开发署在其发表的题为《提高收成,抗击贫困》的报告中承诺,到2014年底,将19个重点对象国的贫困人数和5岁以下发育不良儿童的人数减少20%。[①] 美国等国对粮食安全的投入,预计可改善700万妇女和儿童的营养状况。

3. 提供农业贷款

尽管发展中国家的农业发展取得了一些成就,但这些国家的政府对农业的投资却在逐年减少,从20世纪80年代中期的200亿美元减少到了21世纪初期的30亿美元。2008年前后,随着全球粮食危机的出现,国际粮价不断飙升,几亿人口重新回到贫困状态。为此,发达国家于2009年在联合国粮农组织会议上宣布,将在未来几年内拨款330亿美元,为遭受饥荒的国家提供粮食援助,帮助其发展农业,维护粮食安全。[②] 作为回应,美国将"粮食喂养未来计划"与这一倡议相对接,将国民预算的10%用于农业发展项目,与其他援助国一起帮助受援国建立农业融资机制和农业发展贷款机制。除了每年提供10亿美元的双边发展援助资金外,美国政府还捐资4.75亿美元成立多边信托基金,并授权世界银行进行管理。在美国的鼓励下,西班牙、

[①] U.S. Agency for International Development, Boosting Harvests, Fighting Poverty, October 2012, available at: http://www.feedthefuture.gov/sites/default/files/FtF_annual_report_web_ready.pdf, pp. 3 – 4.

[②] U.S. Government Accountability Office (GAO), Global Food Security: Progress Toward a U.S. Government Wide Strategy Is Under Way, But Approach Has Several Vulnerabilities, March 2010, p. 1.

加拿大、韩国等国和比尔·盖茨基金会等国际组织纷纷参与了"粮食喂养未来计划"的实施。此外,美国政府十分重视利用投资将农民与当地市场联系在一起,认为"这些投资将有助于增加粮食短缺地区的粮食供应,帮助穷人应对粮价的过快上涨"①。

4. 进行风险管理

在实施"粮食喂养未来计划"的过程中,为了避免未来发生危机,美国投入资金进行了风险管理,同时在饥荒出现时提供人道主义援助。对社会保障和气候风险管理的投资,有助于降低粮食危机的严重性。对早期预警系统、农业保险、应急方案的投资,有助于发展中国家应对干旱和其他自然灾害。在作物储存、道路网络和市场信息方面的投资,可以帮助农民提高收成,将农作物推向市场,实现利润的最大化。以美国资助的埃塞俄比亚生产安全网项目为例,该项目为灾难与突发事件准备了充足的应急救灾物品,以备灾后恢复和重建。并且,该项目采取以工代赈的形式,由政府投资建设基础设施,受赈济者通过参加工程建设获得粮食和劳务报酬,以此增强他们抵御自然灾害的能力。

5. 鼓励私人投资

私人部门和企业是驱动增长、扩大就业、减少农业贸易壁垒、增强粮食安全的重要力量。他们对负责种子、化肥的农资部门和粮食储存、加工、销售部门的投资至关重要。相对于政府部门的投资,私人投资者能够集中资金来投资新的商业机会和被政府忽视的投资领域,并能解决小规模农户的资金需求。由于次贷危机和金融危机的影响,美国政府的资金拨款受到限制。因此美国政府越来越重视私人投资的作用,认为私人投资有利于加强可持续的粮食安全。在"粮食喂养未来计划"的框架内,美国政府与私人投

---

① U. S. Department of State, U. S. Government's Feed the Future Initiative Helps Countries Cope With Rising Food Prices, March 3, 2011, available at: http: // www. state. gov/r/pa/prs/ps/2011/03/157626. htm.

资者密切合作,鼓励他们向受援国的农民提供技术援助和资金支持,以提高当地的粮食产量,配合美国政府的行动。2013 年 1 月,在"粮食喂养未来计划"的指导下,美国政府与杜邦公司和埃塞俄比亚政府签署协议。该协议旨在促进埃塞俄比亚的粮食安全,通过建立新型伙伴关系帮助当地农民获得高产的种子。这项合作可以帮助 3 万玉米种植者提高 50% 的产量,并且减少产后 20% 的损失。由于农业是弱势产业,市场风险较大,私人部门对农业投资的回报率往往较低。为了扶持和吸引私人投资,释放贫困国家的农业发展潜力,美国和其他援助国采取了一系列政策和措施,包括改善投资环境,加强交通、通信、能源、水利等基础设施建设,建立风险管理机制。此外,美国政府还在偏远地区开展种子和化肥技术的应用和推广,以帮助私人投资者增加利润,扩大影响力。

6. 以粮食援助推动美国外交

美国将农业发展援助作为其对外援助的重点和外交政策的一部分。"粮食喂养未来计划"体现了美国新的发展援助观,即粮食安全不仅涉及粮食本身,而且涉及国家安全、经济安全、环境安全乃至人类安全。由于部分粮食出口国限制本国的粮食出口,蓄意抬高国际粮价,导致粮食进口国的利益受损,陷入粮食危机。这不仅会诱发国内的暴力事件和社会动荡,而且会加剧国家间的紧张关系。所以"粮食喂养未来计划"对加强美国的国家安全和促进美国的对外关系至关重要,是美国"巧实力"外交的具体表现。"粮食喂养未来计划"受美国国务院和国际开发署直接领导,由美国政府任命两名驻当地的外交官与美国技术专家共同推进。该计划积极配合美国的外交政策,为维护美国的国家利益和重塑美国的国际形象发挥了重要作用。

7. 开展科技合作与交流

在提供粮食援助的同时,美国政府意识到,单纯的粮食援助只能暂时缓解受援国面临的饥荒,只有重视和努力发展当地农业才是长久之计。农业的发展将会促进经济发展,减少贫困人口,有效应对气候变化、生态变迁和不断膨胀的人口的需要。因此美国特别强调科学技术的重要作用,充分利用自身在农业科技和营养技术方面的优势,帮助受援国实现农业的可持续发展。美国不仅向发展中国家提供单向的技术援助,而且在"粮食喂养未来计划"的框架内与受援国开展互动交流和双向合作,共同开展农业科学技术领域的研究。例如,美国加州大学河边分校与加纳的环境与农业研究所合作开发出一种抗旱豆子,这将有可能使撒哈拉沙漠以南的非洲地区的农作物增产10倍。又如,俄勒冈大学帮助柬埔寨的研究人员开发一个水产管理项目,以保护湄公河中的小型鱼类——它们是当地居民摄取蛋白质的主要来源。通过开展农业科技领域的合作来帮助贫困国家提高粮食产量,促进其农业技术进步,体现了"粮食喂养未来计划"所秉持的"授人以鱼不如授人以渔"的理念。[①]

三、"粮食喂养未来计划"的成效和局限

目前,"粮食喂养未来计划"已经取得了一定的成效。在该计划的倡导下,全球已有40多家公司共计投资40亿美元用以扩大种子的生产和销售,建立灌溉体系,打造全球粮食供应链。美国政府与受援国农民密切合作,努力提高水土资源的利用率,发展节水灌溉和海水淡化技术,以解决水资源短缺的问题,帮助农民提高粮食产量。该计划共向180万受援国农民推广了高产品种,并对其进行了农业科技培训。

随着粮食产量的提高,农民的收入开始增加。该计划还通过营养干预项目使900万儿童获益,为减少儿童营养不良、增强儿童体质、降低儿童死亡

---

① 美国政府官员在国会关于"粮食喂养未来计划"的听证会上表示:授人以鱼只会使穷人暂时受益,而授人以渔则会让人终生受益。See U. S. Department of State, Promoting Global Food Security: Next Steps for Congress and the Administration, April 22, 2010, available at: http://www.state.gov/s/dmi/fonner/lew/140672.Htm.

率作出了贡献。在援助贫困国家的同时,"粮食喂养未来计划"对受援国的周边国家和所在地区也产生了积极的影响,主要表现为:其一,对受援国基础设施和经济改革的投资维护了地区的稳定;其二,对受援国及其所在地区的投资减少了区域间的贸易壁垒;其三,通过以"粮食喂养未来计划"的指导原则来改善美国的其他食品安全计划,使更多的国家受惠。

在取得上述成绩的同时,"粮食喂养未来计划"也存在以下不足和局限:

(一)美国国家利益的局限

"粮食喂养未来计划"作为美国外交政策的一部分,在某种程度上与美国政府的"巧实力"外交思维一脉相承,掺杂了美国对自身利益的诉求和对霸权的企图。美国政府在"粮食喂养未来计划"的发布声明中指出:"我们致力于通过开发可以在严酷环境下生长发育的新作物品种来解决世界饥饿问题。这些研究将对健康、能源和环境产生连带效应。这些进步将会减轻饥饿和营养不良给其他国家带来的危害,同时帮助美国农民保持其在全球农业市场上的竞争力。"[①]这种对国家利益的考虑给"粮食喂养未来计划"打上了"美国烙印"。解决发展中国家的粮食危机的根本办法,是帮助其发展农业生产,创造谋生和就业机会,生产穷人买得起的粮食,而不是以很高的成本将美国生产的粮食长途运送到这些国家。然而发展当地的粮食生产和市场,帮助当地经济实现自给自足,是与美国的国家利益相冲突的。贫困国家的粮食自给率一旦提高,美国农场主的海外市场就会缩小,其利润也会随之受到很大的影响。为了维护本国的利益,美国必须在这二者之间取得平衡,所以"粮食喂养未来计划"注定会在一定程度上包藏美国的"私心"。

此外,虽然"粮食喂养未来计划"重视受援国农户的利益,但美国政府官

---

① Roger Beachy, "The Borlaug Legacy: A New Paradigm for Agricultural Research", 15 March, 2010, available at: http://iipdigital.usembassy.gov/st/english/publication/2010/03/20100322113711cmretropO.2205256.html#axzz2h2jsHFgw.

员和经济学家根据美国自身的发展经验认为,传统的小农经济模式无法实现农业现代化,应当被商业化农业和工业化大农场所取代。所以为了提高农业生产率,发展中国家的小农经济最终不得不让位给机械化的大农业经济。肥料和农药的广泛使用和价格上涨,大幅度提高了农作物的生产成本。在粮食丰收进而农产品的市场价格下跌的情况下,农民往往难以收回生产成本。这最终导致从事粮食生产的农民转而种植棉花、烟草、甘蔗等经济作物。针对这种情况,当地政府需要采取一系列的措施,限定农产品的最低销售价,维护农民的利益,保护农民的种粮积极性,进而保证本国的粮食安全。然而倡导新自由主义经济的美国却不允许当地政府这样做。为了保护本国的农产品市场,美国希望发展中国家种植美国需要的经济作物而非竞争性的粮食作物。

具有讽刺意味的是,实行自由贸易政策的美国等发达国家并未在粮食领域贯彻这一政策。美国每年都会向本国的农业部门提供高额补贴,对粮食进口设置贸易壁垒,对进口的农作物征收高额关税,同时以人为设置的低价出口粮食。美国要求贫困国家接受这些贸易壁垒和低粮价,并力劝这些国家转型生产和出口经济作物。这种结构性的调整使得贫困国家不再生产足够养活本国民众的粮食,转而依赖进口的低价农作物。美国借粮食援助之名向贫困国家倾销过剩粮食的做法,削弱了当地农产品的竞争力,导致大量农民破产。美国向贫困国家提供的用于农产品进口的信贷,则增加了这些国家的财政负担。

同时,基于美国国家利益的考虑,美国在农业和粮食援助中更看重双边援助而非多边援助。例如,2012 年美国国会向双边农业发展援助项目拨款11 亿美元,而向多边机构只拨款 2 亿美元。[1] 这导致多边援助和双边援助的

---

① "Breaking the Cycle of Crisis and Boosting Growth Through African Agriculture: A Call to the U. S. Government for Urgent Action", April 5, 2013, available at: http://www. one. org/c/us/policybrief/4063/.

比例失调。此外,在"粮食喂养未来计划"的实施过程中,美国国务院、农业部和财政部等部门为了部门利益而争权夺利,影响了援助效率。[1] 这种争斗导致美国国际开发署实施"粮食喂养未来计划"时人手不足,特别是缺乏农业技术领域的专家。

(二)援助资金不足

尽管在拉奎拉八国首脑峰会上,各国领导人许诺在未来四年内拨款330亿美元用于农业发展援助,但国际社会普遍怀疑八国的实际行动。到2010年6月,八国应按照原计划拨款9.14亿美元,但直至2010年7月,实际拨款额只有2.63亿美元。[2] 受美国次贷危机、欧债危机等因素的影响,发达国家的援助拨款仍是口惠而实不至。2011年,全球农业和粮食安全项目预计接收9.71亿美元的援助资金,而实际上只有5.31亿美元到账。资金的匮乏和援助方的稀缺使许多农业发展计划和新的农业项目难以实施,也使"粮食喂养未来计划"的效果大打折扣。

(三)私人企业和部门趋利

"粮食喂养未来计划"将9%的公共资源投入到以粮食增产为研究导向的议程中,私营企业和部门等合作伙伴的投资可以增加这一援助的规模。然而由于难以摆脱趋利的本质,在助力"粮食喂养未来计划"的同时,私人企业和部门也带来了负面的影响。由于缺乏有效的生产和推销方法以及充足的项目启动资金,大多数发展中国家的农业产量低于发达国家。解决这一问题的有效办法是发达国家向发展中国家提供资金和转让技术,特别是生

---

① Melissa D. Ho, Charles E. Hanrahan, "The Obama Administration's Feed the Future Initiative", January 10, 2011, available at: http://www.fas.org/sgp/crs/misc/R41612.pdf, p.17.

② Melissa D. Ho, Charles E. Hanrahan, The Obama Administration's Feed the Future Initiative, p.16.

物技术和转基因技术,使发展中国家得到专利费用低廉的改良种子,在短期内提高粮食产量。然而孟山都公司(Monsanto)和杜邦公司①的转基因技术过于昂贵,令受助国负担沉重。

(四)使用转基因种子而引发的争议

为解决粮食短缺问题,美国国际开发署资助的非洲绿色革命联盟②向贫困国家推广杂交玉米种子和转基因种子,比尔·盖茨基金会则向孟山都公司等转基因巨头投资27亿美元。然而许多国家和国际组织对转基因种子采取抵制的态度。关注穷人利益的抗击贫穷组织(War on Want)就对美国提供的转基因种子和传统杂交种子提出批评和质疑。③ 转基因作物具有高风险性,有可能成为新的疾病媒介,带来基因突变的抗农药昆虫,污染非转基因作物。转基因公司的除草剂也被证实对人体健康存在威胁。孟山都、杜邦等公司近年来屡遭诉讼,关于其种子专利权和市场垄断的讨论与批评不绝于耳,这为"粮食喂养未来计划"的未来蒙上了阴影。④

(五)无法改变粮食危机产生的根源

土地改革是农村重建和农业发展的核心,也是实现可持续发展的关键。这不仅包括土地再分配,更重要的是赋权农民,使他们成为农村经济建设的主角。那些拥有土地、垄断资本、技术和市场的经济精英,自然而然地成为

---

① 跨国粮商嘉吉公司和跨国种子巨头孟山都、杜邦、先正达(Syngenta)都是美国"粮食喂养未来计划"的成员和积极参与者。

② 非洲绿色革命联盟是"粮食喂养未来计划"的合作伙伴。

③ Joseph Hanlon, British NGOs Attack Agriculture Corridors, December 14, 2012, available at: http://www.oc-nus.net/artman2/publish/Africa_8/British-NGOs-Attack-Agriculture-Corridors.shtml.

④ Joseph Mercola, "Bill Gates: One of the World's Most Destructive Do' Gooders?" March 4, 2012, available at: http://articles.mercola.com/sites/articles/archive/2012/03/04/clueless-fabrication-on-gmo.aspx.

政治精英。他们将所有资源都集中到城市,并剥削农民,造成城市和农村两极分化,农村凋敝,无地农民陷入贫困。"粮食喂养未来计划"是一种技术上的进步,却无力改变饥饿产生的根源,即不平等的土地制度和资源占有。如果美国过多地关注受援国敏感的土地问题和政治议题,干预其内部事务,会激起当地人的极大反感。此外,发达国家还利用高额财政补贴降低出口粮价,打开发展中国家的市场,导致当地农民纷纷破产。所以,由于不平等的存在,穷人和受剥削的农民依然处于饥饿的边缘。

四、"粮食喂养未来计划"与美国霸权

"粮食喂养未来计划"不是一个单纯的粮食援助项目。美国政府之所以推出这项计划,主要有以下三个方面的原因:

第一,摆脱实力和外交困境。作为当今国际体系中的霸权国,美国面临着日益突出的实力困境。首先,美国的实力在相对下降。实力差距的缩小使美国对国际格局的变化更加敏感,担忧和提防所谓的"修正主义"国家的崛起;其次,美国运用其实力或权力的合法性受到质疑,而这直接关系到美国霸权的正当性。[1] 由于小布什政府大力推行新保守主义外交政策,推崇单边行动和强硬的外交手段,导致美国的国际地位下降。为了走出实力困境,奥巴马政府着力打造"巧实力"外交。"粮食喂养未来计划"正是美国推行"巧实力"外交的一种手段,既深得人心又耗费不多,收效远胜于耗资巨大的战争。通过向体系内提供公共物品,美国可以在一定程度上挽回先前失去的人心,逐渐弥合上届政府因外交失误而造成的创伤。[2] 通过主导发展援助行动,美国可以重塑其霸权正当性。

---

[1] 张睿壮:《不和谐的世界》,上海人民出版社,2010 年,第 79 页。

[2] Jacob J. Lew, Positioning the State Department to Achieve the Obama Administration's Foreign Policy Goals, *The Ambassadors Review*, Spring 2009, pp. 9 – 11.

第二,保护美国的经济利益。"粮食喂养未来计划"推出之时,美国自身也处于危机之中,失业率居高不下,贫富差距悬殊,社会不满情绪蔓延。美国政府在这种情况下仍然执行对外援助计划,有其保护和拓展美国经济利益的考虑。根据美国的《对外援助法》,美国的对外援助行动除了要达到外交和安全方面的目标外,还要符合美国的经济利益。例如,美国要求受援国购买美国的农产品,并执行所谓的"正确的政策",这种援助实际上是一种"束缚性援助"。① "粮食喂养未来计划"之所以受到一些受援国的批评和抵制,与此密切相关。人们不难想象,该计划会在一定程度上辅助美国推行其自由贸易理念,敲开受援国的门户。作为世界上最大的农产品出口国,美国可以利用"粮食喂养未来计划"为其农产品开辟新的销售渠道。这将最终造成美国与受援国之间不对称的相互依赖,而这种依赖又将成为美国新的权力之源。

第三,践行理想主义价值观。美国人长期以来信奉自己乃是上帝的选民,肩负着"天定命运",因此美国外交史上不乏理想主义信条主导下的大事件。由于小布什政府奉行新保守主义外交政策,导致美国的国际声誉下滑,美国霸权的正当性面临危机。在这种情况下,奥巴马政府推出体现理想主义价值观的"粮食喂养未来计划",有利于恢复美国民众对国家的信心和认同,契合了美国人心中的理想主义情结。此外,美国国内的党派政治也推动了"粮食喂养未来计划"的顺利出台。在对外援助的问题上,富于理想主义色彩的民主党和务实的共和党的态度一向存在明显的差异。"民主党人更倾向于提供外援",特别是人道主义援助,而共和党人则更重视"军事援助的分量"。② 所以,"粮食喂养未来计划"更符合此时执政的美国民主党的理念。

总之,"粮食喂养未来计划"与美国维护其霸权地位的目标是一致的。

---

① Christie Kneteman, Tied Food Aid: Export Subsidy in the Guise of Charity, *Third World Quarterly*, Vol. 30, No. 6 (Sept., 2009), pp. 1215–1225.

② 周弘:《对外援助与国际关系》,中国社会科学出版社,2002 年,第 175 页。

在自身实力相对下降、新兴大国不断崛起的今天,美国对其实力的运用更为谨慎和务实。在向欠发达世界提供公共物品的同时,美国希望自己在多个领域的霸权能够借此进一步得到巩固和拓展。"粮食喂养未来计划"既在一定程度上帮助穷国缓解了粮食危机,也维护了美国农业集团的利益,更夯实了美国粮食霸权的根基,拓展了美国在许多问题上展示实力的路径。

"粮食喂养未来计划"是美国在特定时期推行的对外援助政策。它既为受援国提供了改善贫困状况的机会,也在一定程度上体现了美国追求本国利益的"外溢"效应,是美国推行其对外战略的工具。冷战结束后,美国的国际形象随着国家利益的需要不断变化,从"20世纪80年代的'自由市场的保护神',转变为90年代以后的'人权与民主的卫士'"[1]。"粮食喂养未来计划"不过是美国的一枚棋子,服务于美国的对外战略利益。一旦美国的对外援助政策在未来发生变数,而受援国尚未形成有效的造血机制,一时难以自食其力,那么这些稍有起色的穷国最终还会回到原点,其贫困问题也无法得到根治。所以,美国提供的援助不应是临时的应急措施,而应从根本上解决发展中国家面临的饥饿问题,帮助其实现可持续发展,这才是"粮食喂养未来计划"应有的目标。

在特朗普上台执政后,尽管特朗普奉行"美国优先""美国第一"的外交政策,但是基于美国的国家利益,在针对发展中国家的粮食援助方面,美国仍在推行"粮食喂养未来计划"。例如,在过去的几年中,美国为非洲人口最多的国家——尼日利亚的农业和经济发展注资1.65亿美元。两国政府签署了一项关于解决粮食安全问题的伙伴关系宣言,美国政府再度推出了一项为期5年的"粮食喂养未来计划",以增加对尼日利亚的农业投资,并改善尼日利亚的家庭营养状况。美国政府官员表示新的伙伴关系将助力尼日利亚

① Simon Payaslian, *U. S. Foreign Economic and Military Aid*, Lanham, MD: University Press of America, 1996, pp. 76 – 102.

农业成为拉动国家经济发展的引擎,认为"粮食喂养未来计划"为以农业为主导的包容性和可持续经济增长绘制了蓝图,加强了民众和系统的韧性,将解决尼日利亚的粮食安全问题,通过建立政府和私营部门的合作,刺激尼日利亚经济的发展。"粮食喂养未来计划"也是促进农业企业发展的路线图,将帮助社区抵御干旱等自然灾害风险,促进粮食生产,改善居民健康状况。该计划融合了新项目和已有项目,可以实现农民与供应商的有效连接,改善农业服务和投入,刺激市场增长。

俄罗斯农业生产与粮食安全

粮食安全一直是国家安全的重要组成部分,俄罗斯在独立初期,粮食安全面临严重挑战。普京执政以来,通过颁布一系列法律法规和政策改革使这一状况得到有效改善。到目前为止,从生产能力、消费能力和贸易能力三个方面来看,俄罗斯粮食安全处于相对较好的状态。自俄罗斯加入世贸组织以及乌克兰危机以来,其粮食安全又面临新的机遇和挑战。本章将从俄罗斯独立以来的粮食政策,俄罗斯粮食生产、消费和贸易状况以及新形势下粮食安全的展望三个方面阐述俄罗斯的粮食安全问题。

一、俄罗斯的农业和粮食政策分析

国家对农业发展的影响主要来自国家对农业各个方面的干预。一般而言,俄罗斯对农业发展的干预体现在三个层面:制度和立法层面、宏观经济调控层面、财政支持和投资层面。

（一）制度和立法层面

自苏联解体以来，俄罗斯农业体制整体上经历了从公有制到私有制的变化，国家通过立法等手段不断提高农业生产资料的私有化程度，对农业的干预呈减弱势态。

在苏联解体前夕，俄罗斯的土地公有制，特别是土地的所有权和使用权已经出现松动。1990 年 11 月，《俄罗斯苏维埃联邦社会主义共和国土地改革法》颁布，取消了国家对土地的垄断。苏联解体初期，叶利钦发布了《俄罗斯苏维埃社会主义联邦实行土地改革的紧急措施》以及《在俄罗斯调节土地关系和开展农业改革》两项命令，以推进土地的私有化；1993 年 12 月，俄罗斯联邦新宪法通过后，土地的私有制最终确立下来。与此同时，俄罗斯还通过一系列法令允许土地交易。在此基础上，1996 年叶利钦又发布《实现公民的宪法土地权利》的命令。俄罗斯试图以此放开私人土地交易。但是总统与国家杜马在该问题上存在意见分歧，导致这些政令迟迟不能形成有效的法律文件。[①] 普京执政后，俄罗斯于 2002 年通过了《俄联邦农用土地流转法》，为土地交易提供了法律依据。

20 世纪 90 年代，俄罗斯大批国有企业经历了私有化过程。在这场生产组织形式的变革中，农业也没有例外，其主要的改革对象是国营农场、集体农庄和合作社。根据《集体农庄和国营农场改组办法》，公有农业企业被转为私有农业企业。普京执政期间强化了国家对农业的管理和干预，组建了许多大型农业企业并对这些企业大力扶持。虽然这些举措与能源、军工等领域的重新国有化同时实行，但是农业生产还远远达不到由国家支配的程度。经过 20 多年，土地私有制和生产组织形式的私有化在俄罗斯最终确立

---

① 高尚全：《俄罗斯、匈牙利农地改革和农村经济转轨——中改院赴俄罗斯、匈牙利转轨考察报告》，http://www.chinareform.org.cn/ad/shiyuezb/wangjinxin.htm。

起来。

人们普遍认为，叶利钦执政时期的农业改革成效甚微，甚至严重倒退：土地的私有化和交易许可带来土地流失的隐患；长期的合作化生产让大多数农民不能独立掌握农业生产的全部过程和解决各种各样的难题；私有化的同时，机械设备严重不足的问题日益凸显。这一系列原因导致农业产量急剧下降。

相比之下，普京执政时期的农业发展相对显著。造成这种差异的原因是多方面的，如果仅仅从制度和立法的层面来看，20多年来俄罗斯农业并没有出现重大转折，两个时期的不同方面主要体现在生产组织形式上：大型农业企业的经济实力和技术实力都比单一的家庭农场雄厚得多，在一定程度上弥补了家庭农场设备和技术的不足。如今，开放型的大型农业企业已经成为俄罗斯农业生产发展的重要动力。

近年来，俄政府颁布了一系列法律和文件，进一步对农业生产进行具体指导。例如，《俄联邦农业发展法》明确规定，促进农业投资，增加农村的资本流通，通过政府和市场的双重调节来缓解农业资金匮乏的问题。同时，这些法律和文件还为俄罗斯农业发展确立了一个阶段性的目标和短期战略，包括提高农牧业产量和产品质量、加强农业基础设施建设以及促进农村地区发展等。此外，《2008—2012年农业发展和农产品、原材料及粮食市场调控国家纲要》和《2013—2020年农业发展和农产品、原材料及粮食市场调控国家纲要》等文件的颁布也为农业发展和粮食安全指明了方向。

（二）宏观经济调控层面

20世纪90年代，俄罗斯经济经历了严重的通货膨胀，农业经济也不例外。俄罗斯农产品价格有所上升，不过上升的速度远远不如工业品。

表 3 - 1　1991—1999 年俄罗斯各类产品价格指数(%)

年份	农产品	工业品	消费品	运输业运费
1991	160.0	340.0	260.0	210.0
1992	940.0	3380.0	2610.0	3560.0
1993	810.0	1000.0	940.0	1850.0
1994	300.0	330.0	320.0	350.0
1995	330.0	270.0	230.0	270.0
1996	143.5	125.6	121.8	122.1
1997	109.1	107,5	111.0	100.9
1998	141.9	119.4	184.4	116.7
1999	191.4	170.7	136.5	118.2

资料来源:郭晓琼:《俄罗斯农业形势及发展因素研究(1991—2011 年)》,《俄罗斯中亚东欧市场》,2012 年第 10 期。

从表 3 - 1 可以看出,20 世纪 90 年代俄罗斯农业生产的压力是很大的;农业生产所需要的化肥、农机等产品价格涨幅巨大,运输费用增长迅速,而农产品价格上涨却远远跟不上这个速度。因此农业生产的盈利空间遭到压缩,私人经营的农场通常难以承受这样的高成本低收益,农业生产积极性受到严重打击。这也成为导致这一时期农业用地缩水的一个因素。而与此同时,叶利钦政府实行的"休克疗法",对于严重的通货膨胀也无能为力。

这一时期,俄罗斯宏观经济低迷造成的结果是:如果农业生产者不在劳动力环节和工具更新环节降低成本,就可能面临生产越多、亏损越多的困境。这又进一步打击了生产者的劳动积极性。总之,俄罗斯整体经济倒退成为农业严重倒退的主要因素。

普京执政以后,俄罗斯的经济发展开始向国家资本主义靠拢,政府加强了对经济事务的干预力度。俄罗斯在经济上也放弃了全盘西化的政策,推行"重新国有化"。

在政府的干预下,俄罗斯宏观经济逐渐从无序转向有序,通货膨胀得到有效缓解,工业品和运输的价格指数与农产品的价格指数基本实现了平衡,工农业产品的价格剪刀差缩小。在这种情况下,由于粮食生产的利润得到保障,农民的生产积极性有所提高,农产品产量下降的趋势得到控制。虽然耕地流失的情况依然存在,但也有所好转。俄罗斯的谷物产量在 2000 年已经基本能满足国内需求,不再依靠进口。这也从另一方面反映出粮食单产得到有效提高的事实。

(三)财政支持和投资层面

在叶利钦执政时期,私有化导致国有资产大量流失,加之"休克疗法"的指导作用,国家对农业的财政支持不断减少。1991—1998 年,俄罗斯财政对农业的投入占政府预算总支出的比重从近 19% 下降到 1% 左右。[①]

财政支持的减少对农业发展的伤害更为直接:在技术方面,投资减少意味着大量的农业科技研究停滞,苏联时期得到国家支持的大型农机和基础设施也难以更新,这直接影响了粮食的产量;在贸易方面,政府投入减少意味着农产品贸易受到的保护越来越少。俄罗斯在向西方靠拢的过程中,脆弱的农业市场受到国际市场的冲击,影响了粮食的流通、资金的回收和再生产。

在普京执政时期,俄联邦政府对农业的资金支持出现一定程度的改观。首先,政府对预算政策作出调整,对生产率较高的农业项目加大扶持力度;其次,改革信贷政策;最后,对农产品实行贸易保护措施。这些举措对农业发展产生了有益影响,农业产量有了显著的提高。

但是俄罗斯农业政策仍存在一些问题。例如,农业预算在不同类型的生产者之间分配不均,厚此薄彼。这或许是联邦政府有意为之,意在大力扶

---

① 许新主编:《叶利钦时代的俄罗斯》(经济卷),人民出版社,2001 年,第 175 页。

持大型农业企业。不过,忽略家庭农场也造成了粮食生产的不平衡。例如,依靠手工劳动而不是大规模机械化生产的蔬菜等农作物,其生产主体往往是家庭农场,畜牧业的生产也有近一半是以家庭副业的形式进行的。[①] 对这一领域财政支持的薄弱直接导致了俄罗斯蔬菜类和肉类食品产量较低。直到现在,肉类和蔬菜仍然是俄罗斯主要的食品进口种类,对俄罗斯的粮食安全构成隐患。另外,俄罗斯工农业之间的剪刀差仍然巨大,农业仍然是俄罗斯经济中较为薄弱的环节。

二、俄罗斯粮食生产、消费与贸易

通常从以下三个方面衡量一个国家的粮食安全:一是生产能力,即国内粮食的产量与粮食生产可持续性;二是消费能力,即国内粮食价格与居民购买力;三是贸易能力,即粮食进口贸易的稳定性与多元性。

(一)俄罗斯的粮食生产能力

根据农产品的产量、自给自足率、耕地面积变化以及农村劳动人口的变化趋势,可以分析俄罗斯的粮食生产能力。

表 3-2　1996—2011 年俄罗斯主要农产品产量

年份	产量(万吨)				年增长率(%)		
	1996	2001	2006	2011	1996—2001	2001—2006	2006—2011
谷物	6758.9	8339.8	7649.5	9179.2	4.29	-1.71	3.71
小麦	3491.7	4698.2	4492.7	5624.0	6.12	-0.89	4.59
粗粮	3228.4	3591.9	3088.7	3449.7	2.16	-2.97	2.24

---

① 郭晓琼:《俄罗斯农业形势及发展因素研究(1991—2011 年)》,《俄罗斯中亚东欧市场》,2012 年第 10 期。

续表

年份	产量(万吨)				年增长率(%)		
	1996	2001	2006	2011	1996—2001	2001—2006	2006—2011
水稻	38.9	49.7	68.1	105.6	5.02	6.50	9.17
油料作物	127.4	123.8	316.2	490.1	-0.57	20.63	9.16
肉	533.6	445.1	523.6	756.6	-3.56	3.30	7.64

资料来源：UNFAO：FAOSTAT，http：// faostat. fao. org/site/567/default. aspx#ancor.

从表 3 - 2 可以看出，俄罗斯一些大宗农产品产量均有不同程度的增加，其中小麦产量增加最为显著，对俄罗斯粮食安全的意义也比较明显；油料作物、肉和水稻的产量增长幅度也比较大，但由于基数很小，对粮食安全影响有限。尽管农产品总量有所增长，但居民的需求量也在不断增加。因此衡量俄罗斯的粮食安全不仅要看农产品产量，更要看农产品产量占需求量的比重（自给自足水平）。

表 3 - 3　2000—2012 年俄罗斯农产品的自给自足率(%)

年份	2000	2005	2008	2009	2010	2011	2012
谷物	102.5	116.3	148.2	134.8	93.3	135.9	108.3
肉	67.0	62.6	66.6	70.6	72.2	74.0	76.1
牛奶	88.3	82.5	83.2	82.9	80.5	81.5	80.2
鸡蛋	97.5	98.7	98.9	98.8	98.3	98.0	98.0
马铃薯	99.6	100.7	100.0	102.0	75.9	113.0	97.5
蔬菜	85.6	84.9	86.8	87.3	80.5	93.2	88.7

资料来源：Сельское хозяйство, охота и охотничье хозяйство, лесоводство в России. Статистический сборник. Москва, 2013. С. 142.

表 3 - 3 数据显示，2000—2012 年，俄罗斯的谷物、鸡蛋和马铃薯产量总体上满足甚至超出居民需求；牛奶和蔬菜不能完全满足居民的需求，但是总体产量已经达到需求量的 80%—90%。

根据国际经验,当一种农产品或食品的国内生产量达到总需求的75%—80%,居民消费的能量每天不低于12557焦耳,建立的粮食储备不低于消费总量的20%,[①]便可以认为符合粮食安全标准。因此在国际贸易畅通的情况下,俄罗斯的牛奶和蔬菜供应基本可以维持在一个安全状态。俄罗斯最大的食品供应隐患在于肉类。2000年,肉类的供应量仅占需求量的67%,此后这一比例呈攀升之势,2008年以后增速比较明显,2012年这一比例达到76.1%,但仍不能达到粮食安全的基本要求。

从产量的角度看,俄罗斯粮食安全虽有隐患,但总体向好。肉类是俄罗斯粮食安全的软肋,俄罗斯现在每年生产约200万吨肉,每年肉类进口额高达35亿—37亿美元。奶制品、水果等也在一定程度上依赖进口。有俄罗斯学者认为,这对于俄罗斯国家粮食安全是一根绞索,而且这根绞索拉得更紧了。[②]

除产量之外,农业生产的可持续性也是俄罗斯粮食安全的重要方面。耕地面积和农业劳动力是农业生产可持续性的重要指标。

表3-4 1997—2012年俄罗斯土地利用情况

年份	面积(亿公顷)				年增长率(%)		
	1997	2002	2007	2012	1997—2002	2002—2007	2007—2012
耕地	1.2747	1.2347	1.2157	1.1975	-0.64	-0.31	-0.30
长期作物	0.0192	0.0184	0.0179	0.0160	-0.85	-0.55	-2.22

资料来源:UNFAO:FAOSTAT,http://faostat.fao.org/site/567/default.aspx#ancor.

从表3-4可以看出,俄罗斯的耕地面积和长期作物面积均呈现缓慢减少的态势。由于长期作物面积小,其减少对整体的粮食安全影响有限。但

---

① 王殿华、拉娜:《俄罗斯粮食安全与政策评析》,《俄罗斯东欧中亚研究》,2013年第3期。

② Н. А. Нартов, Академик Академии геополитических проблем иВ. Н. Нартов:Продовольственная безопасность России,http://zdorovoepitanie.info/index.php?option=com_content&view=article&id=83&Itemid=43.

俄罗斯耕地总面积减少了近 800 万公顷,且在 15 年的时间里持续存在这种趋势,这在不久的将来很可能对俄罗斯粮食安全构成威胁。俄罗斯地处高寒,冬季漫长,广大的北方地区不适合种植庄稼,能用作耕地的土地面积本来就有限,而且还在逐渐缩减。

俄罗斯农作物单位产值并不是一直上升的:1997—2007 年,俄罗斯耕地单位产值从每公顷 192 美元上升到每公顷 219 美元;2007—2012 年,这一数字呈逐年下降趋势,每年减少约 0.18%。[①]

表 3-5 1998—2013 年俄罗斯农村人口和劳动力的变化

项目	年增长率(%)		
	1998 年	2003 年	2008 年
农村人口占总人口	26.64	26.78	26.68
农业劳动力占总劳动人口	11.13	9.69	8.47

资料来源:UNFAO;FAOSTAT,http://faostat.fao.org/site/567/default.aspx#ancor.

农村劳动力的变化趋势也不容乐观。相比耕地面积的变化,俄罗斯农村劳动力在总劳动力中所占比重下降更为明显。这一方面反映了农业技术的进步,另一方面也隐含着农业生产上的一种消极趋势。

与此同时,随着居民生活水平的提高,粮食需求不断上升。1996 年,俄罗斯人均食品供应量为每天 11665 焦耳;2006 年,这个数字已经达到每天 13566 焦耳;而到 2011 年,人均食品消耗量为每天 14065 焦耳。[②]

(二)俄罗斯国内粮食价格与居民购买力

价格因素与居民收入同样是衡量粮食安全的重要指标。粮食供给主要是通过市场渠道进行,如果国内市场出现垄断与混乱,粮食价格过高或者过

---

① FAOSTAT, http://faostat.fao.org/site/612/default.aspx#ancor.

② FAOSTAT, http://faostat.fao.org/site/368/default.aspx#ancor.

低都会对粮食安全构成威胁。过高的粮食价格有可能限制居民的购买力，使居民无力获得充足的食品；粮食价格过低会损害生产者的利益，进而导致耕地和农业劳动力的进一步流失。

表 3-6　部分食品的居民消费价格指数(%)

食品	2013 年 11 月—2014 年 11 月	2012 年 11 月—2013 年 11 月
粮食和非酒精饮料	109.1	106.2
面包制品	105.3	114.1
谷物和豆类	104.7	103.6
面食(通心粉等)	102.2	110.8
肉类和家禽	108.2	101.3
鱼类及海产品	112.3	103.3
牛奶和奶粉	117.1	107.5
黄油	121.3	108.4
葵花子油	94.6	106.7
鸡蛋	109.2	112.2
糖	112.1	100.9
果蔬	107.4	109.3

资料来源：Об индексе потребительских ценв ноябре 2014года, http：// www. gks. ru/ bgd/free/b04_03/IssWWW. exe/Stg/d04/248. htm.

从表 3-6 可以看出，除了葵花籽油以外，其他各类食品消费价格指数整体上处于上升态势。其中，粮食和非酒精饮料、面包制品、牛奶和奶粉、黄油、鸡蛋、果蔬价格涨幅连续两年超过 5% 。如再向前追溯，2000 年至今，俄罗斯食品消费价格指数已经大幅上涨，2008 年已经达到了 2000 年的275% 。恩格尔系数是衡量居民生活水平的重要指标，它体现为食品支出占总消费支出的比重。2001 年，俄罗斯的恩格尔系数为 45.8% ；[1]2010 年，这一系数

---

① Российский статистический ежегодник. 2011：Стат. сб. / Росстат. – М. , 2011. С. 795.

降至29.6%;2014年,俄罗斯的恩格尔系数又略有下降,达到28.8%。[①] 也就是说,21世纪最初10年,俄罗斯居民生活水平提高较为明显;而2010年之后,速度已经明显放缓。单就2014年恩格尔系数而言,俄罗斯居民的食品消费在总消费中所占比重依然较高。

表3-7 2000—2013年俄罗斯联邦劳动者月收入变化(%)

年份	2000	2001	2002	2003	2004	2005	2006	2007	2008	2009	2010	2011	2012	2013
收入	120.9	120.0	116.2	110.9	110.6	112.6	113.3	117.2	111.5	96.5	105.2	102.8	108.4	104.8

资料来源:俄联邦国家统计局,http://www.gks.ru/wps/wcm/connect/rosstat_main/.

考虑粮食价格的同时,也需要考虑俄罗斯居民的实际收入。由表3-7可知,2000年以来,俄罗斯居民的收入呈现持续增长的态势,且增幅比较可观。这在很大程度上反映出俄罗斯的居民收入水平。居民收入增加可以在一定程度上克服粮食价格上涨带来的困难。

因此从上述数据可以得出结论,俄罗斯的粮食价格上涨并未给消费者带来沉重的经济压力。近几年恩格尔系数不断下降反映出俄罗斯居民生活水平的提高,也反映出俄罗斯粮食安全的一个侧面,即从市场和消费的角度来看,俄罗斯的粮食安全状况是相对稳定的。值得一提的是,随着科学技术的发展和世界范围内传统能源的日趋紧张,生物能源越来越受到人们的关注,将粮食转化为能源的情况在俄罗斯也开始出现。

目前,粮食转化为能源的规模在俄罗斯并不大。但是就俄罗斯而言,将粮食转化为能源存在着风险并且收益有限。俄罗斯是世界上重要的能源出口国,本身并不缺少能源。俄罗斯生产和使用生物燃料的必要性值得质疑,毕竟为了发展并不急缺的新能源而破坏粮食市场的稳定性是得不偿失的。从粮食安全的角度看,俄罗斯应审慎地对待生物燃料的问题,不应该盲目跟

---

① Об индексе потребительских ценв ноябре 2014года, http://www.gks.Ru/bgd/free/b04_03/IssWWW.exe/Stg/d04/248.htm.

风,应严格控制生物燃料的生产规模,以保障自身的粮食安全。

(三)俄罗斯粮食进口贸易的稳定性和多元性

在独立之初的相当长一段时间,俄罗斯粮食供应依靠进口。这种粮食供应结构本身是比较危险的。随着国家对农业扶持力度的加大,国内粮食产量不断增加。2001年,俄罗斯基本上摆脱了全面依赖粮食进口的窘境,甚至成为粮食出口国。[①] 但在肉类、果蔬和牛奶方面,俄罗斯对外依存度依然较高。因此俄罗斯还不能充分实现粮食的自给自足,农业进口贸易的稳定性就成为俄罗斯粮食安全的一个重要指标。

以肉类为例,俄罗斯肉类食品来源国主要分布在欧洲和美洲。2007年,俄罗斯从巴西进口73.75万吨肉类食品,从独联体国家进口10.7万吨,从阿根廷进口10万吨,从丹麦进口9.46万吨,从美国进口7.51万吨,从加拿大进口7.047万吨,从德国进口5.67万吨。

2009年,这一进口结构略有变化,但整体稳定:巴西依然是俄最大的肉类食品供应国,向俄提供58.88万吨肉类食品;独联体国家为14.7万吨;美国为11.33万吨;阿根廷为11万吨;德国为9.44万吨;丹麦为6.65万吨;加拿大为4.24万吨。[②]

2010年以后,情况又出现一些新的变化。巴西长期以来作为俄主要肉类食品供应国的地位受到削弱。由于农业监管部门的管制,2011年俄罗斯仅从巴西进口22.9万吨肉类食品,从德国和美国的进口量也相对下降。2012年,白俄罗斯在俄罗斯肉类食品进口方面的地位明显上升,向俄罗斯提供27万吨肉类食品,[③]已经超过2009年之前独联体国家的总和。

---

① 《俄罗斯粮食出口政策及其影响》,http://ccn.mofcom.gov.cn/wzjj/wzjj.htm.

② Основные страны поставщики мяса в Россию, https://kaig.ru/rf/impmeat.pdf, 转引自《Российские реформы в цифрах и фактах》на сайте, http://kaivg.narod.ru.

③ Импорт мяса и мясопродуктов в Россию, http://newsruss.ru/doc/index.php/Импорт_мяса_в_Россию.

2011 年,俄罗斯农业进口贸易额最大的几个国家分别是:巴西、德国、乌克兰、荷兰、土耳其、美国、法国、西班牙和中国。

表 3-8　2011 年俄罗斯主要农业贸易伙伴

排名	贸易伙伴	贸易额(亿美元)
1	巴西	40.094 27
2	德国	22.739 84
3	乌克兰	20.292 06
4	荷兰	18.719 30
5	土耳其	15,655 86
6	美国	15.608 57
7	法国	14.107 46
8	西班牙	13.258 17
9	中国	12.765 69

资料来源:UNFAO:FAOSTAT, http://faostat.fao.org/site/567/default.aspx#ancor.

俄罗斯的进口贸易伙伴多元,拉丁美洲国家和独联体国家占据主要地位,西欧国家的地位也比较突出。近两年来,俄罗斯与中国的农业合作水平也呈现明显的上升趋势。

进口多元化的结果是相对安全和稳定的进口渠道。2014 年,俄罗斯因乌克兰危机而面临着巨大的政治压力和经济制裁,其贸易稳定性遭到严重破坏。俄罗斯实行反制裁,也自行停止从制裁国进口农产品。但是多元性在一定程度上弥补了稳定性的不足。俄罗斯不再依赖乌克兰及西欧和北美的贸易伙伴,而从拉丁美洲、独联体国家和中国等扩大食品进口。另外,俄罗斯还通过加强国内的生产能力保障食品供应。

三、俄罗斯粮食安全展望

通过对生产能力、消费能力和贸易能力三个方面的分析可以看出,俄罗斯的粮食安全状况整体上是稳定的,但也存在隐患。2012 年 8 月,俄罗斯正式加入世界贸易组织,其农业发展和粮食安全也面临新的机遇和挑战。鉴于此,俄罗斯针对粮食安全问题做出了详细的规划,高昂的预算和较高的指标显示出俄罗斯在粮食安全方面摆脱依赖、实现独立自主的决心。

(一)《俄罗斯联邦粮食安全准则》的制定和颁布

2009 年 2 月,俄罗斯通过了《俄罗斯联邦 2020 年前国家安全战略》。文件指出,要对主要食品实行进口替代;防止土地资源枯竭,防止农业用地和耕地减少,防止国家谷物市场被外国公司占领;防止不受监督地推广来自转基因植物(转基因微生物和类似的转基因微生物)的食品,以保障食品安全。

2010 年 2 月 1 日,时任俄罗斯总统梅德韦杰夫签署了《俄罗斯联邦粮食安全准则》。这一文件是对《俄罗斯联邦 2020 年前国家安全战略》中相关内容的延伸和补充。

《俄罗斯联邦粮食安全准则》的具体目标是:实现俄罗斯联邦在粮食安全领域的国家经济政策,保障国内居民可靠的食品供应,综合发展国内的农业和渔业,就粮食市场的内部和外部威胁做出快速应急反应,有效参与粮食安全领域的国家间合作。

《俄罗斯联邦粮食安全准则》就俄罗斯粮食安全领域国家经济政策的基本方向做出如下阐述:减少贫困,保证最贫困人口的饮食,注意儿童、怀孕和哺乳期妇女的饮食水平;提升运输水平,保障偏远地区的粮食供应,调节地域差异;加强对农业和渔业的生产、储存、加工、运输等各个环节的监管,控制转基因食品的过分蔓延;在原料供应方面,提高土壤肥力,利用闲置耕地,促进水生生物资源的集约利用,促进工业化栽培;促进农村地区的可持续发展,关注农村人口的实际收入和失业率,实现农村人口就业多元化;降低国内农业和渔业对外国技术和设备的依赖;对外经济政策须遵守食品安全标准。

《俄罗斯联邦粮食安全准则》从各方面对各阶段俄罗斯粮食安全提出指导性意见,可避免俄罗斯农业生产陷入混乱无序的发展。此外,该准则也体现出俄联邦政府对农业的较强控制,并利用宏观经济政策、技术投入等多种方式发展农业生产。鉴于俄罗斯的经济实力相对薄弱,相比欧盟和美国竞争力不足,用有效的行政手段进行调节不失为明智的选择。政府的行政手段调节在目前的进口替代政策以及因西方制裁引发的俄罗斯反制裁措施中都有所体现。

(二)2013—2020 年俄罗斯农业发展的基本政策

应该说,《2013—2020 年农业发展和农产品、原材料、食品市场调控国家纲要》是指导俄罗斯这一时期农业发展的重要的纲领性文件。[①] 文件涵盖了多方面内容:注重粮食生产、加工和销售;注重畜牧产品的养殖、加工和销售,促进肉牛养殖业的发展;支持小型农场;实现农业技术现代化;发展乳制品生产;促进畜牧业的育种和农产品种子培育;发展农产品批发和配送中心以及农业基础设施建设;发展工农综合金融信贷系统。它还对农业发展的各个子步骤的计划、期限、责任部门、目标和预期成果、专项指标、预算等提出了全面的指导意见。

根据《2013—2020 年农业发展和农产品、原材料、食品市场调控国家纲要》,这一时期俄罗斯粮食安全的目标是:刺激农产品和食品生产的增长;定向的进口替代,以限制一些农产品的进口来提升本国相应农产品的生产能力;提升畜牧业的抗流行病能力,形成完善的农业食品市场,推进其市场化进程;提高对农产品、原材料和食品市场的监管效率;实现运输现代化,使大

---

① Д. Медведев:« О внесении изменений в Государственную программу развития сельского хозяйства и регулирования рынков сельскохозяйственной продукции, сырья и продовольствия на 2013 – 2020 годы » УТВЕРЖДЕНЫ постановлением Правительства Российской Федерации от 19 декабря 2014 г. № 1421.

宗商品的物流设施更加完善;提高农业的盈利水平,以保证农业可持续发展;维护农业企业的金融稳定;改善农村居民的生活质量;激励农业创新,发展复杂的生物技术;实现农业耕地的有效使用,土地的复垦开发应用于农业;提高土壤肥力。

为此,俄罗斯已初步制定了 2020 年前的农业财政计划,在 2013—2020 年这 8 年中共投入约 2.1262 万亿卢布(2013 年为 1976.7 亿卢布,此后逐年增加)。其中:用于农作物加工和销售的预算为 5553.9 亿卢布,用于畜牧产品加工和销售的预算为 3 464.5 亿卢布,肉牛养殖投入为 765.5 亿卢布,奶牛养殖投入为 2474 亿卢布,小型农场投入为 1142.8 亿卢布,技术现代化和创新发展投入为 316.1 亿卢布,培育新品种投入为 773.3 亿卢布,基础设施及批发和配送中心建设投入为 792.8 亿卢布。

到 2020 年,俄罗斯粮食自给程度再度提高:粮食自给率为 99.7%,甜菜和糖为 93.2%,植物油为 87.7%,土豆为 98.7%,肉类为 91.5%,奶类为 90.2%。农业的盈利将为农村带来每年 3.1% 的固定资产增长率。农业从业人员的工资水平将达到全国平均水平的 55%。另外,俄罗斯还计划扩大种植面积,将土地复垦开发、保持和提升土壤肥力以及农村可持续发展分别列为专题加以指导,以保证俄罗斯粮食长期自给自足。

总的来说,在《2013—2020 年农业发展和农产品、原材料、食品市场调控国家纲要》的指导下,俄罗斯粮食安全水平有望得到稳步提升。但是政府的计划可能受到各种因素的影响,尤其是世界政治经济局势的变化,如 2014 年的乌克兰危机对俄罗斯粮食安全的影响不容忽视。

(三)新形势下的进口替代战略

加入世贸组织后,俄罗斯农业受到一定程度的冲击。与较强的谷物产业相比,俄罗斯蔬菜、肉类和奶制品产业尚属"幼稚产业"。在世贸组织的规则之下,这些产业因得不到国家足够的保护而在国外同类产业面前相形见纽。如上所述,俄罗斯的肉类、蔬菜和奶制品自给一直无法达到安全标准,沦为俄罗斯粮食的"短板产业"。这些"短板产业"停滞不前有两方面的原因:一是资金问题,二是国内产品竞争力不足。在新形势下,国内外双重推力或可为解决这些问题找到突破口。

从国内推力来看,俄罗斯从自身粮食安全现状出发,为解决资金问题推出了进口替代战略。根据俄农业部部长尼古拉·费奥多罗夫2014年8月关于食品价格、进口商品替代和新粮食规划的讲话,进口替代战略包括三项具体措施:

一是短期措施,即解决农业部门运作过程中所产生的欠款问题。俄已在一年内将360亿卢布欠款降至70亿卢布,而这70亿卢布也要尽快偿还。2012—2014年农业投资项目拖欠银行大量贷款,国家需要对这些项目施加补贴以偿还贷款利息。这样的项目数以千计,共需要115亿卢布。除此之外,还要尽快资助那些从事作物栽培和畜牧业的企业,这需要总金额为53亿卢布的流动资金作为短期贷款。

二是中期措施,这些措施的前期成本投入巨大,效果将在一段时间后显现。建设农产品批发配送中心、仓储和冷藏设施每年需要约100亿卢布。这些建设需要地方预算的支持,国家也将为批发配送中心的建设提供信贷利息补贴或承担部分成本。

三是长期措施,涉及奶制品行业和畜牧业。近年来,禽肉和猪肉生产状况不错,俄罗斯开始寻求这些产品的出口。根据计划,国家在2015年和2017年分别对禽肉生产者和猪肉生产者实施财政资助,并支持牛肉生产。[1]

诚如尼古拉·费奥多罗夫所言,农业发展资金严重短缺以及由此导致的基础设施落后问题有望得到缓解,这将有利于相关产业扩大生产。"短板

---

[1] Николай Федоров о ценах на продукты, замене импортных товаров и новой продовольственной программе,http://www.zerno.avs.ru/analyt/press/54749.html.

产业"的尴尬处境很大程度上是由于进口农产品的冲击。相对于进口食品，国产食品竞争力差、销售疲软，势必对相关产业造成不良影响，使之难以充分发展起来，导致自给率长期徘徊不前。因此扩大对国产食品的需求也有利于俄罗斯农业产业的持续强劲发展。然而压缩生产成本空间有限，实行贸易保护又因明显违反世贸组织规则而招致制裁。因此在世贸组织规则的框架内，俄罗斯要提升部分农产品的自给率仅靠内部推力还略显不足。

发展"短板产业"的外部推力来自2014年爆发的乌克兰危机。俄乌关系骤然恶化让俄罗斯粮食安全面临双重压力：其一，乌克兰是俄罗斯重要的食品进口国，乌克兰危机封闭了这一进口来源；其二，由于欧美制裁，卢布暴跌，俄罗斯进口成本剧增。但是压力同时伴随着机遇，俄罗斯面临的困境促使农业进口替代政策进入一个新的时期，对突破食品供应方面的一些瓶颈起到某种积极作用。

首先，乌克兰危机及其连锁反应改变了俄罗斯的农产品进口结构。

俄罗斯年食品进口额约为450亿美元，其中从乌克兰进口约为20亿美元。乌克兰危机直接破坏了俄乌之间的贸易。与此同时，欧盟和美国对俄罗斯实施经济制裁，而俄罗斯也实施了一系列反制裁措施，从而大大改变了俄罗斯的农业进口方向。

2014年8月，俄罗斯总统普京签署总统令，要求俄联邦各国家机关及法人实体在未来一年内禁止或限制从对俄制裁国家进口部分农产品、原材料及食品，同时增加俄国产商品的供应，旨在"以特定经济措施确保俄联邦的安全"。这显然是俄罗斯对欧美经济制裁的一个反制裁策略。然而仅仅作为一个反制裁的行动，食品进口禁令的作用是有限的：虽然俄罗斯是仅次于美国进口欧盟农产品的国家，但俄罗斯仅占欧盟农产品出口的10%，而且俄罗斯的市场似乎已经达到了饱和。欧盟生产商的目光开始锁定迅速增长的中国市场。对欧盟而言，俄罗斯的反制裁将不会是一场灾难。俄罗斯的农业进口对于美国而言同样不占有重要地位。2014年俄罗斯从美国进口的农产品总额为 12 亿美元,这一数字还不足美国农产品出口总额的 1%。[1] 因此,普京仅限于农业方面的进口禁令不是要打击欧盟和美国的粮食出口,而是有其他目的:一方面,还西方以颜色,表示俄罗斯不屈服的立场;另一方面,通过强制措施催化国内相关产业的成长。

尼古拉·费奥多罗夫认为,进口食品份额的下降对俄罗斯来说是一件好事。强制禁令封锁了食品进口的渠道后,零售企业将不得不关注之前不重视的国产农产品。这些国产农产品因为价格等因素长期在市场竞争中处于劣势,现在它们的需求量将有可观的提高。这也为俄罗斯本国农业企业的发展创造了条件。

强制性的进口禁令以及进口替代政策也有一些需要注意的问题:进口食品可以很容易由国内产品所取代,但是这种替代应当是一个渐变的过程。而依照总统令,所有这些反制裁措施都立即生效。在这种情况下,政府需要采取措施来平衡商品市场,防止农产品和食品价格过快增长,并确保国内的粮食供应。总之,如果要实现进口替代,实现从进口到自给的平稳过渡,强有力的政府调控是必不可少的。

其次,卢布贬值对农业产业成长带来的催化效应。

卢布大幅贬值产生两种后果:一是进口商品价格上涨几倍,居民无法购买相对昂贵的进口商品,转而购买本国商品;二是以美元计价的收入大幅下降,本国民众没有能力购买外国商品,转而消费本国商品。[2] 同理,在卢布缩水的情况下,所有以美元结算的进口农产品都会受到冲击。因此尽管俄罗斯也在寻求粮食进口的多元化(如 2014 年夏,俄罗斯曾就食品进口问题与阿根廷、巴西、智利、巴拉圭、乌拉圭、厄瓜多尔等拉丁美洲国家接洽),但开

---

[1] Владимир Абаринов:Кипит наш импорт замещенный,http://grani.ru/opinion/abarinov/m.231854.html.

[2] 吴春光、蔡体澎:《俄罗斯进口制度、交易成本与进口替代效果》,《俄罗斯研究》,2005 年第 4 期。

辟新的进口源并不能改变卢布缩水和高额运费所导致的高昂价格,而这势必影响外来农产品的竞争力,恰恰为俄罗斯本国的农产品销售带来机遇。受利益驱动的食品销售商在这个时候会更倾向于选择国内农产品,如同从前他们青睐进口农产品一样。因此卢布贬值反而给俄罗斯弥补农业生产的短板带来了契机。通过政府政策和财力支持的推力以及扩大内需的拉力,俄罗斯有望使肉类、蔬菜和奶制品等几种农产品达到之前拟定的自给目标。

在上述内外因的共同推动之下,俄罗斯能实现更高程度的自给自足:肉类自给率将从之前的79.7%提升到2020年的85%,牛奶自给率将从之前的76.4%提升到2020年的90%。需要指出的是,无论进口禁令还是进口替代政策都明确违反了世贸组织原则,俄罗斯的这种行为可能招致制裁或其他贸易领域的报复。

但有意思的是,由于乌克兰危机,西方已经使用非常严厉的手段制裁了脆弱的俄罗斯经济。在这种情况下,世贸组织还有多少手段来进一步制裁俄罗斯的违规行为呢? 因此俄罗斯农业如能在卢布暴跌、经济惨淡的背景之下获得更大程度的独立性,或可看作是不幸中的万幸。

(四)俄罗斯转基因食品的发展

从世界范围来看,转基因作物种植面积呈现不断增长的趋势。2012年,转基因大豆种植面积占世界大豆种植面积的81%,转基因玉米占35%,转基因油菜占30%。[①] 近年来,转基因作物在俄罗斯的发展也颇为迅速,进口的转基因产品增长超过100倍,转基因食品占食品进口的60%。[②] 随着农业生物技术的日益发展,转基因食品也已经开启了实际应用的新阶段。

---

① Выгоды и риски выращивания трансгенных растений в России,http://soyanews.info/news/detail.php?SECTION_ID=4185&ELEMENT_ID=186403,2014 – 06 – 03.

② Андрей Евпланов:Государство ужесточит контроль за использованием ГМО,http://soyanews.info/news/detail.php?SECTION_ID=4185&ELEMENT_ID=205612.

　　同中国的情况相似,在俄罗斯,围绕转基因食品问题的争议之声不断。俄罗斯官方对转基因食品的态度比较复杂,且相当谨慎。

　　在引进转基因食品的问题上,俄罗斯政府内部的意见不一致。俄农业部持反对意见,指出现阶段国家没有那么多的专家和专业实验室来检测转基因种子和监管转基因作物市场。俄前总理梅德韦杰夫认为,俄罗斯有能力、有资源用传统的产粮方式解决粮食安全问题,而不需要像美国那样借助转基因手段满足国内需求。① 相比中国、美国和西欧,俄罗斯确实在耕地面积和粮食需求方面不那么紧张。但无论如何,俄罗斯还是接受了转基因食品。因为"入世"后,俄罗斯将自动停止对一系列转基因食品的进口限制。普京曾表示俄罗斯要在履行世贸组织义务的前提下保护俄罗斯公民免受转基因食品的损害。俄罗斯国家杜马农业委员会副会长娜杰日达·什科尔季娜认为,在俄罗斯完全禁止转基因食品是不可能的,因为这违反了世贸组织的原则。

　　在立法方面,目前俄罗斯能做的主要是控制转基因食品的使用。俄罗斯教育和科学部基于三个方面的考虑对转基因食品加以控制:对人体健康的危害,对环境的影响以及对国家粮食安全的影响。因此国家已经考虑修改法案,规定所有的转基因食品都要强制进行国家注册,通过必要的检查,并取得相应的许可。政府有权禁止转基因食品进入俄罗斯,有权对某些转基因产品下达禁令。

　　除此之外,自 2007 年起,法律规定经营者对转基因产品加贴醒目的标识。② 通过这种方式,俄罗斯的消费者被赋予了知情权,可以知道哪些食品是转基因产品,并自行决定是否购买。对于拒绝张贴转基因标签的情况,国

---

　　① Россия способна кормить себя без ГМО, считает Медведев, http://soyanews.info/news/detail.php?SECTION_ID=4185&ELEMENT_ID=181837.

　　② Школкина: запрет продукции с ГМО в России невозможен из-за ВТО, http://soyanews.info/news/detail.php?SECTION_ID=4185&ELEMENT_ID=204454.

家决定加大惩罚力度,对法人最高处罚金额从 10 万卢布提高至 15 万卢布,对个体企业的最高处罚金额从 2 万卢布提高至 5 万卢布。①

在投入和经营方面,目前俄罗斯还没有针对转基因食品的生产和营销战略。事实上,尽管接受了转基因食品,俄罗斯并没有为此做好准备。毕竟转基因食品的研发、获得许可和推广成本相当高。而俄罗斯对农业投入有限:在俄罗斯,国家对农业的扶持约为中国的 3%、欧盟的 4%、美国的 18.5%。②

随着转基因食品的普及,俄罗斯民众对于这一问题的认识也发生了一些变化。根据全俄社会舆论调查中心报道,在 2014 年的调查中,俄罗斯82% 的人认为转基因食品或多或少危害人体健康。近 3/4 的人赞成在俄罗斯全面禁止转基因食品,67% 的受访者认为转基因食品会导致癌症,60% 的人认为转基因食品会导致不孕。由此可以看出,俄罗斯民众普遍对转基因食品的健康性和安全性持悲观的态度。

近几年,俄罗斯对转基因的发展战略逐渐趋于明晰。2014 年 2 月,俄罗斯起草法案,禁止转基因产品的流通。俄总统弗拉基米尔·普京支持该法案,发布临时禁令倡议,禁止转基因作物的栽培。3 月,普京指出,俄罗斯需禁止转基因,这点不违反世界贸易组织的原则。他认为,虽然需要很谨慎地不损害俄罗斯在世贸组织框架下的责任,但是也应该需要保护公民免于劣质产品的危害。俄一时颁布允许转基因作物播种的法案,一时又禁止播种转基因作物,这与美俄之间的紧张关系有关。众所周知,转基因起源于美国,美国也是向俄罗斯提供转基因种子的领先者。直至 2015 年 1 月 19 日,俄罗斯政府召开会议,讨论在俄禁止转基因产品的相关草案,仍考虑禁止在俄种植、养殖转基因动植物,并对转基因产品的进口进行一定限制。与此同

---

① Совфед ввел штрафы за отсутствие предупреждающей надписи о ГМО в продуктах питания,http://soyanews.info/news/detail.php?SECTION_ID = 4185&ELEMENT_ID = 205943.

② Выгоды и риски выращивания трансгенных растений в России,http://soyanews.info/news/detail.php?SECTION_ID = 4185&ELEMENT_ID = 186403,2014 – 06 – 03.

时,该草案存在唯一例外,即可将其用于鉴定与科研工作。①

2016 年,俄罗斯针对转基因出台新的法规,这次的法规更加严厉严苛,俄罗斯议会上院——联邦委员会批准了这项法案,它规定基于转基因的风险和不确定性,除科学研究之外,俄罗斯境内禁止转基因的商业化运作,即禁止转基因作物的种植和转基因动物的饲养,以及转基因产品的进口,那些出产转基因产品的国家出口到俄的商品必须按照新法规重新登记注册,否则将受到严厉的处罚。② 俄希望通过这种严厉的方式让被转基因"污染"的全球保留一片"净土"。

这一法案的通过无疑让俄罗斯反对转基因的态度更加明确,并且巨大的处罚力度也让俄罗斯人民不敢以身试法,这就从社会层面控制了转基因产品的产生与传播。目前在俄罗斯转基因产品只存在于科研研究院内,其他无处可寻。

此外,国家杜马安全委员会详细拟定了关于生物安全、对含有转基因生物的动植物产品流转贩运的调节、转基因产品的来源的联邦法律草案,在俄罗斯联邦境内,禁止种植以生产食品为目的的基因改良作物。③

俄罗斯还将其理念应用到其主导的欧亚经济联盟中:由于出现了全新的转基因技术,为了禁止大规模消费有害健康的食品,必须制定并实施欧亚行动计划,包括相关的技术规程、标准体系、质量监督体系的建立。此外,对使用转基因技术的知识产权不予保护,或者限制保护期限如 3 年;种子公司不能实行价格垄断,同时公开其生产技术信息。④

---

① Restrictions on Genetically Modified Organisms: Russian Federation, https: // www. loc. gov/law/help/restrictions – on – gmos/russia. php.

② 张智先:《推动国产大豆产业发展正当时》,《中国粮食经济》,2017 年第 8 期。

③ ВЛАСТЯМ ПРИДЕТСЯ ВТРОЕ РАСШИРИТЬ СПИСОК РАЗРЕШЕННЫХ ГЕННОМОДИФ ИЦИРОВАННЫХ ОВОЩЕЙ И ФРУКТОВ, http: // www. businesspress. ru/newspaper/article_mId_37_aId_303872. html.

④ С. Ю. Гераклиев:《落实大欧亚伙伴关系思想的建设性构想》,李新译,《俄罗斯学刊》,2019 年第 2 期。

　　但是俄罗斯也不是绝对的反对,因为法案同时也允许了科研用途的转基因作物种植,[①]这也就意味着,在确定转基因产品对人体没有大的危害时,俄罗斯还是有放宽转基因的可能性。

　　俄罗斯签署转基因禁令是经过深思熟虑的,是充分考虑了本国国家利益的行为。俄罗斯政府对转基因实行禁令的原因,除了出于公众健康安全和环境方面的考虑外,也有经济方面的考量。众所周知,在俄罗斯没有转基因谷类作物,这意味着它需要在国外购买种植转基因谷类作物的种子。这样一来,相对于使用本土的传统作物种子而言,在海外采购增加了采购成本与运输成本,采购俄罗斯本土没有的、及其有毒有害的除草剂也成为了采购成本的一部分。因此,相对于小麦、黑麦、燕麦等传统谷物,转基因谷物的产量虽增加了三倍,但其采购成本、栽培成本却是传统作物的至少七倍以上,这一切都说明转基因作物的种植对于俄罗斯来说是低经济效率的项目。俄罗斯反转基因运动的主要领导人叶尔马科娃也曾表示,转基因种子是不育的,每年不得不从跨国公司购买这些种子,而作为农业大国,俄完全可以摆脱这种依赖,2017 年较去年相比食品进口量大幅减少,共节省了 270 亿美元的外汇。[②] 另一方面,俄罗斯地广人稀,存在大量闲置的裸地,利用这些裸地种植传统作物,可以达到显著的产量增长,没有必要使用转基因作物。

　　自独立以来,俄罗斯在保障粮食安全方面取得了巨大的成就。从初期的粮食自给不足到现在的出口有余,俄罗斯实现了从弱者到强者的转变。在转变过程中,国家的干预和财政支持是关键因素。由此可见,不断完善法律法规和提升国家整体经济状况成为俄罗斯保障粮食安全的必由之路。同时,俄罗斯粮食安全的保障工作要面向未来,从长期角度来看,不断发展农

---

　　① Restrictions on Genetically Modified Organisms:Russian Federation,https://www.loc.gov/law/help/restrictions – on – gmos/russia.php.

　　② 张继业:《禁止转基因产品》,2016 年 7 月 21 日,http://finance.china.com.cn/consume/20160721/3822171.shtml.

业科技对粮食安全有益无害。

客观地讲,俄罗斯在保障粮食生产、消费、贸易渠道方面的成绩基本令人满意。但需要注意的是,任何一个国家都不可能全面地实现所有食品的自给自足。在经济全球化的今天,食品进口是世界绝大多数国家的一种常态,因此不能因为存在食品进口的情况就认定某个国家的粮食安全存在重大隐患。俄罗斯也是一样,俄罗斯在肉类、蔬菜和奶制品等方面尚未实现自给自足,但是通过多渠道和稳定的对外贸易来实现供给也未尝不好。俄罗斯拥有广袤的土地和丰富的资源,只是受高纬度气候环境等条件的影响,相关产业发展可能需要更多的成本。乌克兰危机迫使俄罗斯超越国际市场的运行规律,大力发展这些产业。俄罗斯正试图用另一种更为强有力的方式弥补自身粮食安全的短板。

第四章

韩国粮食安全的挑战与选择

　　基于粮食作为生存必需品和战略物资品的属性,通过政府的宏观调控和各项政策对其加以扶持和保护,是世界上许多国家的共同做法,韩国也不例外。但在经济全球化和贸易自由化的时代,韩国国内的粮食市场越来越多地受到国际市场的影响。韩国政府一方面受到来自美国要求韩国开放农产品市场尤其是大米市场的压力,另一方面又受到国内农业利益集团要求抵制自由贸易、加强国内农业保护的压力。如何有效地平衡韩美同盟和韩国农民利益之间的矛盾,一直是韩国政府在制定农业政策时面临的首要课题。

　　从20世纪60年代开始,韩国经济发展的指导思想是重点发展外向型工业化,包括农业在内的国民经济各部门都要服从和服务于这一指导思想,为国家的工业化提供保障。在外向型工业化的带动下,韩国经济迅速崛起。韩国在第一、第二个五年经济发展计划时期,主要是通过低粮价和低工资政策来实行开发战略,优先发展其工业部门。韩国以工业化为中心的经济发展战略使其农业发展成为工业化的附庸。长期以来,随着工业化的推进,韩国粮食生产量不断下降,粮食播种面积也不断缩减。韩国是世界第五大粮食进口国,为了满足国内消费者的需要和养殖业的发展,除大米可以自给并有少量出口外,其他粮食品种特别是饲料用粮基本依靠进口,是一个典型的粮食净进口国。尽管韩国大米可以保证自给自足,但按照联合国粮农组织所提出的各国应保证粮食年消费量的18%—19%为年末库存的建议,韩国主要粮食的库存率普遍低于粮农组织建议水平。他山之石,可以攻玉,韩国粮食安全的经验和教训可以为全球化背景下中国自身的粮食安全提供一些借鉴。

一、韩国农业和粮食政策的演变

韩国农业和粮食政策的目标是伴随其国内农业环境的变化而不断调整的。从总体上看,韩国农业和粮食政策的目标以20世纪80年代为界,可以划分为前后两个阶段,这两个阶段的差异比较明显:前期主要注重数量的供应,即提高粮食产量,增加农民收入,实现粮食的自给自足;后期在前期工作的基础上,强调质量的提升,即优化产业结构,强化产业素质以实现农业的现代化。"从政策基调来看,前期政策具有较浓厚的保护性特征,后期政策更多地体现鼓励竞争的趋向。"①

韩国在建国初期,急需防止社会再次陷入混乱以及解决民生问题,而要解决民生问题,首先要做的就是粮食增产。为此政府实行了农业增产三年计划(1949—1951年),之后又实行了农业增产五年计划(1953—1957年)。此时的粮食增产计划主要是通过扩大耕地面积、增施肥料、改良种子、改良耕种法来实现。1950年2月16日,韩国政府颁布了《粮谷管理法》,此后韩

---

① 张忠根:《韩国农业政策的演变及其启示》,《世界农业》,2001年第12期。

国的粮食管理和价格管理都通过政府收购来进行调节。在收获季节,政府通过收购来防止粮食价格下跌,保护农民利益。

在20世纪60年代,韩国粮食增产主要通过普及新品种、扩大半机械化生产、实行高米价[①]等政策手段来实现。1965年到1971年政府实行了粮食增产七年计划。从1971年开始为提高大米的单位产量,政府培育并普及了新品种,达到主要粮食的自给。并且为了改善农产品的交易条件,政府从1962年开始大幅提高收购价格。政府的粮谷收购价格由原来的只有市场价格的20%提升到接近或略超生产成本。从1968年开始,政府对主要粮食进行了价格双轨制度改革。价格双轨制即韩国政府高价购买农民手中的粮食,再将这些粮食以较低的优惠价格卖给城市居民和下层民众。通过这种途径实现全国物价的稳定,尤其是粮食价格。

70年代韩国政府出台了农业机械化计划,即借助韩国工业化的成果来提高农业的生产效率。为此,政府制定了对农机和农资的生产厂家以及农民给予长期低息贷款的融资政策。并且为确保该优惠政策能有法可依,政府还颁布了一系列法案将这种支援纳入法制的轨道。

通过这一系列的努力,在世贸组织成立之前的十几年时间里,韩国粮食生产条件得到了根本性的改善,农业生产水平和生产效率不断提高,粮食价格保持稳定。80年代由于连年的丰收,韩国大米产量在1987年和1988年达到高峰,超过了600万吨。[②] 大米库存的急剧增加,加大了韩国政府的财政压力。80年代末由于大量的库存积压,人们对粮食自给放松了警惕,把重点放在了农产品的经济效益方面,大量的农田转而种植水果和蔬菜等经济作物。关于韩国农业人口的比例和粮食自给率情况如表4-1所示。

---

① 实行高米价政策后,韩国的大米总产从1965年的350.1万吨增加到1988年的605.3万吨,23年内增加了近1倍,其自给率多数年份保持在95%以上的水平。

② "70年代以来韩国农业发展与近期政策走向",中国政府创新网,http://www.Chinainnovations.org/Item.aspx?id=7568.

表4-1 韩国农业人口比重和粮食自给率变化(单位:%)

年份	总人口中农业人口	粮食自给率
1965	55.2	93.9
1970	45	80.5
1975	38.2	76.3
1980	28.9	54.3
1985	21.1	48.4
1990	15.1	43.2
1995	10.6	29.1
2000	8.7	29.7
2005	7.1	29.4
2007	6.8	26.7

资料来源:韩国统计厅的各年度资料汇编,http://kosis.kr。

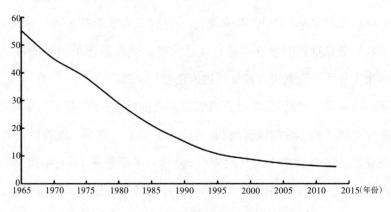

图4-1 1965—2015年韩国农业人口比重变化

资料来源:韩国统计厅的各年度资料汇编,http://kosis.kr。

90年代初期,世贸组织乌拉圭回合谈判的开展促使韩国重新设计其农业发展规划,因为国内农产品市场的开放要求加速其农业结构调整的速度,面对日益增强的农产品国内市场的开放压力,韩国农业的重心转移到了农业产业的结构调整上,进一步提高其农产品的竞争力度。基于此,韩国政府出台了许多农业政策，这些政策的总体目标仍是以提高韩国农业的生产效率和农产品的竞争力为重点，来适应世贸组织成立之后其农产品市场对外开放的新变化。这一点正如一位中国学者所说："在乌拉圭回合谈判进行中的 1989 年，为应对即将到来的农业开放时代，韩国政府就发表《农村发展综合对策》这一指导性的文件，提出扩大政府投资、改善韩国农业结构的一系列构想。1992 年又将这一构想具体化，制定《农村构造改善对策》，提出在 1992 年至 2001 年的 10 年间投资 42 万亿韩元进行农业结构改善的计划。"① 1994 年，韩国金泳三政府面对国际形势的变化，确定农业政策的目标是强化农业的国际竞争力和构筑适应世贸组织协商的农业基础。

为此，韩国政府公布了"农渔业振兴计划"。该计划力图向农民提供用于结构转型和调整的资金来支持水稻等农业部门的开发。鉴于大米是韩国民众的主食和韩国主要的粮食作物，政府专门出台了旨在调整大米生产体系和市场体系的"大米产业促进综合计划"。该计划包括增加对农业设施的投资，培养专业的农民，建立农业企业，扩大农场规模，建立大米加工中心，鼓励农民与私营加工商直接订立农产品购销合同等。② 政府财政支援的目标从保障农民收入转移到强化农民的竞争力，而农业生产的主体则要从小农逐步转变成面向国内外市场的现代农民。所以韩国农业政策改革的方向是从原来以"保护"为核心的农业政策，逐渐过渡到以"强化竞争力"为核心的农业政策。随后继任的韩国各届政府又制定了更为庞大和细致的农业投融资计划，用于重点扶持农民收入的增长，调动农民从事农业和粮食生产的积极性，从而稳定农业经营。

从以上韩国政府实行的粮食政策中，我们可以看出以下两个特点：

其一，韩国的粮食政策一直以大米为中心。韩国的主食为大米，虽然农

---

① 王纪孔：《WTO 体制下韩国农业政策变化对中国的启示》，《经济纵横》，2007 年第 4 期。
② 张忠根：《70 年代以来韩国农业发展与近期政策走向》，《世界农业》，2001 年第 6 期。

产品市场的开放速度非常迅速,但是政府一直投入大量的资金支持国内农民和大米产业。而除了大米以外的其他粮食作物,由于消费结构的变化和市场开放等原因,其栽培面积和生产量急剧减少,但是政府没有采取相应措施来防止这一现象。

其二,为了米农的利益和大米产业的发展,政府采取了各种政策手段,其中最重要的政策是在粮食管理法制定以后实行的收购制度。同时随着韩国加入世贸组织和进一步开放农产品市场,为了保护米农的利益和维护本国的粮食安全,结合结构改造和降低价格等国内农业政策,韩国又采取了关税壁垒等贸易政策,与美国展开博弈。

二、韩、美关于农产品市场开放的博弈

韩、美经济矛盾日积月累,贸易不平衡和农产品开放问题等矛盾日趋尖锐,双方贸易代表为此进行了多次会谈,但始终没有达成一个双方都满意的协议。亚洲和美洲是韩国的主要进口来源分布区域,它们共同为韩国提供了 73.41%—85% 的进口农产品。美洲国家的市场份额主要是由美国提供的,美国早在朝鲜半岛南北分裂时就开始独占韩国市场,它在那里的优势由来已久。由于新兴的大米输出国家之间的竞争激烈,美国对韩国大米市场占有率相对下降。1995 年美国向韩国输出的大米为 330 万吨,到了 2000 年变成了 280 万吨。不过它仍然是占据韩国大米市场 1/3 份额的最大出口国,其势力不可小觑。

谷物是韩国进口的最大宗农产品。美国、中国和澳大利亚是三个最大的出口国,对韩出口量占韩国总进口量的份额超过 75%,最高时为 91.4%,而且美国具有绝对优势,市场份额最高时曾达到 83.4%。韩国在 1967 年到 1982 年之间进口了大约 800 万吨的大米,其中 65% 是从美国进口的。而在 1983 至 2002 年,韩国出现了 100% 的大米自给、不需要进口大米的情况。这

导致美国失去了巨大的出口市场,美国为管理大米库存所耗费的大量费用,也使美国认识到韩国大米自足给自己出口所造成的压力。

1993 年 7 月,美国总统克林顿访问韩国时,向金泳三总统提出农产品开放问题,要求韩国在开放大米市场方面拿出实际行动。对此韩国政府表示,韩国政府推行新经济政策的目的是实现经济的自由化和国际化,今后双方要摆脱影响两国经济发展的制约因素,促成乌拉圭回合谈判达成协议。

1993 年底乌拉圭回合农业协商谈判的达成,让韩国国内市场的开放加速。在乌拉圭回合关于农业的谈判协商过程中,韩国强调该国农业落后,大米是韩国人的主食,并且韩国农民经济收入的来源主要是大米,迅速地进口自由化可能会造成深刻的政治、社会问题。所以,韩国政府在进口开放方面一直坚持"例外认定"的立场,即韩国虽然同意外国农产品的大量进口,但对本国大米行业基于国家利益和国家战略的考虑,仍采取有所保留的措施和保护政策。经过韩国的努力,在乌拉圭回合农业协商规定中韩国被看作发展中国家,未来韩国可以通过关税化宽限以及逐渐市场过渡的方式,来部分开放本国的大米市场。此时韩国在关税削减幅度和履行期限上居于有利的地位。这一时期韩国粮食的进口情况如表 4-2 所示。

表 4-2 加入 WTO 前后韩国粮食进口情况(1994—1996 年)(单位:万美元)

种类	1994	1995	1996
粮食	1513.3	1898.5	2597.2
玉米	696.8	1267.6	1576.0
小麦	783.5	467.2	725
大米			50.6
大豆	351.6	401.9	473.4

资料来源:农林水产食品部,《农林水产食品主要统计》,1996 年,1997 年。

但在 2001 年的多哈部长级会议上,韩国要求逐步开放农业市场的倡议被其他国家否决,韩国国内农产品市场的全面开放成为定局。"随着全面开放的最后期限日趋临近,韩国政府一直在与美国、中国和泰国等大米出口国协商,希望延长韩国全面开放大米市场的宽限期。"[1]按照世贸组织多哈回合谈判的议程,韩国政府必须就开放国内的大米市场做出决定,并且与其他的大米生产国和出口国进行协商和谈判。在这种情况下,"韩国要么谋求另设宽限期,继续限量进口大米;要么开放大米市场,用高关税来阻挡境外大米。而韩国则希望另设 10 年宽限期,通过小幅增加大米进口额度的办法守住大米市场防线"[2]。但是,美国却要求韩国政府必须按照世贸组织的规则来开放该国的大米市场。

随着贸易自由化和经济全球化的深入,韩国开放大米市场的压力越来越大。开放大米市场一直是韩国国内广泛关注的议题。韩国的农业生产大部分是小规模、高成本的小农体制下的家庭农场,这使韩国的大米品质优良,但价格昂贵。并且,该国农民传统的、分散的种植方式所造就的高成本,使韩国国内生产的大米价格大约为进口大米的 4 倍。但"多年来,韩政府一直推行'稻米增产政策',鼓励农民提高大米产量。随着农业科技的发展和农机化程度的不断提高,大米产量逐年增加,而市场消费量却跟不上步伐,供求平衡被打破。为稳定米价,维护农民利益,政府每年定期、定量收购秋粮。长期推行的护农政策使韩国米农坐享优厚待遇,忽视了农业市场发展的内在需求和潜在规律"[3]。之前为了保护该国农业部门和农民的利益,政府除采取各种优惠政策和扶持政策之外,还处心积虑设置高关税和各种贸易壁垒来减缓外国大米对韩国市场的冲击。

在美国的压力下,韩国逐步放开外国大米进口的限制,但这种举措受到了韩国农民的坚决抵制。种植大米的韩国农民担心,外国廉价大米的进入

---

[1]　文雪梅:《韩国批准开放大米市场计划,国内农民强烈反对》,http://finance.sina.com.cn/roll/20051125/0000414318.shtml.

[2]　《韩国开放大米市场面临抉择》,http://www.fjktp.cn/cms/siteresource/article.shtml?id=70177819578090005&siteId=70177813456450019.

[3]　王琳:《太极旗下的韩国米农风波》,《当代世界》,2006 年第 1 期。

将带来韩国国内大米价格的快速下跌,会极大地威胁自己的家庭生计。因此,韩国农民近些年常常爆发关于增加进口大米的抗议活动。而韩国政府之所以在开放大米市场方面犹豫不决和小心谨慎,主要是因为受到来自农业部门和农业利益集团的压力。2004 年韩国国会通过的《关于大米关税化延期的批准动议案》导致的直接后果就是,农产品的补贴大幅削减、农产品的进口量不断增加,所有这些都触动了韩国农民敏感的神经,保住饭碗和维护利益的本能促使他们不断进行抗争。其中很重要的一支力量就是韩国农协。韩国农协自 1961 年组建以来经过 50 多年的建设和发展,已成为保护和推动本国农业与农村经济发展的重要组织,被韩国国民称为“国民的生命库”。作为公共服务机构,韩国农协自然成为承载政府各项涉农政策的平台。政府的农业财政资金、农产品价格安定基金均要通过农协组织下达。农协根据农民成员的期待和要求向政府反映情况,提出建议和要求,调整有关政策来保护韩国农民的利益。

而从韩美关系来看,韩美同盟一直是韩国开展双边关系和对外关系的基础,也是韩国最主要的外交关系,但韩美同盟关系的发展受到粮食问题的极大困扰。尽管韩美农业贸易额在 2007 年已高达 350 亿美元,但其占韩国市场的份额却在减少。一方面与韩国多年来对于农业的大力保护,对于农产品进口征收关税较高有关,另一方面与其他国家农产品相继进入韩国市场并且展开激烈的竞争有关。韩美在自由贸易协定(FTA)谈判中争论的焦点之一就是韩国国内农产品尤其是大米市场的开放问题。韩国对本国粮食安全问题的忧虑和担心则阻碍了韩美两国深层次的经济往来,同时也阻碍了两国战略伙伴关系的拓展和深化。

为此,韩美双方进行了多次贸易谈判。韩美自由贸易协定第三次谈判于 2006 年 9 月 6 日在美国西雅图进行。韩国外交通商部通商交涉本部表示,在本次协商过程中,韩国希望与美国拉近协议内容里的意见差距,并就关税减让方案、服务和投资保障等方案进行正式协商。在与美国进行关税减让方案的协商中,韩国要求美国废除纤维和工业品的进口关税,把农产品等敏感商品排除在开放目录以外或长期性的逐步废除农产品的进口关税,但美国要求韩国,最晚将在 10 年内撤销对本国农产品(包括大米)的关税。[①]美方此举是在间接要求韩国,对农产品也应无例外的在 10 年内撤销关税。

2007 年,韩美双方经过多次博弈和艰苦的谈判,最终达成了自由贸易协定。在谈判进程中,韩国政府开展多方面的工作,在双方谈判的焦点——韩国国内农产品市场的开放议题上,韩国政府面对其国内农民利益集团的抵制和抗议,迈出了艰难的一步,并做出大胆而又明智的决断。"自 2006 年 6 月至 2007 年 4 月韩美正式签署自由贸易协定为止,双方先后进行了 8 次协商谈判。在协商过程中,韩国主张的逐渐开放策略与美国坚持的全面开放立场形成了尖锐的对峙,特别是围绕农产品、汽车和纺织品等问题进行了激烈的讨价还价,但还是最终达成了协议。"[②]在农业方面,美国的完全贸易自由化与韩国的部分排除要求之间存在着较大的差距,美国没有在大米市场开放议题上达到预期的目的,韩国进口美国牛肉问题也未能纳入协定,仅承诺适时合理开放。韩国其他的农产品除了少数即时开放外,均设立 2—15 年的过渡期限。

韩美自由贸易协定也许是一个双赢的结局,因为韩美各自声称得到了自己想得到的东西。从美国角度看,之前美国所有产品的平均关税率为 4%,韩国则为 11%。在韩美自由贸易协定生效日的未来 10 年到 15 年内,除了排除开放的大米等极少数产品外,两国 94% 的产品都将陆续免除关税。从韩国角度看,韩国保护了自己的大米市场,这被视作挽救了韩国数百万农民的生计。其他对韩国农业会带来损害的农产品如黄豆、奶粉、蜂蜜、水果

---

① "韩美将从 6 日开始进行 FTA 第三次谈判",中华人民共和国商务部,http://www.mofcom. gov.cn/aarticle/i/jyjl/j/200609/20060903057281.html.

② 赵放:《美韩 FTA 的起步、拖延及影响——以东亚区域合作为视角的分析》,《东北亚论坛》,2010 年第 5 期。

等都实行部分关税配额。通过这次韩美自由贸易协定谈判,韩国经过激烈的讨价还价,顶住了美国要求韩国更大幅度开放农产品市场的压力,将立即废除农产品关税可能造成的每年2万亿韩元损失降低到可能只损失不到1万亿韩元。根据韩国对外政策研究院的一份报告,韩美自由贸易协定可使韩国国内生产总值每年增长14万亿韩元(约147亿美元)。[①]

但是韩美自由贸易协定在韩国备受争议,尤其是执政党和在野党的意见分歧极大。反对者主要包括两个部分,一部分是农民和以农协为代表的团体,另一部分是反美人士。他们认为,韩美自由贸易协定最终会破坏韩国农民和穷人的生计。韩国农林水产食品部在一份报告中估计,自由贸易协定将使韩国种植业、养殖业和渔业在今后15年减少约合105亿美元的产值。[②] 在韩美自由贸易协定中,大米虽被排除在最终的谈判之外,但作为交换,韩国同意降低40%的美国牛肉进口关税,并承诺不再拒绝美国牛肉的进入。

自由贸易协定给两国带来了经济收益,但并不意味着每一个产业每个人都能从中获益。该协定给两国带来的收益不可能平均地在各产业间分配,这会更激发那些因自由贸易协定市场开放面临着更激烈竞争的产业部门反对政府政策的改变。对韩国而言,农业部门的利益将会受损。尽管韩国农业享受政府的补贴,缺乏竞争力,但农民依然对韩国的政治有着很大的影响力。虽然韩国的农业、林业和渔业的产出仅占韩国国内生产总值的5%,但在韩国的国民议会中代表这些人利益的议员占有较大比重。因此农业部门是韩美自由贸易协定谈判的主要阻力。韩国在乌拉圭回合和多哈议程中对农业谈判的立场一直受到批评。韩国如果不对农产品市场进一步开

---

① 《谈谈中韩自由贸易协定》,全球观察,http://business. sohu. com/20070419/n249548030. sht-ml.

② 《韩国会通过韩美自贸协定或阻碍中国吸引外资步伐》,中新网,http://www. chinanews. com/cj/2011/11−23/3480699. shtml.

放就会在国际贸易谈判中处于孤立的地位,韩国制成品出口也会失去进入其他市场的机会。目前韩国政府对农业的改革在参照欧盟的做法,将农业从关税保护转向收入支持,但还是遭到韩国国内农民的反对。政府为缓和农民的反对情绪,推出了"贸易调整援助"(Trade Adjustment Assistance, TAA)计划,其实质是对因实施自由贸易协定而受影响的农民进行补贴。[①]但政府的这份补贴,会使其财政预算支出的压力大大增加。

三、韩国维护粮食安全的方式

粮食不仅是国际经济问题,也日益成为重要的政治问题。在经济上,韩国国内市场狭小、农业生产内部潜力有限,对国际市场依赖较多,政治上又必须考虑粮食的政治意义。提高粮食自给率,自然是兼顾政治和经济需要的战略考虑。韩国农业的对外开放给韩国市场带来更多优质低价的外国农产品的同时,对韩国农业部门也是一个严峻的挑战。在继续"内部挖潜"的同时,韩国还把眼光转向海外农业资源开发。

(一)保护农民的利益,加大农业补贴

大米是韩国民众的主食,因此政府对大米的补贴是韩国整个农业补贴政策的中心任务。"2004 年韩国政府开始采用'稻田直接收入支持机制'(Direct Income Support Mechanism for Paddy Field)。这标志着韩国政府对农产品的支持政策开始由'市场价格支持'为主向'直接支付'的方向转变。"[②]同时,韩国政府注重环境保护,减少在农业生产中农药和化肥的过量使用,鼓励农民发展有机农业和生态农业,并加以财政补贴。

---

① 朱颖:《美韩经贸关系及双边 FTA 的前景分析》,《世界经济研究》,2006 年第 4 期。
② 马晓春、宋莉莉、李先德:《韩国农业补贴政策及启示》,《农业技术经济》,2010 年第 7 期。

韩国在 20 世纪 60 年代采取了优先发展工业的政策,导致农业落后于工业、城乡差距过大等问题。到 20 世纪 70 年代,韩国开始采取工业反哺农业,实施农业补贴政策。韩国政府对农业补贴金额的投入不断增加,农业补贴的标准也在发生着变化。

多年来,韩国政府通过行政手段和政府的宏观调控来增加对农业的投资和财政补贴,保护韩国农民的利益,实现本国的粮食安全。但政府过度的行政干预违背了市场经济的内在规律,导致韩国国内的大米价格远远高于国际市场。而开放市场有利于调整国内农业结构,并促使韩国农业走上良性循环和快速发展的轨道。虽然在短期内,韩国米农会遭受较大的经济损失,但从长远看,开放市场有利于提高韩国农民的整体竞争力。

(二)为缓解国内耕地不足的制约,韩国在海外开展大规模的圈地运动

为了保证本国粮食安全,韩国不断进行海外农业投资和发展农业种植园区,通过海外垦田和农业投资促进本国粮食安全。其实韩国早在 20 世纪 70 年代就走上了海外垦田之路。最初,韩国以小规模的民间资本投资和政府官方发展援助(ODA)的形式进行海外农业开发,近年来,大宇、现代等大企业和自治体也参与到了海外农业开发的行列当中。而东南亚和俄罗斯边疆区是韩国建立海外粮食基地的最佳候选地。仅在俄罗斯边疆区垦荒,目前就有近 30 万公顷农田,相当于韩国耕地的 1/6。

因此海外农业开发成为韩国国内应对粮食危机的最有效对策。时任韩国总统李明博发出"建立海外粮食基地"的号召,并成立了海外农业开发协力团,支持民间企业赴海外屯田。2009 年,海外农业开发的支援工作正式开始推进。2010 年,农林水产食品部制定了《海外农业开发十年计划》,并将 2010 年的相关预算从 240 亿韩元扩大到了 2011 年的 320 亿韩元。韩国政府构建海外粮食基地要着眼的目标,一是实现粮食总进口量的 20% 从海外粮食基地生产并销往国内;二是将海外粮食基地与支援朝鲜粮食事业联系起

来;三是在海外建立粮食生产基地的同时发展加工产业,带动当地就业并发展成为贸易伙伴;四是改善韩国脆弱的进口环境,建立稳定的粮食进口体系。虽然韩国在海外农业开发方面不断进行努力,但也面临着很多问题。

第一,通过海外农业开发生产的农产品仍然是进口农产品。因此,进口海外农业开发生产的农产品,也会对韩国国内的农产品价格以及市场结构造成破坏。特别是一些进行海外农业开发的民间企业,他们会要求政府降低对该企业进口农产品的关税,以及采取一些特惠政策。这种政策的推行将导致通过海外农业开发进口的农产品以比他国进口更低的价位进口到韩国的市场。

第二,进行海外农业开发的民间企业的关注点并不是韩国粮食安全问题,而是收益和利润。他们在选择生产作物的时候考虑更多的是国际市场的需求,而不是国内市场。即除了考虑韩国国内需要的玉米、大豆等作物外,还生产用于生物燃料的作物,并在当地或别国销售,而非销往韩国国内。

第三,海外农业开发的大部分投资对象国为发展中国家,存在着道路设施不完善、电力不足、相应的水利设施和预防体系匮乏的问题。这些基础设施的欠缺导致在投资的时候,初期的成本和费用过高,投资回收需要很长时间。同时,韩国受到来自国际社会"新殖民主义"和"农业殖民"的批判。与以民间资本为主的农地开发不同,当韩国政府直接来开展"资源外交"和圈地运动时,不可避免地受到国际社会的批判和责难。

韩国的海外农业开发可以分为政府主导型和民间主导型。在20世纪70年代,海外农业开发以南美洲为中心、政府为主导的方式进行,但是大部分以失败告终。在80年代以后则以俄罗斯、东南亚等地区为中心,以民间为主导。而现在又变成了以政府为主导,因为海外农业开发是韩国解决粮食安保的重要途径。韩国海外农业开发的失败除了缺乏对投资对象国的法律、制度、自然条件的调查外,还有投入当地专家较少、销售战略问题、政府政策资源不足等原因。由于耕地面积的持续减少以及国土面积有限,粮食自给率的提高幅度有限,因此韩国不仅要通过海外粮食基地进行粮食生产和进口,更重要的是要保证粮食的稳定供应,并构建相应体系。应通过海外粮食收购、流通、进口的渠道确保海外粮食进口,并通过与国外的粮食生产商签订条约,稳定粮食的进口渠道。

(三)提高农业科技含量,培育优质大米品牌

韩国农业科研机构和大学院校应农民的要求,按照市场发展的趋势,用政府拨款进行农业生命科学、高品质园艺畜产以及环境技术的开发与研究,为农民提供技术支持和市场咨询等服务。韩国的农业科研、教育和推广事业主要是由农林水产食品部下属的农业振兴厅统一负责。农业振兴厅在农业科学技术的研究、普及推广方面以及农业教育等方面都发挥着重要的作用。

韩国的农业技术推广机构,主要是将科研和教学的研究成果,以及所采集的市场信息和情报,向农业生产者普及。他们主要进行生物技术的研究和应用、培育水稻新品种,向韩国农民及时提供最新的市场信息,积极引导他们参与国内外市场的竞争,并且加强对农民的农技教育和培训。农业振兴厅对所有农民的技术培训都是免费的。

在韩国政府科技兴农政策的引导下,韩国一方面要努力确保国内粮食的稳定供应,确保主粮大米的安全,另一方面也要在保证数量的基础上,进一步提升大米的品质,在质量方面下功夫,打造优质的大米,为消费者提供更为丰富全面的营养。"研发肥料使用少、质量高的品种,开发功能性、加工用特殊大米,满足消费者多样化的消费需求。同时,扩大优良种子供给。政府大力推广普及高产品种,并为具有竞争力的品牌大米生产企业优先供给优良种子,并提高栽培技术,促进优质品牌大米生产。"[①]

---

① 中国农业代表团:《韩国和德国保障粮食安全的经验值得借鉴》,《农业经济问题》,2008 年第 4 期。

　　韩国粮食安全问题的长期性和重要性,也使得韩国将促进本国粮食安全作为制定对外政策时考虑的一个重要内容。此外,韩国努力维护自身的粮食安全,提高粮食自给率,还有着对朝关系的重大考量。冷战结束后,朝鲜一直未能有效解决国内的粮食问题,而对韩国来说,粮食是稳定朝鲜半岛局势的战略物资,手中握有充足的粮食,就意味着韩国掌握了朝鲜半岛南北关系的主导权。因为粮食安全是国家安全的一部分,应考虑到粮食安全与国家的政治、经济的相互关系。粮食问题也不是简单的经济问题,自由贸易在关键时刻会受到政治因素和国家利益的干扰,粮食是一种有效的外交武器。

　　"以美国为代表的主张农产品贸易自由化国际化的理论基础,建立在全世界为一个整体的前提之上,它认为任何价格支持政策都会导致农业资源配置的扭曲,而关税保护和非关税壁垒,更是影响世界性农业资源的有效利用。"[1]但美国在粮食自由贸易问题上却奉行双重标准。一方面,美国在国内对其农场主长期进行高额的农业补贴,鼓励其跨国粮商借助自由贸易的形式打开别国的市场。另一方面,美国反对别国对本国农业采取保护和"价格支持"的政策,认为这种做法违背了世贸组织的原则。而美国却对其不占优势的某些农产品采取高关税和贸易保护的措施,以防止外国的优势农产品冲击美国市场。美国的双重标准和一些做法破坏了国际自由贸易机制,在美国廉价粮食的冲击下,许多国家的粮食主权被蚕食,粮食安全岌岌可危。同时也应当看到,经济全球化是不可避免的趋势,在全球化浪潮的冲击下,世界各国的粮食市场越来越与国际粮食市场接轨,各国粮食市场的开放也势在必行。如何在对外开放与国内保护之间做到有效的平衡,如何更好地处理国内市场与国际市场的协调比例关系,这是世界各国共同面临的重要

----

　　[1]　许经勇:《论我国粮食生产与贸易保护政策的演变趋势》,http://www.xbnc.org/Article_Show.asp?ArticleID=5056.

课题。毕竟,粮食不是一种普通的商品。

四、韩国未来努力的方向

对一个国家来说,粮食安全是国家安全的基础,是社会稳定的基石。对韩国来说,确保国内粮食安全和有效的市场供给是影响政府制定内外政策的重要因素。当前韩国已经基本实现大米的自给自足,但小麦、玉米、大豆等其他粮食作物的自给率依然很低,未来如何保障其他粮食商品的供给和安全是韩国政府亟须思考和解决的问题。对于韩国农业发展中出现的问题,韩国政府需要探寻更有效的解决方法,从而提高国内粮食生产力和国际竞争力;对于韩美粮食贸易中存在的贸易失衡问题,韩国政府也需要未雨绸缪,防备来自美国方面的贸易制裁和经济压力。基于历史经验和现实要求,韩国政府未来可以在以下方面加强努力:

第一,支持和壮大韩国粮食企业,摆脱美国粮油垄断企业对韩国粮食进出口业务的垄断。这是因为在海外粮食收购过程中,美国粮农企业(如嘉吉公司)控制了韩国主要粮食的进口业务。不仅巨额商业利润被美国粮油公司瓜分,而且韩国粮食主权受到外部力量的侵蚀。韩国虽然有农协,也有综合商社,但它们资历较浅,在国际粮油市场上缺乏经验和竞争力。基于此,韩国可以借鉴日本和中国的做法——日本主要依靠本国的行业组织,即全国农业协同组合联合会和本国的综合商社在全球组织货源,为确保本国适时、足量的粮食供给提供了组织保障。以伊藤忠、丸红为代表的日本粮食企业拥有较强的国际竞争力,他们在全球粮食贸易中有力地保证了日本的粮食安全。而以中粮为代表的中国企业则积极开展农业"走出去"战略,收购别国的粮食企业,扩大和延伸自身的产业链,发展订单农业,充分利用国际和国内两个市场,服务于中国的粮食安全。这些做法和经验值得韩国借鉴。

第二,高度重视自身的种子安全,大力发展包括转基因技术在内的育种技术,抢占未来科技制高点。当前,以美国孟山都公司为代表的跨国种业公司依靠其先进的种子技术和丰富的营销策略,正在韩国"攻城略地",抢占韩国种子市场,在蔬菜种子方面已逐渐形成了垄断地位。未来随着全球极端气候的频繁出现、世界人口的膨胀、耕地面积的缩减,粮食问题的严峻性会日益突出。种子安全是粮食安全的基础和前提,理应引起包括韩国在内的世界各国政府的高度重视。在韩国农业振兴厅的领导下,韩国农业科学技术发展取得了一定的成就,韩国政府在生物技术的研究和应用、水稻新品种的培育和推广、计算机互联网和遥感技术的综合使用上取得了巨大进步,但仍需认识到韩国的育种技术与国际先进水平仍有很大的差距。韩国应该发挥自身优势,在水稻育种方面争取走在世界前列,并大力支持转基因技术的研究与监管,进而开展商业化运作。在此过程中应进行科普宣传,消除民众对转基因食品的恐慌,最终保证韩国在分子育种和传统育种方面占据一席之地。

第三,在开展海外圈地和海外农业投资时,韩国应该采取更加灵活的方式和策略。韩国海外圈地的主要对象是俄罗斯、蒙古国、中亚国家、东南亚国家和拉美国家等,在这些国家,土地是农民的主要经济支柱。随着当前全球范围内土地兼并风起云涌,许多发展中国家农民的土地被当地政府侵占,当地政府以低廉的价格出售给跨国公司进行跨国商业活动,这激起了当地农民的不满和反抗,导致地区局势动荡,企业的活动也受到影响。比如韩国大宇集团在非洲马达加斯加的圈地运动引发了该国的"政治地震",马达加斯加政局的动荡也使得大宇集团与该国政府签署的圈地协议无法实施,最终不了了之。韩国在拉丁美洲的圈地活动也面临同样的困境。基于这种教训,韩国政府和韩国企业在开展农业"走出去"战略和进行海外农业投资时,应该更多地考虑当地农民的利益和诉求,调动当地农民的农业生产积极性。积极发展订单农业,与当地农民和地方企业签订合同,雇用当地农民在土地上进行耕种,然后以合理的价格收购粮食作物,最后再将当地生产的粮食运回韩国国内,这样可以避开"新殖民主义"和"土地掠夺"等道德舆论的压力,更好地维护韩国自身的粮食安全。

五、对中国的启示

自2004年开始,中国的粮食产量一直在增加,实现了"十连增"。中国粮食进口的数量和金额增长惊人,然而增长的速度却赶不上消费的速度。目前,中国基本粮食的自给率已然在97%以上,但如果算上大豆,自给率则低于90%,而所有农产品的自给率大约维持在80%。联合国粮农组织(FAO)和经合组织(OECD)联合发布的《2013—2022年农业展望》指出:"在经济快速增长和资源有限的制约下,中国的粮食供应是一项艰巨的任务。"[1]在粮食进口方面,中国一直采取较为保守的政策。2010年以前,除大豆外中国仅允许进口少量的优质大米和小麦,而玉米进口量几乎为零。为守住自给红线,在2008年10月召开的党的十七届三中全会中还明确提出了"坚决守住18亿亩耕地红线"的目标。

然而2012年中国粮食进口数量已经突破了8000万吨大关,其中小麦、玉米、稻谷的进口都翻了倍,特别是稻谷和大米,其进口数量比2011年增加了296.2%。1996年以前,中国是出口大豆的。1996年开始则从国外进口大豆,最初进口数量是100万吨,然而到了2012年,中国大豆的进口量接近6000万吨,其自给率只有20%左右。中国粮食进口量的逐年上涨,使得中国政府最早在1996年制定的粮食自给率须保持在95%以上的政策"红线"已经面临威胁,而这将进一步影响中国的粮食主权安全。同韩国一样,中国在耕地面积上也属于"人多地少"的国家,因此韩国在提高粮食自给率方面的一些经验值得我们借鉴。

---

① 中华人民共和国农业部网,http://www.moa.gov.cn。

（一）把保护种粮农民的利益放在第一位，制定相关政策，加大农业补贴

广义的补贴是指政府对农业部门的所有投资或支持，包括对科技、水利、环保等方面的投资。狭义的补贴是指对粮食等农产品提供的价格、出口或其他形式补贴。农民种粮补贴，粮食最低收购价格，农业机械购置补贴，对水稻、小麦、玉米的保险补贴，对退耕还林工程补助等都属于农业补贴。

为鼓励农民种粮的积极性，从 2004 年开始，中央逐步取消了农业税，同时建立起农业补贴制度。自此项政策实施以来，我国粮食产量开创了连续 9 年增长的新局面，2012 年全国粮食总产量 58957 万吨，比 2011 年增产 1836 万吨，增长 3.2%。同年，中央财政对种粮农民的四项补贴[①]为 1406 亿元，仅在三大主要粮食作物（玉米、大米、小麦）的投入上就达数十亿美元，补贴政策也已拓展到与之相关的畜牧业、林业、草原、节水灌溉和农业保险等领域。然而这些补贴金额平均到每个农民头上只有 200 多元人民币，占比不到农民人均纯收入的 4%，因此农民生产的积极性很难得到保障。韩国的农业补贴政策不仅对粮食生产进行支持，还给农民提供一种收入支持。因此在发放农业补贴的同时，还要注意价格支持，增加农民收入，提高农民种粮的比较效益从而提高农民的生产积极性。

（二）为缓解国内耕地资源和水资源不足的制约，实施农业"走出去"战略

韩国早在 20 世纪 70 年代，就开始了海外农业开发。虽然刚开始是以中小民间资本投资和以政府发展援助的形式进行的开发，但是近年来，大企业和自治体也积极参与到海外农业开发的行列中，成立了海外农业开发协力团，支持民间企业赴海外屯田。

我国应大力实施农业"走出去"战略，鼓励中国企业到别国投资建厂，通

---

① 包括种粮农民直接补贴、农资综合补贴、良种补贴和农机具购置补贴，简称为"四项补贴"。

过农业合作的方式积极利用别国粮食生产资源优势,调剂国内粮食品种余缺,保证国内粮食供应,同时帮助发展中国家提高农业生产能力,实现互利共赢的目标。我国实施农业"走出去"还有更进一步的国际政治意义,即到海外搞农业开发,援助亚非拉国家进行农业基础设施建设和粮食综合生产能力建设,可以帮助这些国家保障自己的粮食安全。[1] 中国是一个负责任的大国,应该实施有中国特色的农业对外援助。

(三) 培养农业专门人才,提高农业科技含量,实施"科技兴农"战略

世界各国都将注重农业人才的培养和农业科技创新、加大农业科研和推广投入、提高农业科技水平作为发展粮食生产的重点。韩国政府重视农业方面的人才培养,由政府拨款进行相关的研究与开发。农业科研机构和大学应农民的要求,为农民提供技术支持和市场咨询等服务。农林水产食品部下属的农村振兴厅统一负责将科研和教学的研究成果向农民普及,进行生物技术的研究和应用,培育水稻新品种,为农民提供最新的农业技术和市场信息。

我国是一个发展中的农业大国,在农业劳动生产率、农业资源利用率、科技成果贡献率、环保意识等方面与发达国家存在较大的差距。我们拥有世界上22%的人口,却只有世界上7%的耕地。要解决这个问题,只有靠科学技术,靠科技人才。2012年的中央1号文件中,农业科技创新被突出强调。目前我国的农业专门人才存在着总量不足,高层次人才匮乏,人才结构不合理、分布不均,知识老化,后备力量缺乏,人才队伍不稳定、流失现象严重,科技创新能力较低等问题。

受土地和水资源的制约,中国未来实现粮食增产的根本出路在于提高粮食生产能力。因此我国要强化人才队伍,落实《国家中长期人才发展规划

---

① 中国人大网,http://www.npc.gov.cn。

纲要(2010—2020年)》，实行更加开放的农业国际合作人才政策。并且依靠农业专业人才进行科技创新，开发新的种子，研制新的肥料，提升灌溉技术等。同时更重要的是要把技术切实推广下去。

2001年中国入世议定书中，在有关农业方面，规定中国应实施货物贸易承诺和减让表中包含的规定，以及议定书具体规定的《农业协定》的条款。在这方面，中国不得对农产品维持或采取任何出口补贴。韩国的主食为大米，而中国不仅包括大米，还有小麦、玉米等。从近年来看，这几项的进口量增加得非常快。为了保住14亿人的饭碗，中国应警惕目前粮食进口的趋势，制定相关政策，将进口控制在一定范围之内，维护我国的粮食安全。

农业尤其是粮食产业是经济效益最低的弱势产业，粮食产业既存在经济风险也存在自然风险，因为粮食生产是经济再生产和自然再生产相互交织的过程。由于粮食产业的投资边际报酬相对较低，在与其他产业的竞争中，粮食产业总是处于非常弱势的地位，很难聚集相应的资本、人力、技术等生产要素，所以在缺乏足够的政策支持的背景下，粮食产业会一直处于低水平发展状态，这使得粮食产业的弱质性进一步凸显。但是粮食作为关系国计民生、社会稳定的重要物资，其生存必需品和战略物资品的共有属性决定了世界各国不可能对本国的粮食生产和粮食供应掉以轻心。当今世界没有哪个国家愿意将本国国民的吃饭和生存问题寄托在别国身上，尤其是对于拥有14亿人口的中国而言。而作为中国近邻的韩国在粮食安全方面的一些努力和做法为我们提供了有益的启示。

第五章

日本粮食安全的维护及启示

日本是一个典型的人多地少的国家,也是世界上第一大粮食进口国。对此,日本政府颁布了一系列的法律法规,长期实行保护国内农业和高额补贴的政策,并积极进行海外屯田等。日本政府的做法体现了发展型国家的特征——坚持"发展型国家"理念的政府一般主张有指导或干预的市场经济体制,政府主导市场的发展模式具有优越性。面对市场调节的风险和不确定性,奉行"发展型国家"理念的日本政府力图在经济利益和国家安全、市场调节与政府干预之间找到平衡,从而维护日本的粮食安全。日本政府的做法为我们提供了有益的启示。

一、日本的粮食安全问题

按照国际社会公认的定义,"粮食安全保障"是指"保证任何人在任何地方、任何时候都能够获得生存和健康所需要的足够、安全和富有营养的食物"。① 虽然国际社会对粮食安全保障的共识和规范性概念较晚才确立下来,但在一些国家,关于粮食安全保障的观念意识、具体措施、制度规章早就出现了,日本则早在 20 世纪 80 年代就提出了粮食安全保障的议题。② 总的来说,日本农业中存在着四大问题:农业生产人员的减少及其老龄化现象、农业生产产量以及农业收入额度的减少、农地面积的减少、农产品自给率的减少,即所谓"四减一老"问题。③

(一)农业生产人员的减少及其老龄化现象

根据日本农林水产省的统计,日本农民约 260 万人,不到日本人口的 3%,但是不足 3% 人口的农民却支撑着日本的大半数粮食供给。日本新参加务农者人数停滞不前,而且大部分都在 40 岁以上,日本生产粮食的农民中 60 岁以上占 87%,农业生产者的平均年龄是 65.8 岁,④35 岁以下的后继者不足 5%。

农业生产人员的减少具有深刻的社会根源。第二次世界大战后,伴随日本经济的起飞,农业生产效率不断提高,劳动密集型生产方式逐步被技术和资本密集型生产方式所取代,这导致日本农村劳动力的大量过剩以及农业部门就业率的不断下降,而工业化速度的加快带来对劳动力的巨大需求。与此同时,工农业之间的"剪刀差"问题日益突出。农业生产和收入的增长速度以及收益率远远不如工业部门。农业部门对劳动力的吸引力不断下

---

① 李东燕、袁正清:《国际关系研究:议题与进展》,社会科学文献出版社,2011 年,第 183 页。

② 青山貴洋:《日本の食料安全保障政策における課題と解決に向けた一考察》,《公共政策志林》,2015 年第 3 卷;周建高:《论日本粮食安全保障政策》,《日本学刊》,2016 年第 6 期。

③ 张玉来等:《黑色3·11——日本大地震与危机应对》,中国财政经济出版社,2011 年,第 198~199 页。

④ 农业者的平均年龄从 2005 年的 63.2 岁增加到 2015 年的 66.3 岁。自 2010 年调查以来,65 岁及以上老人的比例持续超过 60%,参见 Lutz Goedde、Nicolas Denis、田中正朗、山田唯人、仲田健治:《「グローバル食料争奪時代」を見据えた日本の食料安全保障戦略の構築に向けて》,マッキンゼー・アンド・カンパニー日本支社,2017 年 12 月,第 7 页。

降,为农村剩余劳动力的转移提供了动力。① 城市化过程中也产生了许多问题。比如,粮食自给率下降、农业政策不完善、农村留守现象显著、青壮年劳动力输出无法持续等。不仅如此,日本 3·11 地震导致农业损失超过 7000亿日元,包括农业用地以及农业设施损失 6907 亿日元、农作物损失 471 亿日元,主要是农地被海水侵蚀、仓库受损等。②

　　长期以来,日本农业是"弱者"的印象以及"充满危机的未来性",使得对日本农业的未来性抱有确信而就业的年轻人很少。③ 在日本经济高速增长时期的 1955—1975 年,从事农业的劳动力急剧减少,从农业部门转移至非农业部门的年平均劳动力达到了 72.5 万。④ 可以毫不夸张地说,日本的整个经济高速增长期离不开农业剩余劳动力的大量转移。

(二)农业生产产量以及农业收入额度的减少

　　在日本,基于农业生产收益相对较低的问题,农业劳动力兼业化是一个非常普遍的现象。兼业农户占总农户数的比例不断上升,尤其是主要从事农业以外劳动并以农业为辅的非全时农民,非农业收入是他们的主要收入来源。⑤尽管兼业农民数量的增加在缩小城乡差距、保障其他行业劳动力供给等方面发挥了重要作用,但这也从一个侧面反映出农业生产收益相对过低的问题。近年来,日本农业生产总值出现了明显下降态势(参见本章第二部分),这对粮食安全局面严峻的日本而言无疑是一个挑战。

(三)农地面积的减少

　　从自然条件看,日本是一个人多地少、农业资源十分匮乏的国家。即便

---

①④⑤　侯力、汪晓红:《日本经济高速增长时期农业劳动力转移及其启示》,《现代日本经济》,2004 年第 6 期。

②　张玉来等:《黑色 3·11——日本大地震与危机应对》,中国财政经济出版社,2011 年,第 145 页。

③　没有选择农业作为工作,原因是其收入水平低于其他行业,工作条件更差。参见青山贵洋:《日本の食料安全保障政策における課題と解決に向けた一考察》,《公共政策志林》,2015 年第 3 卷。

如此,日本的耕地面积仍在不断减少,每年都有耕地被废弃。① 日本现有人口 1.28 亿,耕地面积约 469 万公顷,其中水田面积 247 万公顷,稻米生产能力约 1300 万吨。1961 年日本人均耕地面积为 0.0633 公顷,到 2003 年人均耕地面积仅为 0.0374 公顷,约为 1961 年的 60%。

(四)农产品自给率的减少

自第二次世界大战之后,作为国内生产指标的日本的粮食自给率不断下降。② 这导致日本除大米外,小麦、玉米和大豆等都需要进口,包括口粮和饲料用粮在内的粮食总自给率约为 39%。2016 年度日本粮食自给率下降至 38%,③成为仅次于 1993 年的历史第二低。2017 年度,日本的粮食自给率与 2016 年度相同,近两年日本的粮食自给率都处于历史低位。

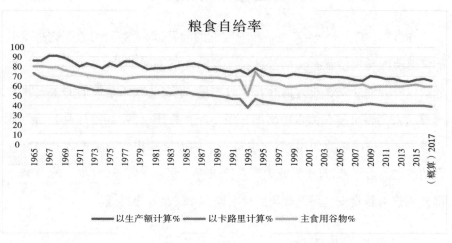

图 5-1 50 年来日本粮食自给率变化情况

资料来源:日本农林水产省,http://www.maff.go.jp/。

---

①② 青山貴洋:《日本の食料安全保障政策における課題と解決に向けた一考察》,《公共政策志林》,2015 年第 3 卷。

③ Lutz Goedde、Nicolas Denis、田中正朗、山田唯人、仲田健治:《「グローバル食料争奪時代」を見据えた日本の食料安全保障戦略の構築に向けて》,マッキンゼー・アンド・カンパニー日本支社,2017 年 12 月,第 8 頁。

日本农业的政策问题被认为是导致粮食自给率低、供求不协调的重要原因。从总体上看,日本政府在二战后,尤其是 60 年代后,对其粮食市场与价格执行了一条"超保护"政策。这对提高农户收入水平并鼓励其发展粮食生产,的确发挥了不可低估的作用,但同时也存在不少问题。粮食管理价格体系本身不合理,即稻米价格相对偏高,收益率超过其他粮食生产,诱使农户多倾向于水稻生产,而不愿种植那些国内大量需要但价格和收益率相对偏低的其他粮食作物,如麦类、豆类、杂谷等。这显然是造成粮食供求结构失衡的一个重要原因。① 不仅如此,这种"超保护"政策使得市场机制被扭曲,丧失了有效调节粮食供求关系的功能;农户们不必千方百计地去提高劳动生产率,降低粮食生产成本以增强竞争能力,导致国内外粮食价格差距过高等结果。日本政府的农业年度补贴总额超过 4 万亿日元,农民收入的大部分来自日本政府的高额补贴。按照一些国际组织的统计数据,日本政府对农业的补贴一度达到国内生产总值的 1.4%,但同期农业产值却只占到国内生产总值的 1.1%,在数额上未弥补农业补贴成本。②

日本农业的现状,无疑深刻影响了日本对外贸易政策。在农产品国际贸易领域,日本长期实施贸易保护主义,限制美国等国的农产品进入日本市场。可以看出,日本农业本身就缺乏竞争力,一旦农业贸易自由化,日本的农产品更是不堪一击。如果关税降低,便宜的外国米、蔬菜和肉进入日本市场,一定会破坏本土农业,以大米和温室蔬菜为主业的农户的处境会十分艰难。为此,日本不得不实施贸易保护政策。日本的贸易保护主义对农业设置了很高的贸易壁垒,这无疑是一把双刃剑:一方面它保护了本国农户的利益,增加了他们的收入,也带来了 40% 左右的粮食自给率;另一方面日本政府所采取的直接补贴政策固然安抚了农户,但这些因素也最终导致了日本

---

① 江瑞平:《日本的粮食问题:态势、症结与对策》,《日本研究》,1989 年第 4 期。
② 孙柏:《农业保护——日本实现贸易自由化的"绊脚石"》,《日本问题研究》,2006 年第 2 期。

农产品价格的居高不下。此前提到的日本政府对农业实施的高额补贴政策,显然违反了世界贸易组织的规则,不断受到世界贸易组织及一些国家的批评。

二、日本粮食投入与粮食产量的实证分析

(一)数据的选取与处理

本部分主要选取的数据是 2006—2017 年日本粮食产量、粮食产量所占土地、农业用地、农业增加值、农业国内生产总值。这些数据来源于世界数据图册,并根据这些数据推算出日本粮食投入。从某种程度上说,它可以看作是日本维护粮食安全的成本。

即日本维护粮食安全成本 = (粮食产量所占土地/农业用地)×(农业国内生产总值 – 农业增加值)。

(二)日本粮食投入与粮食产量的回归分析

1. 模型建立

回归分析可以研究因变量和自变量之间相互影响的程度,我们选取日本粮食产量为 O,日本粮食投入为 I 来建立回归模型。由于影响粮食产量的因素很多,除了投入以外还会受到自然环境、天气状况、相关商品价格等影响,我们将这些变量统一作为随机变量 μ 处理。

假设粮食投入对粮食产量没有影响,即 $H_0: \beta = 0$。我们设定的样本的检验模型为 $\hat{O} = \beta_0 + \beta_1 + \mu$,其中,$\beta_1$ 表示日本对粮食投入每增加一亿元,可以带来粮食产量增加量为 β_1 万吨,运用 EVIEWS8.0 得到回归方程如下:

$$\hat{O} = 2931.97 + 0.9232$$

$$SE = (67.4792) \qquad (0.2131)$$

$$t = (43.4499) \qquad (4.3317)$$

$$R^2 = 0.6931 \quad F = 27.97 \quad DW = 1.3121$$

2. 模型检验

$R^2 = 0.6931$，结果表明模型整体上拟合效果较好。

关于方程显著性，$\alpha = 0.05$，$t_0 = 43.4499$，$t_1 = 4.3317$。在自由度为 $n - 2 = 10$，查 t 分布 $t_{0.025}(10)$ 为 2.228。$|t_0| > t_{0.025}(10)$ 表明拒绝 $H_0: \beta = 0$，表示粮食投入对粮食产量有一定影响，但 t_0、t_1 与 $t_{0.025}(10)$ 绝对值相差并不大。

由样本回归方程 I，表明日本每多投入一亿元，可以增加的粮食产量为 0.9232 万吨，意味着日本递增的成本投入对粮食产量影响并不理想，实际上不能达到日本政府所希望看到的预期，说明日本农业财政投入较高，使用不够合理。数据图如下：

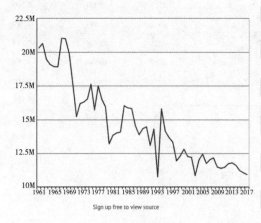

日期	值	修改,%
2017	10,906,394	−1.26%
2016	11,045,578	−140%
2015	11,202,373	−3.45%
2014	11,602,953	−1.56%
2013	11,786,625	0.49%
2012	11,729,481	2.44%
2011	11,450,492	0.74%
2010	11,366,614	−0.83%
2009	11,461,385	−5.68%
2008	12,151,091	1.05%
2007	12,024,848	2.41%
2006	11,741,859	

图 5-2　日本粮食产量(吨)

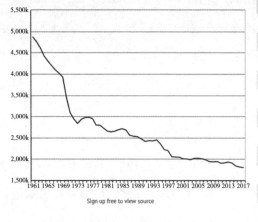

日期	值	修改,%
2017	1,802,951	-0.71%
2016	1,815,805	-1.26%
2015	1,839,066	-3.62%
2014	1,908,202	-1.16%
2013	1,930,515	0.96%
2012	1,912,101	0.40%
2011	1,904,505	-1.92%
2010	1,941,822	0.29%
2009	1,936,221	-0.21%
2008	1,940,319	-2.18%
2007	1,983,627	-1.13%
2006	2,006,323	

图5-3 日本粮食产量所占土地(公顷)

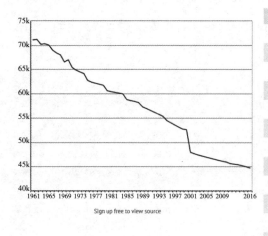

日期	值	修改,%
2016	44,710	-0.56%
2015	44,960	-0.49%
2014	45,180	-0.44%
2013	45,380	-0.24%
2012	45,490	-0.26%
2011	45,610	-0.70%
2010	45,930	-0.35%
2009	46,090	-0.41%
2008	46,280	-0.47%
2007	46,500	-0.45%
2006	46,710	-0.45%
2005	46,920	

图5-4 日本农业用地(平方千米)

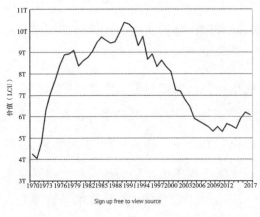

日期	值	修改,%
2017	6,080,440,959,685	-1.83%
2016	6,193,900,000,000	4.86%
2015	5,906,600,000,000	8.82%
2014	5,427,900,000,000	-2.31%
2013	5,556,000,000,000	-1.69%
2012	5,651,400,000,000	6.94%
2011	5,284,700,000,000	-4.18%
2010	5,515,200,000,000	4.07%
2009	5,299,400,000,000	-3.84%
2008	5,511,300,000,000	-2.29%
2007	5,640,700,000,000	-2.17%
2006	5,765,600,000,000	

图5-5　日本农业增加值

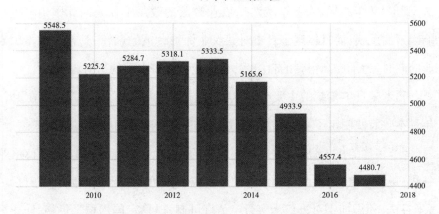

图5-6　日本农业国内生产总值(日元:10亿)

(三)日本的应对之策

上述实证结果表明,日本对粮食安全的维护成本在粮食增产方面的效果不佳。一方面,日本在农业生产方面面临严苛的自然资源条件约束,粮食生产面临更多困难;另一方面,日本的农业保护政策在维护国家粮食安全的同时也不可避免地存在激励不足等问题。但对国家利益而言,支持农业发展、维护粮食安全始终是日本政策的重要内容，甚至是一种"制度惯性"。因此客观剖析日本应对粮食安全问题的对策，分析其中的经验教训是很有必要的。

从资源禀赋来看，日本的农业相较于其发达的第二产业与第三产业存在"比较劣势"。首先，受制于国土面积、地形等因素，日本可供农业生产的土地并不充足。其次，日本处于板块交界处并且四面环海，多发地震、台风等自然灾害，这些自然灾害也给农业生产带来了不小的冲击。国内农业生产资源匮乏导致了日本对粮食进口有着非常大的依赖。① 日本是世界上最大的粮食进口国，同时也是典型的实行农业保护的国家，长期以来对外实施进口限制，对内实施重点农产品的价格调控。从 1961 年颁布的《农业基本法》到 1999 年的《新农业基本法》，农业政策的改革不仅是国际国内多重影响因素的反映，而且体现了日本对其农业保护政策的调整。② 在保护本国农业的同时，为了提高粮食的自给率，日本进行了多方面的努力。

稻米是日本传统的主要粮食作物，为防止稻米价格大起大落，早在 1921 年日本政府便制定了《米谷法》。政府通过控制粮食的收购、加工、销售、贮藏，调节粮食的供求，从而达到稳定价格的目的。③ 1931 年，日本政府对《米谷法》进行了修订，由政府制定标准米价以及米价的上限和下限。修订后的《米谷法》还添加了对进口米实行申请许可制，以稳定国内稻米价格，防止大量进口冲击国内市场。1931 年日本将米谷的进口税提高了一倍，关税政策保证了《米谷法》的实施。④ 为了确保国民粮食供给及稳定国民经济，日本在

① Lutz Goedde、Nicolas Denis、田中正朗、山田唯人、仲田健治:《「グローバル食料争奪時代」を見据えた日本の食料安全保障戦略の構築に向けて》，マッキンゼー・アンド・カンパニー日本支社，2017 年 12 月，第 19 页。
② 章志萍、贡献:《日本的 FTA/EPA 战略对实现其农业利益的有效性分析》，《亚太经济》，2010 年第 4 期。
③ 张雪婷、胡品品、常伟:《日本粮食流通体制及其对中国的启示》，《世界农业》，2015 年第 9 期。
④ 李仁峰、张森主编:《国外农产品购销制度与价格政策》，经济科学出版社，1984 年，第 228 页。

1942 年制定了《粮食管理法》及其实施细则等配套法规,经过反复修订,在调节粮食生产和流通方面发挥了重要作用。

在第二次世界大战后,日本国民经济由于战争的破坏,农产品一度十分缺乏。但是日本农业恢复发展得很快,其原因包括工业的带动效果,更重要的是政府采取的一系列保护农业发展的政策。日本战后粮食安全战略和政策的历史演变可分为六个阶段:增加粮食生产的阶段(1945—1955 年);基本口粮实现自给、小麦和饲料粮依赖进口的阶段(1955—1970 年);农业结构调整的阶段(1970 年至今);粮食生产支持政策调整的阶段(1955 年至今);严格限制大米进口的阶段(1995 年至今);海外农业开发的阶段(20 世纪 70 年代至今)。[①]

二战结束后,由于战争的破坏,日本陷入严重的粮食危机,迫使日本政府不得不采取措施来应对国内的粮食匮乏。一方面,为满足城市消费者的粮食需求,政府采取"强制征粮政策",以低于市场价的价格收购农民的稻米,再由政府低价出售给城市消费者。[②] 另一方面,为调动农民开展农业生产的积极性,解决粮食危机,确保劳动力的再生产,日本开展了土地改革。二战前,占日本人口 68% 的农民是佃农,而 3% 的地主却控制着大量的土地。农地改革自 1946 年初开始,到 1950 年夏基本完成,大体经历了四年半时间。

1946 年,日本国会通过并正式颁布了《农地调整法改正法案》和《创新自耕农特别措施法》,[③]这两个法案通常被称为农地改革方案。农地改革方案规定:土地产权的变更只能通过国家而不是私人买卖进行;[④]调整农地委员会中自耕农和地主的比例;改革期限由五年改为二年。[⑤] 农地改革是自上

---

① 安琪、朱晶、林大燕:《日本粮食安全政策的历史演变及其启示》,《世界农业》,2017 年第 2 期。
② 韩喜平、李二柱:《日本农业保护政策的演变及启示》,《现代日本经济》,2005 年第 4 期。
③ 加藤一郎:《農業法》,有斐阁,1985 年,第 112 页。
④ 京都府農地改革史編纂委員会:《京都府農地改革史》,京都府農業会議,1980 年,第 792 页。
⑤ 五百旗头真:《日米戦争と戦後日本》,大阪書籍,1989 年,第 163 页。

而下的土地改革,作为改革的成果之一,1952 年日本政府颁布了《农地法》,①通过法律的形式将农地改革后形成的自耕农体制加以固化。农地改革后,日本农村发生了多方面的变化:第一,农村阶级关系发生了巨大变化。农民从地主剥削制度下被解放出来,可以自由地进行生产,成为独立经营的农民。据统计,农地改革推行期间,大量地主的土地被征购,475 万户农民获得土地成为自耕农。② 自耕地最后占到日本总耕地的 88%。③ 这为日本战后农业的振兴打下了基础。第二,广大农民拥有了自己的土地,大大提高了他们从事农业生产的积极性,为农业技术的创新和农业生产的发展提供了可能,加速了农业生产现代化的进程。在日本农村开展土地改革的同时,1947 年 11 月,日本国会通过的《农协法案》授权农民可以在自愿基础上组建农民协会,来维护农民的利益。④ 农地改革体现出日本政府较好地处理了改革与稳定的关系,即打破垄断,促进竞争,通过政治、经济、社会结构的分权,使农业在民主化基础上向前发展。土地改革为日本后来的农业发展打下了坚实的基础。

1959 年 4 月,日本成立了“农林渔业基本问题调查会”,在广泛调查和研究的基础上,该调查会完成了《农业基本问题和基本对策》的研究报告。⑤ 日本政府以此为基础制定了《农业基本法》,并于 1961 年 6 月 21 日公布实施。⑥ 主要内容包括优先扩大那些劳动消耗少而又最有利的农产品,减少收益低的农产品的生产(如小麦、大豆等);扩大农产品进口以稳定农产品价

---

① 百濑孝:《事典昭和戦後期の日本:占領と改革》,吉川弘文館,1995 年,第 253 页。
② 东京大学社会科学研究所战后改革研究会:《战后改革——农地改革》(第 6 卷),东京大学出版会,1974 年,第 270 页。
③ 农地改革记录委员会:《农地改革颠末概要》,农政调查会社,1951 年,第 658~659 页。
④ Hubert G. Schenck, Natural Resources Problems in Japan, *Science*, Vol. 108, No. 2806, 1948, p. 372.
⑤ 王志刚、许栩:《日本经济高速增长期农业法律与政策调整的经验及其借鉴意义》,《理论探讨》,2012 年第 5 期。
⑥ 井上和衛:《高度成長期以後の日本農業・農村》(下),筑波書房,2003 年,第 174 页。

格,尽量达到供求平衡等。《农业基本法》虽然收到了一定的成效,但是也暴露出一些问题。

经过酝酿,1970 年 2 月,日本政府正式提出"综合农业政策"的基本方针,①其核心是调整稻米生产和主张"国际分工论"。② 它纠正过去过分强调"国际分工"、依赖粮食进口的偏差,通过生产政策、价格政策和储备政策等手段,在保障一定数量进口的前提下,采取奖励和资助等措施,鼓励农民水田改旱田,扩大小麦和粗饲料的种植面积,以提高这些农产品的自给率。综合农业政策收到了一定成效,小麦的自给率从 1975 年的 4% 提高到 1980 年的 10% 和 1985 年的 14%。③ 但饲料自给方面没有起色,仍主要依赖进口。

20 世纪 80 年代以后,国际上出现"全球一体化"倾向,在这种形势下,为适应国际化的要求,日本农业政策也发生新的变化,扩大农产品贸易自由化势在必行。1986 年,日本国际协调经济结构调整研究会发表了《前川报告》。该报告认为日本在农业方面要"推行符合国际化时代要求的农业政策",改革农业结构政策,将市场机制引进价格政策,"除主要农产品外,凡是国内外差价显著的农产品都要扩大进口,力求缩小国内外差价,使农业更加合理化、效率化"④。《前川报告》发表后的第二天,内阁会议便通过决议,主张压缩国家财政对农业保护的负担,缩小国内外农产品差价;根据国际价格和国内供求情况制定新的农产品价格政策。与此同时,日元出现持续升值的趋势,农产品的国内外差价更加扩大,在日本国内,出现一股削减米价、扩大自由化的潮流,但由于农协系统和农村地区选出的国会议员的坚决反对,政府的农业政策暂时没有做出重大变动。

---

① 井上和衛:《高度成長期以後の日本農業·農村》(下),筑波書房,2003 年,第 176 页。
② "国际分工论"者认为,日本作为一个工业大国和农业小国,与其在国内生产高成本的农产品,不如从国外进口农产品更合算,他们极力主张农产品自由化,用日本的工业品换取外国的廉价农产品。
③ 王振锁:《日本农业现代化的途径》,天津社会科学院出版社,1991 年,第 28 ~ 37 页。
④ 同上,第 272 ~ 273 页。

1994 年乌拉圭回合谈判以日本农业扩大国际贸易和扩大市场开放的要求而告终。由于日本农业缺乏竞争优势,并且国内粮食价格长期高于国际市场价格,如果完全开放国内市场,必将危及日本国内的农业生产,并损害农民的利益。为此,日本政府不得不在外部开放和内部保护之间寻求平衡,在贸易谈判中,日本政府承诺对稻米政策实行有限度的调整。[1] 1995 年日本的进口配额(最少准入量)为 42.6 万吨,以后每年增加 0.8%,到 2000 年增加到 85.2 万吨(占消费量的 8%)。[2] 基于日本国内粮食生产和流通中出现的问题以及贸易自由化开放市场的压力,日本政府在 1995 年出台了《关于主要食粮的需求及价格安定的法律》(简称《食粮法》),构建了以市场为主导的粮食流通体制,政府在稻米流通中的主要作用是制定并公布关于稻米供求平衡和价格稳定的基本方针和确保应急供应。同时,为稳定国内农业生产,保障农民利益,减少入世影响,日本政府积极制定应对措施,力图将贸易自由化带来的冲击控制在最低限度。

表 5-1　日本进口大米量以及其占消费量的比重

	最低准入制度		关税配额制度	
	进口量(万吨)	消费比重(%)	进口量(万吨)	占消费比重(%)
1998 年	60.6	6.4	60.6	6.4
1999 年	68.2	7.2	64.4	6.8
2000 年	75.8	8.0	68.2	7.2

资料来源:根据相关资料整理

日本政府一方面按照世界贸易组织的要求,逐步开放本国农产品市场,

---

[1]　国家粮食局入世后粮食流通政策改革培训班:《入世前后日本粮食问题及对策》,《中国粮食经济》,2001 年第 5 期。

[2]　国家粮食局入世后粮食流通政策改革培训班:《日本粮食"入世"应对举措借鉴》,《粮食科技与经济》,2001 年第 2 期。

另一方面也在世界贸易组织允许的范围内,利用世界贸易组织的"绿箱政策"①,对农业基础设施建设、科学技术研究、农业知识普及等活动给予政策支持和财政支持。由于地理环境的限制,日本山区耕地面积较大,占全国耕地面积的40%左右,但山区及半山区的农业发展远落后于平原地区,为了提高这类农户的收入、促进山区的农业发展,日本政府对条件不利的山区实施政府直接资助。在属于削减对象范围内的"黄箱政策"方面,根据世界贸易组织减少国内支持的要求,同时缓解财政压力,日本政府取消了对自由流通米出售的限制,修改了直接从事大米收购和流通的做法,执行新的粮食储备制度,以减少政府补贴额度。

2010年3月,日本内阁通过了《到2020年度粮食·农业·农村基本计划》,准备将日本的粮食自给率从2008年度的41%增加到2020年度的50%。实施这一计划的基本理念是:将粮食安全作为国家最基本的责任和义务,确保粮食的稳定供给;将粮食、农业、农村政策定位为日本的国家战略地位;创建全民支持农业、农村的社会。拟采取的政策措施包括:确保粮食稳定供给的政策实施,确保食品安全与取得消费者的信赖,建立可持续发展的食品产业;建立可持续发展农业的政策实施,导入农业劳动者收入补偿制度;通过农业、农村的"第六产业"②增加收入,即实现生产、加工、销售一体化,确立地区品牌,促进出口等;加强技术研发,重视环保问题和知识产权问题。2015年3月,该计划又进行了修订,提出确保粮食供应稳定、可靠的基本原则是强化国内的农业生产,并且与粮食进口和储备适当结合,以确保歉

---

① 《农业绿箱、黄箱、蓝箱政策措施》,2018年9月12日,http://tradeinservices.mofcom.gov.cn/article/zhishi/jichuzs/201809/69494.html。

② 在1996年11月的《地方建设——摸索新型农业》中,刊登了东京大学名誉教授、著名农业经济专家今村奈良臣的题为《通过创造第六产业将农业打造为21世纪的尖端产业》一文,文中率先提出了日本农业的"第六产业化"概念。2011年3月1日,日本《第六产业法》即《促进农林水产业者利用地方资源创造新事业以及促进地方农林水产品利用的相关法律》出台。该法为了促进农山渔村的第六产业化而制定,以建设农林渔业生产者对农林水产品及其副产品进行生产、加工以及贩卖的一体化为目标。该法的出台预示着日本农业的第六产业化正式开始。

收和进口断绝等意外事件发生时能够提供国民所需的最低限度的食物。[①]
为此,日本政府高度重视耕地保护,于2010年12月实施新《农地法》,[②]旨在
推出相关扶持政策,促进农业可持续发展,重点确保土壤保护、农田防灾、农
业用水稳定、应对极端气候出现等一系列与粮食安全相关的方面。

与此同时,为了缓解粮食安全的压力,除了出台一系列粮食安全政策,
日本很早就走上了海外屯田的道路。总体而言,日本的海外农业开发有两
个主要特点:第一,采用合资或与当地联营的方式来与东道国合作,东道国
提供土地和劳动力,日本提供资金和技术。东道国政府和日本的投资比率
一般为51:49;[③]第二,日本不直接在海外农场大规模种植大豆、玉米和其他
作物,而是与当地农民签订采购合同,借助订单农业、合同农业的方式来确
保日本国内的农产品供应。

日本在拉丁美洲的土地开发长期以来一直受到关注。日本移民最早的
目的地是拉丁美洲。到目前为止,包括巴西和秘鲁在内的拉美国家仍然有
许多日本移民后裔。19世纪末,为解决日本农业和农民的贫困问题,日本与
墨西哥签署协议,让日本人移民墨西哥进行农业生产。1899年和1908年,
日本公司分别向秘鲁、巴西派遣了农场工人。在20世纪20年代和30年代,
日本人又将注意力转向巴拉圭和哥伦比亚。[④] 特别是1973年美国对日本颁
布的大豆出口禁令,使得日本政府进一步认识到粮食进口依赖和进口国单
一的威胁。为此,日本政府积极鼓励本国企业赴海外开展农业投资,并通过
放宽对外投资限制、对走出去的农业企业提供补贴、定期发布海外农业投资
信息等方式实行政策扶持。[⑤]

---

① ② 周建高:《论日本粮食安全保障政策》,《日本学刊》,2016年第6期。
③ 《海外务农的范例——日本农业》,2014年9月24日,http://news.163.com/14/0924/06/
A6SSRLPB00 014AEF.html。
④ 严雄:《日本在海外屯田备战粮食危机》,2008年6月5日,http://news.sina.com.cn/w/2008
-06-05/103315686997.shtml。
⑤ 王学君、周沁楠:《日本粮食安全保障策略的演进及启示》,《现代日本经济》,2018年第4期。

近年来,日本外务省、经济产业省、农林水产省等政府部门,国际协力机构(JICA)、国际协力银行(JBIC)、日本贸易保险(NEXI)以及日本贸易振兴机构(JETRO)等金融机构和社会组织多次召开多方会议,就完善海外农业开发模式展开商议。①　目前,日本在全球各地拥有1200万公顷的农田,面积大致相当于日本国内农田面积的3倍。②　除巴西外,日本还与俄罗斯、乌克兰等地的农场签订了玉米和大豆等饲料作物种植协议,③为日本市场提供稳定的农产品供应。

如今,日本农业也走出了一条属于自己的特色化道路。在社会生产总过程中,日本把重点放在生产的"质"而不是"量"上,土地资源的不足使日本更加重视农作物的质量。日本农林水产省公布了粮食信息追溯法,要求在流通中实行信息的记录和传递。稻米流通过程建立的信息溯源查询系统,即从稻谷原产地、收获、糙米加工、储藏,大米生产的日期、质量、生产商等信息都可通过包装信息标签(二维码)和网络信息进行追踪查询。流通过程中通过集装袋的垫板号码也能够直接搜索到大米的产地、年份、品种、等级等信息,便于进行大米物流和质量信息追溯管理。同时,日本重视提高农业技术,提高亩产值,以保障本国粮食供给。更令许多以农业见长的国家羡慕的是,日本过去并没有牺牲土地可持续发展的能力来换取发展,而是通过研发肥料的培育和精耕细作技术的保护,使日本农业土壤仍然保持在一个肥沃的状态,为今后可持续发展打下了坚实的基础。在消费环节,日本强调以消费者为导向,为本国农产品创造了许多机会,并依靠将本国优势的第三产业和第一产业结合,用先进的服务业带动农业产业的发展,延长了产业链,创

---

①　周建高:《论日本粮食安全保障政策》,《日本学刊》,2016年第6期。

②　严雄:《日本在海外屯田备战粮食危机》,2008年6月5日,http://news.sina.com.cn/w/2008-06-05/103315686997.shtml。

③　Lutz Goedde、Nicolas Denis、田中正朗、山田唯人、仲田健治:《「グローバル食料争奪時代」を見据えた日本の食料安全保障戦略の構築に向けて》,マッキンゼー・アンド・カンパニー日本支社,2017年12月,第24页。

造出许多高附加值的乡村旅游产品。与此同时,日本政府对于粮食监管投入了很大的精力,各级粮食市场趋于完善,并对外资进入本国粮食相关行业设立了非常高的门槛,牢牢地掌握了本国在核心领域的主导权。

三、日本维护粮食安全的对策——"发展型国家"理论的分析

"发展型国家"(Developmental State)最早由学者查莫斯·约翰逊(Chalmers Johnson)提出,本质上是对政府和市场关系的一种描述,即认为政府主导市场的发展模式具有优越性,因为政府能够从国家整体利益角度出发,引导市场的健康发展。[①] 有学者进一步指出,国家自主性、官僚主动性以及官僚与企业(社会)的有机结合是"发展型国家"理论的三个"支点",坚持"发展型国家"理念的政府一般主张有指导或干预的市场经济体制,并形成独立的、不受利益集团操纵的官僚体系。[②] 那么,日本维护粮食安全的对策是否体现了上述三个"支点"的共同作用? 本部分试做简要分析。

(一)国家自主性角度

从前文的分析可以看出,尽管日本是美国的盟友,但在粮食安全问题上,日本政府很少让步,对农产品自由贸易更是抱有极为审慎的态度。一方面,面对欧美等国主流经济学所倡导的"国际分工论"和自由贸易理论,日本始终坚持"农产品贸易例外"的观点,坚持保证农产品自给率,维护本国农产品生产者的利益。另一方面,日本在国际贸易领域长期坚持贸易保护主义

---

① 陈玮、耿曙:《发展型国家的兴与衰:国家能力、产业政策与发展阶段》,《经济社会体制比较》,2017 年第 2 期。

② 李汉卿:《自主与参政:日本农业合作组织发展研究(1900—1975)》,法律出版社,2012 年,第 199~200 页。

制度,即便是在乌拉圭回合谈判后也只在农产品配额方面做出了有限让步,也因此与美国及其他盟友产生诸多矛盾,陷入了长达几十年的"口水战"。

特朗普上台后奉行贸易保护主义政策,使得美国与包括日本在内的其他国家的贸易关系变数增大,更加剧了日本对进口美国农产品的疑虑。2019 年 4 月,日本首相安倍晋三访问美国期间,美方曾向日方提出扩大农业市场准入等要求,但安倍晋三表示其"无法做出让步"。[①] 日美贸易谈判期间,特朗普甚至曾直接要求安倍晋三购买美国农产品,此消息随即引起日本政府警惕和日本农业界的反对。[②] 事实上,日美两国在农产品贸易问题上长期摩擦不断,这从另一个角度表明,日本政府至少在维护粮食安全方面具有较大的自主性。

(二)官僚主动性角度

二战后,日本在美国的影响下实行民主选举制度,各地议员为了维持在民众中的支持率,需要充分考虑当地民众的诉求,对于北海道等日本粮食主产区的议员而言更是如此。而日本农协作为日本官民沟通的重要渠道,长期深耕日本农产品生产、加工、流通、销售市场,在日本农业战略和政策制定方面具有较大的话语权。这都使得日本官员在维护粮食安全方面,特别是在通过贸易保护主义维护本国农产品生产者利益方面,具有很强的积极性。

近期的一些研究表明,获取农村选票是日本政党竞争的重要方面。据测算,20 世纪 80 年代,在中选区制度下,议员在农村地区只要能获得相当于城市地区三分之一的选票即可当选。即便实行小选区制后,2010 年 1 张农

---

① 《不愿单方面让步,日本拒绝对美国扩大农业市场准入》,2019 年 4 月 29 日,https://baijia-hao.baidu.com/s?id=1632116205629775219&wfr=spider&for=pc。

② 《特朗普逼日本大批购买农产品? 日农业界不满:过分要求》,2019 年 8 月 15 日,https://baijiahao.baidu.com/s?id=1641886162616803665&wfr=spider&for=pc。

村选票的价值也相当于 2.4 张非农村选票的价值。[①] 这无疑促使日本各政党积极争取得到农民的支持。而对于直接冲击本国农产品生产者的外国农产品，日本政党自然倾向于推出将其"拒之门外"的贸易保护主义政策。由此可见，日本的政治制度内置着对追求农业贸易保护主义的激励。

（三）官僚与企业（社会）的有机结合角度

如前所述，日本农业的发展既离不开日本农业政策的支持，也离不开以日本农协为代表的社会化组织的工作。日本政府与日本农协既有监管与被监管的关系，也有彼此的合作关系。例如，日本政府主要通过金融监管部门和农业部门对日本农协的经营业务进行监管。同时，日本的政策性农业金融机构，即农林渔业公库，可以交由农协代管，并支付一定的委托费。在这样的关系下，日本农协有动力为日本农户提供农业生产中的信贷等服务，日本政府也能通过壮大日本农协进一步提升本国农业的竞争力。

总之，"维护本国粮食安全"在日本政府的"目标函数"中占有非常大的权重，使得日本政府面对经济全球化浪潮时始终坚持谨慎的态度。事实上，鉴于粮食安全的重大意义，世界上很多国家特别是发达国家都对农业采取了或多或少的保护手段。即便是重要的农产品出口国美国，也会通过营销援助贷款（MAL）、贷款差额补贴（DLP）、反周期补贴（CCP）、平均作物收入补贴（ACRE）、价格损失保障补贴（PLC）等名目繁多的农产品支持政策，从价格、产量、收入等各个方面保障本国农产品生产者的利益。

发达国家对本国农产品生产的大量补贴，无疑使得这些国家在农业生产方面的"比较优势"更加凸显，也无形中加剧了这些国家与日本等在国际粮食贸易中具有"比较劣势"的国家之间的矛盾，这也成为推动农产品国际

---

① 《参考智库专家详解日本如何保障粮食安全（4）》，《参考消息》，2017 年 1 月 16 日，http：//column.cankaoxiaoxi.com/g/2017/0116/1608929_4.shtml。

贸易谈判的重要因素。在世界贸易组织（WTO）框架下，对贸易的保护政策主要分为"绿箱政策""黄箱政策"和"蓝箱政策"。其中"绿箱政策"是指"由政府提供的、其费用不转嫁给消费者，且对生产者不具有价格支持作用的政府服务计划"，成员方不具有约束和削减的义务；而对于具有价格干预和补贴性质的"黄箱政策"，成员方须承担约束和削减义务；"蓝箱政策"是指"与生产限制计划相联系的直接支付的'黄箱措施'支持，在满足一定条件的前提下可以得到免除减让"。[①] 日本作为世界第三大经济体，在多年融入国际贸易框架的过程中已积累了大量经验。日本农业政策如何在经济利益和国家安全之间找到平衡，至今仍在社会各界引起广泛关注。

四、对中国的启示

研究日本的粮食政策归根结底是为了从邻国汲取经验教训，为中国制定粮食政策提供正面和反面的参考，而日本的政策也确实对当前中国有一定的启示。

（一）必须完善有关粮食的法律，以法律手段保障粮食生产

1942 年日本颁布《粮食管理法》，该法律规定农民除自己留有一部分粮食外，余粮都要按规定价格出售给国家，国家设立专门机构管理粮食的收购和流通。虽说这一法令是战争时代法西斯统治的产物，但是它淘汰了过去地主收购粮食的落后生产方式，摆脱了农业社会国家与农民之间的层层环节，可以说日本后来推出的一系列粮食政策都是以此为基础的。1994 年 10 月，日本国会通过《关于主要粮食的供求及其价格稳定的法律案》（以下简称

---

① 《农业绿箱、黄箱、蓝箱政策措施》，2018 年 9 月 12 日，http://tradeinservices.mofcom.gov.cn/article/zhishi/jichuzs/201809/69494.html。

《法律案》)，前文提到的《粮食管理法》也随即废止。该《法律案》将主要着眼点放在确保粮食流通计划的顺利执行上，其本质与 1942 年的《粮食管理法》是相通的，都是施行"计划流通体制"。关于稻米的计划流通体制包括：计划销售，稻米生产者必须按照规定数量向政府交售自己生产的稻米；计划收购，只有具有政府批准的收购粮食资格的企业才能从生产者手中收购稻米；贩卖粮食的商家也必须向地方政府备案，经批准后才能进行计划流通粮食的销售。关于如何形成合理的稻米计划流通价格，该《法律案》规定，应由农林水产省大臣指定一个具有资质的机构作为价格形成中心，指定后要在政府文件中向公众公示。

除"计划流通米"外，还有一部分稻米由政府购入用作战略储备粮，即"政府米"。其收购价格虽由政府规定，但是要符合三个原则：参考生产条件和物价水平规定；要广泛征求意见；一经决定后立刻公示。由于日本麦类产量小，该《法律案》规定，对于麦类(包括大麦和裸麦)作物，生产者申请出售的全部麦类，政府应该无限量全部购入。进口麦类要缴纳税金，该税金由农林水产省大臣根据国际惯例确定，受政府委托进口的麦类，不交进口税。除具体的稻米麦类流通管理规定外，该《法律案》还有其他规定，其中包括要求地方财政设立专门的风险基金，作用是在粮食价格发生波动时用这部分资金平抑物价。具体各地基金额度由中央每年核定，专款专用，不得挪用。针对粮食歉收、大米出现供应不足的情况，该《法律案》规定这时候可以变更流通计划，可以命令稻米的收购者、流通者、零售者转让其稻米，并可以对数量、价格进行限制，可以直接对稻米生产者发出指示，让他们在规定期限内将稻米出售给指定收购者或者直接出售给政府。在上述措施还无法缓解危机的情况下，政府可以对粮食采取配给制。从这一《法律案》中我们不难看出，日本由于粮食自给率低，对于粮食安全问题特别有忧患意识，尤其对于稻米的生产销售环节高度重视，将其严格控制在国家行政权威之下。对于各种突发事件会造成的后果都做出了详细安排。

中国于 2012 年 2 月发布《粮食法（征求意见稿）》，从生产、储藏、加工到消费，把有关粮食的方方面面进行了系统的梳理，对各级行政部门进行规范，对各级政府部门的行政职责有了明确规定，也对危害粮食安全的行为规定了处罚的额度。但该法案没有触及每一个粮食生产者即普通农民身上。与日本相关法律相比，没有对粮食收购价格的形成机制做出具体明确的规定，而这才是保障粮食安全的最基本因素。粮食价格与工业品价格的"剪刀差"一直存在，这是影响农民种粮积极性的最主要因素。应该以什么样的价格从农民手中收购粮食，这个价格应该以什么样的政策制定出来，这是亟待用法律手段明确的。同时，还应审慎制定粮食补贴政策，在保障粮食安全和不破坏市场活力之间达到平衡。

（二）调整农业支持政策，在保证粮食安全的前提下激发市场活力，同时倡导膳食平衡和多种营养摄入，推广高营养作物

面对国民大米消费量减少而小麦消费量逐年增加的情况，日本政府于 1970 年颁布大米生产调整政策，即"减返"政策，这一政策规定农民将稻米耕作面积减少到国家规定的面积后，每减少 1 公顷将得到政府约 15 万日元的补贴。日本种植水稻的历史十分悠久，甚至由此形成了日本人引以为豪的"稻作文化"，要改变历史形成的农业种植传统十分困难，所以政府也只能采取直接经济补贴的方式。即以国家行政干预的手段，调节国内的粮食种植结构，既然大米产量已经足够，继续种植不仅会造成生产过剩，也浪费有限的土地资源。单纯的市场行为会产生盲目生产的情况，某一年大米价格高，农民就一拥而上种植大米，来年供给过多大米价格就下降，如此由盲目生产带来的价格反复对国家的粮食安全十分不利，而且也会伤害到农民的利益。由国家对重要的粮食作物生产进行合理规划布局，保证国家的粮食价格稳定，这样既能保护农民利益，也能保护市民消费者的利益，进而保障国家的稳定。

不过,这种类似于计划经济的农业干预政策同样也饱受批评。日本政府于 2013 年 11 月 26 日召开"农林水产业域活力创造本部"会议,正式决定未来将废止减返政策。日本首相安倍晋三在会议中表示,"日本政府创造让拥有经营精神的农民能够活跃表现的环境,并以此来推进农业的结构改革,将农业定位为发展产业,增加农民的个人所得"。这种重大政策调整带来的后续影响如何,对于日本的粮食安全是产生正面作用还是反面作用,还需要时间去观察。一直以来日本关于农业补贴问题的争论,主要还是围绕农业是要靠市场调节还是政府宏观调控的问题。这一问题同样对当前的中国农业生产十分重要。[①] 无论现代社会科技多么发达,其他产业如何繁荣,农业作为第一产业的基础地位永远不会改变。尤其是粮食作物的生产这种关系到国计民生的大问题,完全抛给市场是不可能也是十分危险的。但如日本这样国家对粮食生产统一规划大量补贴,不仅会使农业生产丧失活力更给国家财政带来沉重负担。尤其是在全球贸易自由化的背景下,这样的政策也会被其他国家诟病,终究不是长久之计。在计划与市场之间寻找一个最佳的平衡点,是未来中国制定粮食相关政策时要努力的方向。此外,粮食政策应该着力克服农业生产中的外生性问题。我国许多地区为生产出高产量的农作物出现化肥滥用破坏自然植被、不惜以破坏生态为代价的问题。怎样对破坏生态的行为加以管制、对生态脆弱地区民众予以补贴,都是我国亟待解决的问题。

(三)促进国家间合作,发挥跨国公司等非政府组织的力量

当前中国也正在加紧进入国际粮食市场,日本在海外市场的战略值得中国借鉴。在国家层面主导的粮食产业合作方面,日本与巴西的农业合作

---

① Lutz Goedde、Nicolas Denis、田中正朗、山田唯人、仲田健治:《「グローバル食料争奪時代」を見据えた日本の食料安全保障戦略の構築に向けて》,マッキンゼー・アンド・カンパニー日本支社,2017 年 12 月,第 20 页。

尤其紧密。在 20 世纪初,日本为了安置本国贫民,鼓励日本人向海外移民,南美洲的巴西就是重要目的地。1908 年,最早的日本移民来到巴西,这些移民在巴西开垦土地,安家落户,可以说日本与巴西农业上的合作关系从那时就开始了。20 世纪 70 年代初期,为提高国内粮食生产规模、加快内陆广大腹地经济发展速度,巴西政府决定将地广人稀的中西部稀疏草原地区打造成新型农业生产带,在该地区建立现代企业发展模式的中等规模农业。但要想使这些土地变得能够耕种,发展农业必须投入大量金钱和开发先进技术。与此同时,1973 年,为保障国内粮食供应,美国总统尼克松颁布临时法令,禁止美国的粮食和饲料对外出口。此举对当时粮食供应严重依赖美国的日本影响巨大,同时也坚定了日本不远万里到巴西开展农业合作计划的决心。日巴两国优势互补,开始了农业合作的新篇章。

1978 年《日本–巴西稀疏草原开发合作计划》(PRODECER)正式开始实施,该计划至 2001 年底结束。计划规定,日本政府通过国际协力机构(JICA)和私有银行,向巴西稀疏草原农业开发项目提供援助。该计划的成功实施极大提高了巴西主要粮食作物的种植面积和产量,巴西稀疏草原地区因此成了巴西重要的粮食生产和出口基地。巴西一举成为世界农产品出口大国,特别是大豆出口量目前仅次于美国。在平衡全球农产品生产、贸易的同时,巴西开始对国际市场农产品交易尤其是大豆的定价权具有越来越大的影响力。随着日巴两国农业合作不断取得积极进展,该计划示范效应日益显现。两国已经宣布将农业合作模式推广到非洲南部国家莫桑比克的农业项目中,共同开发自然条件与巴西稀疏草原相似的莫桑比克热带大草原地区。巴西农牧业研究院将在莫桑比克设立代表处以提供农业技术支持,日方则提供资金用于开发完备相关物流设施。

在保证国家粮食安全的过程中,日本充分发挥了公司的力量。国家行政部门的力量只能存在于政府规划、顶层设计和对本国农民进行补贴等领域。要扩大国家粮食进口来源,在全世界买粮的任务需要由本国的大型跨国公司来承担。日本的各大跨国集团如伊藤忠、三井、三菱、丸红,在全世界范围内通过资本输出的方式,力图从粮食生产环节就渗透日系企业的资金,从而从源头上保证粮食进口。

对中国而言,当前中国也积极实行农业"走出去"的战略,与外国就粮食领域进行的合作也越来越多。第一,要在政治和经济层面得到合作对象国的大力支持。巴西稀疏草原地区主要分布在中西部地区,地广人稀,面积达上亿公顷。由于土质偏差以及土壤含铅等有害物质,长期以来该地区被视为不适合用于农业种植。但研究表明,通过针对性施肥改良土壤、兴建用于农业生产的基础设施,该地区 1.2 亿公顷土地完全可以转化为农业生产用地。因此,巴西政府从战略上高度重视该地区农业发展潜力。但由于巴西缺乏资金和技术,他们十分欢迎外来的有实力的合作者。这也就成了日本能与巴西成功合作的政治基础。当前中巴关系稳步发展,双方在金砖国家框架机制中的合作卓有成效,这为中巴的经济和农业合作创造了有利条件。第二,必须能保证长期合作。[①] 农业是一项需要长期投资和经营才能见效的事业,日巴两国的农业合作计划实施近 30 年,在此框架下日本连续 21 年对巴提供贷款支持,投入大量资金。中国农业企业应借鉴日本的做法,延长产业链,开展的项目要与东道国的发展战略相契合,实现发展合作与投资合作的紧密结合,促进区域经济发展并惠及东道国民众。第三,双方要实现共赢。在开展农业合作时,国家间难免会因国家利益产生矛盾,各国应各取所需,取长补短,兼顾公平与效率,达到双方都从中获益的帕累托最优,在不损害各自利益的情况下共同发展。

以上是笔者总结的日本在粮食政策和对外合作领域能为中国提供借鉴意义的地方。笔者认为,日本在粮食安全方面最值得我们学习的还是它对

---

① Lutz Goedde、Nicolas Denis、田中正朗、山田唯人、仲田健治:《「グローバル食料争奪時代」を見据えた日本の食料安全保障戦略の構築に向けて》,マッキンゼー・アンド・カンパニー日本支社,2017 年 12 月,第 9 页。

于粮食的危机意识。当然,这种心理也是由于日本是一个粮食严重依赖进口的国家而造成的。中国在粮食自给率方面比日本高得多,粮食产量十连增是一个了不起的成就,但是成绩不能成为遮蔽我们看得更远的迷雾,无论是政策制定者还是普通国民都应该树立起关于粮食安全的危机意识。对于粮食安全这样如此重大的战略问题,无论何时都要保持居安思危的心态。特别是在当今新冠肺炎疫情的影响下,许多粮食生产国纷纷禁止本国粮食出口,全球性粮食危机的爆发会大概率出现。因此,如何维护中国自身的粮食安全是值得每一位国人深思的重大问题。

第六章

印度第二次『绿色革命』与印度粮食安全

印度第二次"绿色革命"是继土地改革、第一次"绿色革命"和市场化改革后开启的新一轮农业改革。这次农业改革是在总结了前几次改革的经验教训、21世纪印度"大国梦"的激发下,以及受到国内外农业发展的现实变化影响基础上采取的振兴印度农业的新发展战略。其主要特点在于,依靠市场作用的同时使农业发展回归到政府计划和指导下,通过制定和实施高效的农业发展战略开创出农业发展的新道路,使农业成果惠及所有农民。这次改革在实施过程中面临着与跨国粮食巨头在转基因作物和《与贸易有关的知识产权协议》问题上较量的挑战,也面临着合理地发展生物能源以及克服各种自然和社会问题的挑战,这也促使印度农业发展在开放与保护之间探索新的出路。第二次"绿色革命"能否战胜这些挑战,关键在于印度政府能否发挥领导作用,提高行政效率,使农业发展充分利用好信息和技术资源。

2006年以后,印度开始采取一系列措施,推行第二次"绿色革命"。近些年来,这些措施促进了印度农业发展水平的提高,但与此同时,受到国际自由贸易潮流和农业市场化改革的影响,印度在成功的道路上仍然面临着诸多挑战。这是因为印度农业更加开放的同时也更容易受到外部的冲击,而印度政府以政府干预和保护来促进本国农业的发展战略与农业的开放化和市场化相冲突,这会引发很多问题。本章力图对印度第二次"绿色革命"开启的原因、面临的挑战进行分析,并对这次农业新战略的前景做出展望。

一、开启第二次"绿色革命"的原因

当代印度仍然是一个农业大国。自印度独立以来,农业就是印度经济的重要决定性因素,是印度经济的支柱部门。当前,农业部门用占印度 GDP 少于 18% 的比重为印度 60% 的人口提供工作。[①] 这说明尽管印度的工业和服务业发展迅速,但农业部门吸纳的就业人口仍然是比例最大的,也正因如此,农业在印度的经济发展中有着举足轻重的地位。为了促进农业发展水平的提高,印度政府在不同发展阶段积极制定农业发展战略。因此第二次"绿色革命"的开启并不是偶然的,它的出台是受到印度国内外多方面因素影响的结果。

(一)第一次"绿色革命"对印度开启第二次"绿色革命"的影响

第一次"绿色革命"对印度农业现代化的影响是全面而深远的,它的主要经验是在政府的计划和指导下实现农业现代化,提高农业生产率。政府的高度领导便于农业生产技术的推广、配套公共服务和政策的及时完善,而通过由政府决定农产品价格,国营粮食公司进行收购和储存的措施也保障

---

① Understanding Agriculture Industry: Business Ideas, http: // www. entrepreneurswebsite. com/2011/ 02/26/agriculture – industry – of – india, 2015 – 05 – 02.

了印度农业市场的平稳和安全。但是在 20 世纪 90 年代初期,拉奥政府大刀阔斧地对印度长期奉行的进口替代的贸易发展战略进行了自由化改革,大幅降低进口关税,逐步取消进口限制;同时积极鼓励商品的出口。① 在这一政策的影响下,印度的农业市场不再受到政府的过多干预,印度政府对农业的重视程度也随之下降。这导致新世纪印度农业的发展和增长开始放缓,农村的社会问题得不到及时解决。2005 年 10 月,被称为印度"绿色革命之父"的著名农学家 M. S. 斯瓦米纳坦在一次研讨会上坦率承认:"农村的情况真是糟透了,如果我们不改善农业部门,整个国民经济将受到危害。"② 为了解决面临的新问题,印度政府认为有必要学习第一次"绿色革命"的经验来加强政府对农业发展的干预,实行有计划的农业发展战略。

此外,第一次"绿色革命"在取得成就的同时也遗留了许多问题,这也成为刺激印度政府制定农业新战略的原因。印度总理辛格曾指出第一次"绿色革命"的两点不足:一是对旱地农业没有好处;二是只对大农户和大农庄有利。③ 这体现了印度农业发展的不均衡,这种不均衡导致了印度粮食生产大部分集中在土地气候条件较好的地区,而旱地则越来越贫瘠。实际上,"绿色革命"的推广仅仅是在容易灌溉和雨量充沛的地区,许多没有充足水分的地区和城镇则被遗忘。尽管有证据显示在这些地区和城镇,政府会给予间接的补贴、更多移居的机会和便宜的食品,但是这些好处无法弥补不断扩大的收入鸿沟。④ 同时,由于大农庄和大农户更有条件改善生产技术、使用肥料,所以农业生产收益的分配更倾向于他们,而小农户依然贫困。此外,由于第一次"绿色革命"中大量使用有机化肥,导致长时间后许多土地肥力下降,影响了农业生产。因此印度政府希望通过新的农业发展战略解决

① 李好、刘晓华:《印度对外贸易自由化模式改革的启示》,《南亚研究季刊》,2011 年第 3 期。
② 王岁孝:《试论印度为何要进行农业第二次"绿色革命"》,《农业考古》,2010 年第 3 期。
③ 孙培钧:《绿色革命推动下的印度农业》,《中国金融》,2006 年第 9 期。
④ International Food Policy Research Institute,*Green Revolution:Curse or Blessing*? Washington,DC:IFPRI,2002,p. 4.

这些后遗症。

(二)印度的市场化改革对印度开启第二次"绿色革命"的影响

20世纪90年代,拉奥政府的市场化改革导致政府对农业的干预水平下降。实际上,印度的市场化改革对农业的影响是结构性的、深层次的。印度在1991年以后开启了自由化改革的进程,并采取外向型的贸易政策,随后,从1992年至2002年,印度国内生产总值年平均增长率达到6.1%。[①] 而取得这一成就的必要条件就是解除贸易壁垒的限制。这是因为在这一时期,印度政府积极采取对内自由化和对外开放政策,为此发布了一系列新的经济法规来废除或修改过去在半管制经济体制下盛行的各种限制性制度,促进市场开放。通过这些措施,印度农业实现了与世界经济的融合,农业产销结构也从内向型的自给自足模式转变为内向型和外向型兼有的模式,农产品也开始走向世界市场,从而使国内农产品生产更倾向于经济类作物。

这种市场化改革一开始对印度农业发展的促进作用是显著的。农产品出口竞争力明显提高,对于国内农业市场的繁荣也起到了积极作用。但是随着市场化改革的深入,其弊端也逐渐暴露出来。

首先,由于经济类作物可以通过出口获得更大的经济效益,因此它们被大量种植且导致许多粮食作物的用地被挤占。其次,许多小农也跟风种植,但是由于无力承担损失的后果,经常出现农民破产自杀。20世纪90年代初印度实行自由化改革之后,政府更倾向于工业的经济政策,使农业投资比例下降。由于农业商业化的扩展,许多农民转向了高风险的经济作物,在缺乏可靠信息的情况下,他们的选择常常被化肥公司和种子公司所主导。为了生产经济作物,印度农民大量借债,其中转基因的种子导致印度农民大量自

---

① Arvind Panagariya, The Triumph of India's Market Reforms: The Record of the 1980s and 1990s, *Policy Analysis*, No. 7, 2005.

杀。[①] 最后,尽管农业依然重要,但是它在国民经济中所占的份额正在下降,占国内生产总值的比重已经从 20 世纪 90 年代初的 30% 下降到 2006 年的 17.5%。这主要是在经济自由化的影响下,政府投资比例失调的结果。市场化改革引起的印度农业的变化和问题促使印度政府意识到单靠市场作用不能保障农业的健康发展,只有政府计划与市场作用相结合才能促进农业的健康发展,保障农民的利益。

(三)21 世纪印度的大国梦对印度开启第二次"绿色革命"的影响

长期以来,印度并不满足于在南亚和印度洋地区的大国或是主导国的地位,而且它也在努力追求世界大国的地位。21 世纪以来,随着印度经济的高速增长以及国际地位的不断增强,这种大国梦越来越强烈。但是印度想要实现自己的大国梦,就无法忽视农业的发展,这主要是因为:一方面,工业的发展需要农业作为基础,而农业的不发达将制约印度的现代化;另一方面,印度虽然有良好的农业条件,但是大部分农村人口依然贫困,贫困制约了印度的稳定和繁荣。

在印度,超过一半的就业人口来自农村,农业的发展状况与农村里大部分贫穷的农民有直接关系。所以从常识来讲,政府部门应该增加农村贫困人口的收益。不幸的是,印度政府的政策恰恰在做相反的事,反而增加了印度的贫困人口。[②] 大量的贫困人口直接影响了印度的经济发展和社会安定,这就是为什么印度经济虽然发展很快,但依旧是个贫穷的国家。改变这种现象的关键在于不应追求农业的片面发展,而应该更加注重分配的公平。因此印度要想解决这些问题实现自己的大国梦,就必须重视农业长期的发展战略,而不是简单追求市场效益,这成为印度高层发起第二次"绿色革命"

---

① 吴晓黎:《农民自杀与印度农业危机》,《社会观察》,2011 年第 7 期。

② Goodpal, Is India a Poor Country or Emerging Superpower? http:// goodpal. hubpages. com/hub/ Is – India – a – Poor – Country – or – Emerging – Superpower,2015 – 04 – 20.

的重要共识。

（四）国内外现实的新变化对印度开启第二次"绿色革命"的影响

进入 21 世纪,印度的农业发展开始受到内外部因素的影响,并出现了很多问题。

在国内因素方面,印度政府在 2006 年到 2010 年的"十一五"规划中指出,印度农村租佃地正在萎缩,农业成本增加,农业部门的资源正在流失。而这些现象的出现,除了第一次"绿色革命"的后遗症以及市场化改革的不足等原因外,还受到印度国内外各种现实变化的影响。在印度国内,人口激增、基础设施老化、生态环境恶化、城市扩张、自然灾害都影响了印度农业的发展。例如,由于没有有效控制人口增长的政策和措施,印度人口快速地增长,21 世纪之初人口已经超过 10 亿,而且大部分人没有受过教育。人口的快速增长加重了印度农业的负担,农业的发展速度已经和人口增长速度不相适应。同时,片面追求经济增长,导致生态环境破坏、城市扩张,再加上自然灾害等因素,使印度的农业用地正在减少,农业资源正在流失。

国外因素方面,由于中东地区的动荡,石油价格不断攀升,以及生物能源的发展热潮导致的粮食价格上涨带动了转基因种子的价格上涨。印度是石油进口国以及第五大转基因作物种植国,这些变化都影响印度农业生产的成本。在这些现实变化面前,如果还主要依靠市场的作用将影响印度农业的发展,因此需要政府发挥调控作用,制定新的有效的农业发展战略,控制这些变化所带来的消极影响。

在以上这些因素的作用下,印度的农业发展实质上并没有完全满足印度的发展需要。进入新世纪,印度的粮食安全危机也开始显现。自 2005 年开始,粮食产量渐渐无法满足国内人口的日常所需,印度首次从"小麦出口国"变成了"小麦进口国"。在万般无奈的情况下,印度政府于 2006 年 7 月进口了 300 多万吨小麦以缓解国内的粮食紧缺。2007 年,印度又从国际市场进口了小麦。① 正在这一时期,辛格政府上台。吸取前任政府在经济高速发展中倒台的教训,辛格政府致力于采取保护本国农业的政策,从而成为促使第二次"绿色革命"开启的直接原因。正如辛格所说:"我们所有人都为'绿色革命'帮助我们克服食物短缺和驱除饥饿的幽灵而感到骄傲,但是我很清楚我们需要一个基础深厚、范围广泛和可持续的第二次'绿色革命'。"②

(五)生物技术的更新进步对印度开启第二次"绿色革命"的影响

第一次"绿色革命"时,印度引进了先进的生物技术,以杂交技术为代表的作物改良方式将水稻从高秆变成了抗倒伏的矮秆,大大提高了水稻的抗逆性。杂交技术又将水稻产量提高到了一个新的高度。可是任何一项技术都有其缺陷,杂交法改良作物周期长,结果不确定性大,失败率高。于是在提高产量上再一次遇到了瓶颈。这时候的科学界早已公认 DNA 是遗传物质,基因研究更是一日千里,人们开始思考,既然生物的一切都由基因来控制,那么能否通过改变基因的方式来培育高产、抗逆的作物新品种? 这种想法也就是转基因技术的雏形。人们开始在实验室里尝试这种技术,从微生物到植物再到动物,基因的相互杂交突破了物种的界限。终于人们制造出了能够生产胰岛素的大肠杆菌,继而又有转基因烟草、转基因番茄等。随着基因组计划的开展,对于某一物种,包括人类全基因组大规模测序,使得人们对于基因的了解又深入了一层。基因技术的进步和转基因的精准改良、大幅增产等优良性能也逐渐被全世界所公认。印度当局突然发现,国内应用的技术早已"更新换代",更加精确、高效的育种方式已经在美国出现,对相关技术的研究也成为国际热门课题。相比于第一次"绿色革命"的技术,

---

① 世界粮储只够吃 57 天,粮食危机阴影笼罩全球,http://www. huanqiu. com/www/115/2007 - 11/25914. html,2015 - 05 - 06.

② Manmohan Singh,India Needs Another Green Revolution,http://www. thehindu. com/sci - tech/article2233318. ece,2015 - 04 - 06.

这种技术的诱惑力似乎更大,它清洁无污染,不用大量施用化肥农药,解放了大量劳动力,似乎是未来农业发展的大势所趋。而在国外,转基因技术不仅仅在实验室表现优异,而且已经大规模应用,出现了一些诸如孟山都、拜耳等生物技术公司。这些公司不仅推动着技术进步,而且靠着这些技术日进斗金,快速发展壮大成为跨国企业。当这些跨国公司带着技术来到印度时,印度政府意识到,技术早已发展,跟上并应用先进的技术,是维持第一次"绿色革命"优势的必由之路,于是大规模的第二次"绿色革命"开始了。从客观上来看,无论是第一次"绿色革命"还是第二次"绿色革命",都是印度试图赶上世界技术前列的努力过程,技术的进步是印度"绿色革命"的风向标和外部动力。

二、印度第二次"绿色革命"的开展与挑战

"绿色革命"中"革命"这个词代表着要打破之前存在的状况,暗示了转变是很快的,但是它更谨慎的来说,就是找出不同于传统农业发展的道路,这条道路会使农村变得更好,尽管还有很多的限制。印度的第二次"绿色革命"实质上就是这样一种革命,它的主要特点是既依靠市场作用,又使农业发展回归到政府计划和指导之下,通过制定和实施高效的农业发展战略开创出农业发展的新道路,使农业成果惠及所有农民。为了实现这一战略,印度政府制定了《国家农业发展计划》和《国家粮食安全计划》。

印度第二次"绿色革命"的农业发展战略主要体现在以下五个方面。第一,引进和创新先进技术,培养优秀的农业人才和农村农业技术队伍,使他们可以直接和快速地服务于农业生产,鼓励科研院所和大学探讨印度农业发展面临的新课题,例如生物遗传工程、高效无毒的农药、新品种的引进与改良等。第二,改善农村和农业基础设施,改良农村的生产生活条件,为农村提供农具和机械设备,帮助贫困的农民提高生产效率。提高农民教育水

平,投资建立农村学校(Farm School)和农业田野学校(Farmer Field School),奖励有突出贡献的农民。第三,采取激励措施鼓励大公司和企业向农村投资。同时,健全和完善农产品市场销售机制,取消僵化的限制,打通市场运行中的各种渠道。此举旨在为农民创造更多的商机。此外,政府要求以公平有利的价格结清农民应得的款项,使农民在农产品的销售中得到较高的回报率,并在国际市场价格下跌时对农民提供足够的进口保护,继续制定和执行有利于农业发展和农产品贸易的条款。第四,缩小农民的贫富差距,促进农业发展能够惠及所有农民。改善农村信贷和保险,为小农提供优惠的贷款,使农作物利率降低到4%。并且,中央政府和邦政府必须建立风险基金,为农民提供资金援助。另外,印度政府还颁布了最低工资法和农业工人综合保护法,保护农民的利益。第五,加强对计划生育的宣传工作,使印度的计划生育、人口的增长与经济发展逐步进入一个良性的、同步发展的阶段。

随着这些措施的实施,印度的农业发展步入了一个新的时期,农业投资显著增加。农业的投资占 GDP 的比例已经从 2004—2005 年的 2.56% 增加到 2009—2010 年的 2.97%。[①] 但与此同时,第二次"绿色革命"并不是在一片坦途中前进,而是从一开始就面临着诸多挑战。这些挑战使印度农业的第二次"绿色革命"始终徘徊在农业市场的开放与农民利益的保护之间。这也成为印度政府在制定和实施农业发展战略中面临的重要问题。

20 世纪 90 年代之后的印度农业市场化带来两个后果,一个是国内农业市场化水平的提高,另一个是国内农业市场与国际农业市场的联系越来越紧密。这就使印度第二次"绿色革命"产生了实际上不同于第一次"绿色革命"的实施条件,也就是国内农业市场的自由化和农业贸易的国际化,使政

---

① India Needs Second Green Revolution, Feb 26,2011, http:// articles. economictimes. indiatimes. com/2011 - 02 - 26/news/28636051_1_indian - agriculture - gross - capital - formation - green - revolution,2015 - 05 - 08.

府对农业部门的调控能力相对下降。同时,印度大力鼓励投资和技术引进的政策,使许多跨国粮食巨头进入印度的农业市场。虽然这些跨国粮食巨头为印度的农业发展带来大量的资金和先进技术,但是他们不仅逐步控制了印度农业市场,也在损害着印度农民的利益。其中最明显的两个例子就是转基因作物的种植和《与贸易有关的知识产权协议》的争议。

长期以来,跨国粮食巨头与世界粮价的变化有密切关系,他们操控世界粮食价格的定价权,推行转基因作物,垄断世界农业贸易市场。20世纪90年代印度农业市场进一步开放,他们的触角也深入进来,推销转基因作物成为其占领印度农业市场的主要工具之一。然而转基因作物的实际产量和这些跨国公司吹嘘的产量有很大的差别,导致印度许多农民投入了大量金钱后却没有得到公司所说的回报,从而大量破产。例如国际粮食巨头孟山都公司从20世纪90年代就在印度布局销售转基因种子,并声称转基因作物非常适合小农户耕种。然而实际情况是,很多人购买了孟山都的转基因种子后并没有获得预期的效果,再加上许多农民实际上是从私人机构进行贷款,一旦收成欠佳则无力偿还。而这些私人贷款机构大都和这些跨国粮食巨头有着千丝万缕的联系,很多的贷款商人竟然是孟山都的经销商。

另外,顶级跨国公司和农业商业化主导的转基因公司仅仅是为了既得利益,但由于转基因作物可能导致单一种植和生物多样性的毁灭,它对一个国家来说就是生物武器。[1] 印度的农业产业化就配合了这种"生物武器"。尽管产业化会提高农业生产效率,但是产业化的农业却推动了单一种植。由于单一种植满足了对生产的集中控制和集中分配,使得单一种植和公司垄断得以相互强化。[2] 当跨国粮食公司对转基因专利的垄断与越来越明显

---

[1]　Paras Chopra, Akhil Kamma, Genetically Modified Crops in India: The Current Status of GM Crops in India, http://www.docin.com/p - 586824824. html, 2015 - 04 - 06.

[2]　[印度]范达娜·席瓦:《失窃的收成——跨国公司的全球农业掠夺》,唐均译,上海人民出版社,2006年,第10页。

的单一化种植相联系后,就达到渗透和掌控印度的农业发展进程,以获得垄断利润的目的。

但为什么转基因作物能够在印度大行其道,而印度政府的农业发展措施却无法趋利避害呢? 首先,印度政府一直承受着来自生物技术公司和跨国粮食巨头的巨大压力。这些公司和集团有足够的财政资源去获取政治支持,减少政策阻力。同时,通过技术宣传影响人们的思维,对政府构成压力。其次,许多印度农业的科学家像特洛伊木马一样,成为转基因公司控制的工具。正如一位印度人士所分析的:"在过去三十年中,科学的突破没有展现什么,转基因作物将保证科学生计。"①最后,2003 年,印度通过了《生物技术多样性法案》。该法案除对有关人类基因的生物技术成果不授予专利权外,对一般转基因动植物给予专利保护。也就是说,一旦某基因成了一个人或者一个组织的"专利",那么针对此基因的开发都要经过专利所有者的授权。大公司手中握有先进的科研设备和大笔资金,很有可能抢注基因专利,掠夺甚至垄断印度基因资源。这就为跨国粮食巨头们垄断和合法地推行转基因作物提供了支持。很多科学家认为,随着世界从转基因作物对人的健康和环境危害中醒来,印度很快变成了新技术的垃圾厂。

实际上,这样的结果也和 WTO 框架下的《与贸易有关的知识产权协议》有很大关系。在这一协议的支持下,跨国粮食巨头实际上垄断了转基因技术的专利,而在技术落后的发展中国家,这些技术实际上是他们农业发展的命脉。因此印度在保护农业和农民利益的时候也面临着专利权的挑战。印度即使想要保护本国农民的利益,也要考虑到专利权的问题,不能贸然采取措施,公然违反国际条约,损害本国形象,影响长远发展。这实际上是印度政府的一个两难选择。选择农民利益就会影响到国际契约,选择遵从契约

---

① Paras Chopra, Akhil Kamma, Genetically Modified Crops in India: The Current Status of GM Crops in India, http://www.docin.com/p - 586824824. html,2015 - 04 - 06.

就会损害农民利益。印度的做法可能更倾向于在这二者之间达到一个平衡,以期能够既保护农民利益又不太激怒国际社会。可是这个问题的根本矛盾迟早会爆发,印度应该及早做好准备,应对爆发之后的选择和冲突。

　　印度如果采取保护本国农业的措施就需要一定程度的贸易保护主义,但在国际贸易自由化的大旗下,以及 WTO 的框架下,印度的农业保护主义必然与外国公司的专利权产生冲突。因此在国际贸易中,印度长期以来对 WTO 的《与贸易有关的知识产权协议》持有异议,但是印度又是该组织的成员,承受着来自国际规范的压力。从 2005 年开始,700 多项食品、农业化学和生物技术部门的专利被认证。重要的是,从印度独立以来,印度政府第一次在这些部门认可生产专利,从 2005 年 1 月到 2008 年 8 月,271 项专利通过认可,而其中 70% 是来自外国公司和个人的。[①] 同时,印度担心大量跨国公司拥有的专利会提高农产品价格,增加农业成本,从而危害印度粮食安全,但是印度又不能违反贸易规则。有学者研究指出,印度政府有必要在《与贸易有关的知识产权协议》框架下采取灵活性的政策去保护食品部门和农民的权利,否则正如孟山都的例子一样,印度的农业前途将可能不在自己手中。

　　实际上,印度一直坚持在农业市场开放的基础上,积极保护自身的利益。在国际贸易中,尤其是和农业发达国家的博弈中努力捍卫自身的权益。印度实施的贸易自由化改革,尤其是进口贸易自由化,并非意味着允许所有的农产品自由进口。从表面上来看,印度农产品进口的贸易保护程度在不断下降,但是为了维持农产品价格的稳定和保证粮食安全,印度政府利用了相应的进口贸易政策工具,这些政策工具主要包括关税配额、进口关税和进

---

　　① Jagjit Kaur Plahe, The Implications of India's Amended Patent Regime: Stripping Away Food Security and Farmers' Rights, *Third World Quarterly*, No. 6, 2009.

口垄断。① 通过这些工具,印度为本国农业筑起了保护壁垒,但这也受到发达国家的批评。

印度政府在新一轮的多哈回合谈判中主张,发达国家必须首先履行其应该承担的义务,即率先削减对农产品的高额补贴,只有这样才能谈发展中国家义务的承担问题。印度政府积极参与世界贸易规则制定的做法,有效地维护了印度的国家利益,并为印度企业提供了更加平等、自由的国际贸易环境。② 印度在多哈回合谈判中,在保护机制方面始终无法与美国达成协议,主要就是为了在谈判中尽可能保护本国农业,对美国提出的农业开放的要求,保持谨慎态度。

除了开放和保护问题而引起的挑战外,第二次"绿色革命"还面临着新能源发展的诱惑,以及印度的农业发展条件的局限性和社会问题的挑战。在新能源产业的诱惑方面,随着 2001 年反恐战争的爆发,由于中东地区的持续动荡以及委内瑞拉等产油国家能源民族主义的抬头,石油、天然气等能源价格飙升。受此影响,美国大力发展生物能源,并制定了相关的战略计划。在美国的带动下,全世界开始兴起发展生物能源的热潮,印度也开始关注生物能源的发展。印度是一个严重依赖石油进口的国家。由于印度的石油储量并不丰富,为了保障能源安全,2005 年 8 月,印度总统卡拉姆在纪念印度独立 59 周年时发表讲话,提出"到 2020 年实现全面能源安全,到 2030 年实现能源独立"的目标。③ 为此,印度在第二次"绿色革命"中大力倡导开发风能、太阳能、生物燃料等新能源。由于生物燃料主要来自农业,而印度作为农业大国有这方面的优势,所以印度对开发生物燃料有很大的兴趣,在 2008 年还制定了《国家生物燃料政策》。印度政府也启动了生物燃料方面的国家

---

① 董运来、余建斌、刘志雄:《印度农业贸易自由化改革——基于粮食安全视角的分析》,《中国农业大学学报》(社会科学版),2008 年第 3 期。

② 文富德:《印度经济全球化研究》,巴蜀书社,2008 年,第 733 页。

③ Abdul Kalam,Energy Independence Has to be Priority,*Indian Express*,2005 - 08 - 15.

任务目标,即在未来几年内实现在混合燃料中添加20%的生物柴油。[①] 但是美国的实践已经证明,发展生物能源会消耗大量的农业资源。在印度这样的人口大国中,大部分人口仍然无法得到足够的粮食,如果大力发展生物燃料,印度的粮食用地会被大量挤占,粮食会供需失衡。

印度对新能源的补贴政策还会使很多的大农场主为了追逐利益而大量生产用于生物燃料的农作物。一项关于麻疯树栽培作为在马哈拉施特邦就业保证计划园林项目的一部分的研究显示,补贴政策只有利于大的农场主。[②] 由于农业用地的不足和占用大量的土地来满足生物燃料所需原料种植的需要,生物燃料作物成为对粮食生产和森林的一种威胁。如果生物燃料的产业利润越来越大,很难保证一些农场主不用粮食作为生产资源。

印度的农业发展也受限于它的自身条件和社会特殊情况。印度的水资源分布不均衡、基础设施陈旧老化,再加上农业面临着自然灾害的侵袭,使一些边远的乡村农业发展水平落后。例如,2009年印度许多地方遭遇了80年一遇的严重灾害,当地粮食歉收,商人操纵市场,粮价暴涨,许多穷人生活困难。同时,印度农村的种姓、种族冲突也经常影响印度的农业生产,像历史上的纳萨尔巴里运动等。这些都不同程度地影响到了印度农业新战略目标的实现,干扰了第二次"绿色革命"的发展进程。

因此印度的第二次"绿色革命"从一开始就不是在一帆风顺中前进,对印度来说,21世纪是机遇与挑战并存的时代,而对印度农业的发展同样如此。

[①] Planning Commission in Government of India, Report of the Committee on Development of Biofuels, 2003, http: // plan - ningcommission. nic. in/reports/genrep/cmtt_bio. pdf, 2015 - 04 - 20.

[②] Deepak Rajagopal, Rethinking Current Strategies for Biofuel Production in India, http: // www. iw-mi. cgiar. org/EW - MA/files/papers/rajagopal_biofuels_final_Mar02. pdf, 2015 - 04 - 20.

三、展望

印度的第二次"绿色革命"实际上是一种从片面追求农业的经济收益向兼顾农业的社会经济收益的结构性调整，这种调整使农业发展不再是只关注农产品的收益，而是同时关注农业区域发展和农业收益分配的平衡。在这个基础上，侧重照顾贫农的利益，在生产和分配过程中保证公平公正。这种发展方式的转变是在总结了土地改革、第一次"绿色革命"以及市场化改革的经验和教训的基础上实现的。因此，在印度独立以来的农业发展道路上，每一个阶段的农业改革都不能割裂来看，它们之间存在着继承、发展、创新的关系。而在这一系列过程中，政府发挥了神经中枢的作用，政府不仅是政策变化的制定者，也是政策的具体实施者。在第二次"绿色革命"中，政府仍然发挥着关键作用，所以改革的关键是政府能否有效发挥领导作用。但是政府的腐败是困扰印度政府政策合法性以及政府工作效能的最大阻力。

由于印度政府腐败和行政效率低下，印度民众对农业改革计划的实现产生了怀疑。这种怀疑将影响印度政府未来的政策执行力。政府的政策执行效率不仅影响着第二次"绿色革命"能否顺利开展、真正惠及人民，而且影响着民众对于政策的接受度。政府在技术上的投资如果拖沓浪费，真正到达基层的就所剩无几，那么就根本不可能达到印度政府所谓的"推动自主创新"的目的，印度的粮食安全就可能落在外国公司手中。腐败导致民众对政府的不信任，对政策的不接受。印度政府希望推广转基因作物，各种不和谐的声音就会出现并且引爆这种不满情绪，影响社会稳定和发展。政府的行政效率，对于科学的自主创新和社会和谐的建设都是至关重要的影响因素，政府的做法是社会的表率，如果政府官员用科研经费中饱私囊，那么科技工作者也会消极怠工、得过且过。所以，也许第二次"绿色革命"的想法很美好，可是其推行者——印度政府究竟能在何种程度上实现这种美好的设想却是一个难题。在印度,军工、公共工程早已经成了腐败的重灾区,[1]国家拨发给农村用于基础设施建设的费用中,真正到达基层的只有 15% 左右,而其余的大部分款项被以各种名目截留。[2] 印度政府如今并没有一套行之有效的权力制约和监督机制,高效政府的构建是一件任重道远的事情,也是"绿色革命"能否成功的关键因素。

不仅如此,印度政府能否处理好农业技术和信息的掌握与传播,是实现农业战略可持续发展的关键。虽然经历了几次技术革新,但是印度的许多农村仍然保留着传统农业结构。而印度政府要想实施一个可持续的农业发展计划,就需要将新的技术和传统农业模式明智地结合起来。同时,正如前文所述,印度的大部分农业技术专利掌握在外国公司手里,因此只有鼓励本国的技术创新,才能改变这种不利的局面。另外,让农民充分掌握可靠的信息是保障农民权益的有效措施。在印度,对于农村和农业发展来说必须考虑的现实是:不同的区域、组织和社区对信息有不同的申请和要求。所以,印度政府在传播信息时,要充分了解各地的需求,让这些地区及时掌握有用的信息。在这一方面,印度还可以充分发挥自己作为 IT 大国的优势。IT 能够帮助印度农民得到关于农业进口、农作物生产技术、农业生产过程、市场支持、财政援助和农业商业管理的信息。[3] 信息不对称是不公平的开始,外国公司掌握了更多的技术方面的信息,也就掌握了转基因技术的主动权。而政府掌握了更多信息不对民众公开,民众就会产生不公平感。通过网络给予农民更多的关于转基因以及国内外转基因产品的信息,有针对性地给予更多技术上的指导与帮助,让农民能够更加明智、理性地选择自己使用的产品和工作方向,从而实现政府与农民的良性互动,是政府与农民互动的可

---

① 张树焕:《民主视角下的印度腐败原因探析》,《南亚研究》,2012 年第 4 期。

② Nalini Kanta Dutta, *Corruption in Public Service*, New Delhi:Anmol Publications,2006,p. 17.

③ Narendrasinh B. Chauhan, Information Technology for Agricultural Development in India, http://agropedia. iitk. ac. in/openaccess/sites/Default/files/WS% 2014. pdf,2015 – 05 – 02.

选途径之一,也是发动群众力量抵抗外国"转基因"入侵的有效选择。

因此,印度第二次"绿色革命"只有真正发挥政府高效率的职能,有力地落实印度的农业发展战略,努力开展科技创新,让农民掌握充足的信息,才能实现农业的可持续发展,振兴印度的农业。

第七章 非洲『新圈地运动』及其启示

　　非洲"新圈地运动"指的是近年来在非洲兴起的大规模跨国土地交易热潮。在粮食危机、能源危机和金融危机的背景下,投资国出于粮食安全、发展新能源以及寻找更为稳妥投资方式的考虑,纷纷到非洲尤其是撒哈拉以南的非洲地区进行圈地,以发展粮食种植或者生物能源项目。非洲国家希望通过吸引外资以发展经济的愿望非常强烈,争相出售或者出租土地。在投资国与非洲国家的博弈中,经济、国际影响力等方面实力的差距使得投资国占据主动地位,而非洲国家成为博弈中获益较少的一方,并且非洲国家还面临着圈地带来的经济社会发展和环境保护等方面的问题。如何在"新圈地运动"中实现双方共赢,摆脱零和博弈的模式是一个值得非洲国家思考的问题。

　　近年来,全球投资者掀起一股海外屯田购地的热潮,这一现象被称为"新圈地运动"。此处的"新"主要区别于过去的"旧",人们一般将西方国家在殖民地时代开展的农业投资称为旧的圈地运动,将近几年全球范围的海外农业投资称为"新圈地运动"。非洲是"新圈地运动"的焦点,在非洲大陆,大量土地被国外投资者收购或租赁,用于发展大规模种植业。

"新圈地运动"的兴起并非偶然,它有着深刻的时代背景。在全球化和市场化程度如此之高的今天,这些大规模跨国土地交易并非简单的市场行为,跨国公司、国际组织、相关国家政府和社会团体都牵扯在内,粮食、能源、环境等全球性议题交织其中。由于"新圈地运动"的资料有限,相关研究不多,因而人们对它还缺乏认识和了解。

一、新圈地运动的背景溯源

(一)传统能源的危机与生物能源的兴起

经济发展是世界各国关注的中心议题,而经济发展是以能源消费为基础的。随着世界经济的发展,尤其是一些新兴经济体正以史无前例的速度实现经济增长,能源消耗的速度也十分惊人。目前全球超过80%的能源还是以煤、石油和天然气为主的化石燃料,[①]作为不可再生能源,能源需求的增长必然带来化石燃料储量和产量的下降。在可预见的将来,现有的化石燃料将逐渐满足不了全球日益攀升的能源需求。对于经济发展高度依赖石油的各国而言,能源短缺即使尚无近忧,也需要提早做出长期之计。除了储备有限,像石油这样有重要战略意义的能源资源,其在国际市场上的供需关系和价格也具有不稳定性。由于中东地区局势不稳,影响了石油供给,导致20世纪70年代之后曾爆发三次石油危机,对世界经济造成严重的冲击,因此如何降低石油危机的风险也是各国政府需要考虑的问题。

---

① Adam Sieminski, *International Energy Outlook* 2013, Washington: Center for Strategic and International Studies, 2013, p. 2.

更重要的是,除去传统能源的不可再生特性和储量减少之外,人们对大量使用化石能源所带来的环境生态危机愈加关注。能源危机本身并不是传统能源的唯一危机,气候变化等环境问题的存在已成为不争的事实,这也被认为与化石燃料的大量使用有着密切关系。国际社会已经就采取行动应对气候变化的必要性达成共识,2009 年哥本哈根气候峰会的召开和 2016 年《巴黎气候变化协定》的签署促使各国直面采取切实有效的行动减少温室气体排放的紧迫性。欧盟已承诺于 2050 年减排 95%,其他国家也难以在压力下无动于衷。减少化石燃料的使用,寻找更为清洁、更低排放的替代能源势在必行。

在传统能源储量日益消耗、石油价格存在较大波动的形势下,减少温室气体排放、寻求新型能源又迫在眉睫,于是生物能源的大规模开发成为一种新趋势。在当前的跨国土地交易中,农业投资占绝大部分比例,而跨国土地农业投资中,生物能源投资的成交量已经达到了全球第三,仅次于粮食生产投资及多种作物共同种植的多重性投资的成交量。而非洲基于其丰富的自然资源无疑成为生物能源开发者所觊觎的重要目标。[1]

通过对海外土地农业投资生产的作物用途的分析,还能推断出各地区所接受的不同海外土地投资占总投资的比例,即投资目的占比。最新的数据显示,在当前的跨国土地交易中,非粮食作物投资目的和多种作物共同种植的多重性投资目的分别占比 41% 和 35%,而粮食作物投资目的的占比仅为 8%。非洲地区接受的跨国土地投资中,非粮食作物投资目的和多种作物共同种植的多重性投资目的占比各达到了 61% 和 22%,其非粮食作物投资所占的比重已经远远超过了全球平均水平。[2]

---

① Kerstin Nolte, International Land Deals for Agriculture, Fresh Insights From the Land Matrix: Analytical Report II, 2016, p. 11.

② Land Matrix, http://landmatrix.org/en/get – the – idea/agricultural – drivers/.

（二）全球粮食危机和金融危机

粮食是人类生存的基础资源，也是每一个国家具有战略意义的重要资源，保证粮食安全在任何一个国家都是最高优先级的目标。然而进入 21 世纪以来，与技术进步和生产力提高相伴随的是，粮食危机爆发的频率不但没有减少，反而有所增加。仅 21 世纪头 10 年，就爆发了两次全球性的粮食危机，而在这两次粮食危机之间，粮食价格也始终处于一路飙升的状态。据统计，从 2003 年到 2008 年，全球的玉米和小麦价格翻了一番。粮价的激增在 2008 年前后尤为明显，直至再次爆发席卷全球的粮食危机。这次危机的影响之大、范围之广远远超出预期，甚至连最大的粮食生产和出口国美国都未能幸免，美国本土的食品零售商一度限制大米的购买数量。

事实上，根据联合国粮农组织（FAO）的调查，这次粮食危机的发生并非由于粮食产量无法满足全球的食品需求。首先，其根源还要追究到能源危机的延伸，石油价格攀升导致运输费用增加，化肥等生产资料价格随之上涨，生产中各个环节的成本都有所增加。其次，由于美国和欧盟等国家和地区大力开发生物能源，把玉米等粮食作物作为原料投入到能源工业生产中，造成全球粮食供应的急剧下降。再加上近年来全球气候变化，极端性灾害天气多发，对受灾国的粮食生产构成了威胁，产生了粮食供应不足的恐慌。最后，国际热钱利用这种市场恐慌炒作，投机资金流入国际粮食市场，进一步抬高了粮食价格。

国际粮食市场的不确定性因素增加，在本土耕地已经没有更多开发潜力的情况下，为了保障本国的粮食安全，许多国家开始积极向海外的土地寻求出路，通过跨国土地交易进行圈地屯田。日本在 20 世纪 70 年代就开始了海外屯田，农业对外直接投资的存量增长了近 6 倍，主要以输送农场工人和进行海外耕地投资为主。

同时，2008 年始于美国的次贷危机发展成为波及全球的金融危机，金融投资的巨大风险给投资者留下深刻印象,他们开始把目光投向更为稳妥的投资项目。美国、欧洲本土的土地价格非常昂贵,可供投资的土地也比较少,而非洲一些地区土地肥沃且价格非常低廉。通过使用现代化的生产技术,改善基础设施条件,可以极大提高这些土地的产出。非洲的土地投资成本较低,可预期的收益也较为丰厚,符合"低风险高收益"的稳妥投资的标准,因此这里成为国际投资者青睐的目标。

国际金融危机也激化了非洲国家所面临的国际国内双重矛盾和压力。由于经济结构上的缺陷,非洲国家对于经济风险的抵抗能力较低,在金融危机中受到了较大的冲击。为了恢复和发展危机之后的经济,非洲国家非常需要获得境外直接投资进行项目建设,以带动就业和经济增长。土地是非洲国家手中对外资最具吸引力的资源之一。与此同时,经济的衰退加剧了非洲的贫困形势,低收入群体的生计更加艰难,非洲国家首先要面对大量民众尚处于饥饿之中、本国粮食安全无法得到保障的现实情况。

二、非洲圈地的现状

(一)圈地的规模

新圈地运动被认为是经济全球化背景下商品化扩张内容的一部分,它受到国际局势和国际市场变化的影响非常明显。根据世界银行的一份报告,2008 年之前,全球每年只有不超过 400 万公顷的土地被收购或租赁,到了 2009 年,这一数据增长到 4500 万公顷。① 在当前的跨国土地交易中,美国、马来西亚、新加坡、巴西、阿拉伯联合酋长国、中国、英国、印度、荷兰和沙

---

① World Bank, World Development and Climate Change, *World Development Report* 2010, Washington, D. C. : World Bank, 2010, p. 134.

特阿拉伯依次是全球土地投资资本输出国的前十名国家。[1]

非洲正是新圈地运动的主要阵地,全球土地交易的总量超过一半发生在非洲。而且相比于非洲各国国内的投资者,海外投资者才是非洲新圈地运动的主力军。根据联合国粮农组织的估计,近几年非洲超过 2000 万公顷的土地被外国投资者获得,其中有很多土地交易的规模都在 1 万公顷以上,甚至有些达到了 50 万公顷。[2] 非洲的跨国土地交易大多集中在撒哈拉以南的国家和地区,根据最新数据显示,位于非洲的刚果民主共和国、南苏丹、莫桑比克和刚果共和国这四个国家已经成为当前全球跨国土地投资的主要目标国,占据了全球接受跨国土地投资总额最多的前 10 个国家的 2/5,分别位列第一、第五、第六和第八。[3] 此外,其他撒哈拉以南的国家也存在或多或少的土地交易情况。

由于许多土地交易的信息并没有被全部公开,非洲圈地的具体信息无法被完全统计,我们只能从现有的已公开资料中了解各投资国在非洲圈地的力度。撒哈拉南部非洲的土地投资者主要来自欧洲、亚洲,也包括个别非洲国家。

就欧洲而言,欧洲的土地投资者主要包括法国、德国、挪威、瑞典、意大利和英国等国,这些国家的跨国公司到非洲圈地主要是用于生物能源项目的开发。瑞典一家公司已经在坦桑尼亚开发了 40 万公顷土地用于种植生产生物能源的作物。[4]

来自亚洲的投资者,或为资金雄厚的石油出产国,或为经济发展较为迅速的国家。一方面本国可耕土地有限,人地矛盾紧张,需要依靠海外种植保

① Land Matrix, http://landmatrix.org/en/get – the – idea/web – transnational – deals/.

② Peter V. Schaeffer, *Economic Methods for Analyzing Economic Development*, Hershey, Pennsylvania: IGI Global, July 2013, pp. 111 – 130.

③ Land Matrix, http://landmatrix.org/en/get – the – idea/web – transnational – deals/.

④ Prosper B. Matondi, *Biofuel, Land Grabbing and Food Security in Africa*, London: Zed Books, 2011, p. 27.

证粮食供应,另一方面希望通过发展生物能源缓解经济发展带来的能源压力和生态环境压力。例如,韩国在苏丹获取了69万公顷的土地用于小麦种植,以99年的租约租赁了马达加斯加130万公顷土地,用于种植玉米和棕榈等作物;来自印度的公司获得了马达加斯加46.5万公顷的土地,种植水稻销往印度;中国公司在刚果民主共和国圈地280万公顷种植油料作物;阿拉伯联合酋长国在苏丹投资了超过40万公顷的土地种植玉米;[1]沙特阿拉伯则是最不遗余力推行海外土地收购的国家之一,在埃塞俄比亚和坦桑尼亚都有大片的土地用于种植销往沙特国内的粮食作物。

非洲国家中,埃及、利比亚、南非等国也积极寻求在非洲其他国家进行圈地。埃及在乌干达、苏丹都有大规模的小麦种植项目;利比亚租得马里的10万公顷土地种植水稻;南非则是非洲的土地投资大户,仅在刚果民主共和国就有上千万公顷的租借土地。

(二)土地用途与开发项目

当前全球的跨国土地投资主要有四种用途,分别是农业种植、林业种植、发展旅游、发展工业,其中,农业种植中也包括了生产生物能源的作物的种植。[2]纵观非洲土地跨国经营的项目,外国投资者在非洲购买或者租借土地主要有两个用途:一是用于种植粮食作物,二是种植用于生产生物能源的作物。这种投资经营倾向与石油峰值的预期、化石能源导致的环境污染和日益攀升的粮食价格有着密不可分的联系,也决定了国外投资者在非洲种植和生产的粮食、油料等产品将有很大一部分回销其国内,优先用于满足本国的消费需求。根据本国对粮食和能源需求的不同以及投资项目所在非洲国家国内市场情况的差异,所生产产品的流向不同,与当地市场联系的密切

---

[1]　Prosper B. Matondi,*Biofuel*,*Land Grabbing and Food Security in Africa*,London:Zed Books,2011,p.28.

[2]　Land Matrix,http://landmatrix.org/en/get－the－idea/dynamics－overview/.

程度也有所区别。

欧洲的发达工业化国家、亚洲的石油输出国,甚至来自非洲大陆的一些国家都成为"新圈地运动"的投资者。按照上述土地用途来划分,这些投资者们大致可以分为两类:一类是本国粮食生产早已实现自给,吃粮不愁,他们参与"新圈地运动"主要是考虑到未来可能出现的能源枯竭问题,以及对低碳环保的新能源的重视,希望利用他国土地种植生物能源作物,进行生物能源的科技研发,积极投身于该运动对于这些国家来说更多地像是"未雨绸缪",比如欧洲诸国;另一类则是受制于自然禀赋不足或者国内庞大的人口基数,这些投资者需要借他国土地生产更多的粮食补充母国国内的消费缺口,比如亚洲的石油输出国。随着全球化的不断深入,主导国际经济秩序的发达国家能够利用手中的各种权力工具,更容易地推动第三世界,尤其是非洲那些土地"过剩"、农业生产落后的国家出售或者租借本国的土地。

据最新的数据调查显示,目前在刚果民主共和国中,接受了跨国投资的土地的总面积达到了 7054831 公顷。[①] 在刚果民主共和国的 34 个跨国土地投资项目都主要瞄准了农业种植和林业种植,[②]其种植的作物包括粮食作物、油棕和树木等。由于大湖区肥沃的土壤和巨大的发展潜力,目前土地交易在刚果民主共和国的经济发展当中占据着核心位置,农业生产构成了刚果民主共和国国民生产总值的41%。对于占据该国绝大部分人口的小农户来说,拥有土地对于他们的生产生活至关重要。并且,在该国的某些地区,有90%的民众居住偏远,而除了土地之外的其他选择对于他们来说通常都是毫无意义的。除此之外,在相对富有的城市群体和贫困的偏远乡村之间存在着巨大的发展差距。随着对于土地的争夺愈演愈烈,对于相对弱势的群体以及他们的土地权利来说,他们的生活环境正在恶化。与此同时,该国

---

① Land Matrix, http://landmatrix. org/en/get – the – idea/web – transnational – deals/.
② Land Matrix, http://landmatrix. org/en/get – the – detail/by – target – country/?starts_with = D.

的一些地方政府越来越频繁地卷入了利润可观的土地交易中。一般来说，他们把土地视为发财致富的一种手段，并且不在意剥夺弱势群体权益的后果。[①] 在尼日利亚伊莫州和西部奥韦里政府辖区，被占有的土地被转换为建筑用地，尤其是酒店和其他建筑物，占比74%，而26%的土地被用于其他的非农建设。长此以往将导致粮食产量的下降并削弱该区域的农业生产能力。[②]

自21世纪以来，国外资本在马达加斯加、埃塞俄比亚、马里和加纳投资了大约30亿美元用于粮食生产，其中有少部分投资是针对土地所在国的国内市场，而其他主要投资用于出口。在生物能源生产方面，11.7亿美元的投资全部投入到出口商品的生产。[③] 由此可见，投入在粮食生产领域的国外直接投资与投资目标国的国内市场联系相对较为密切，考虑到非洲很多出售土地的国家本身也是粮食短缺、很大程度上依赖进口的国家，这些东道国可以从国外投资的粮食种植项目获得直接经济利益之外的红利。相比之下，生物能源作物种植项目都是瞄准海外市场，几乎不与东道国国内市场发生联系。

投资者和出售土地的非洲国家往往宣称非洲拥有大量的荒地，已经动工或者正在谈判的土地开发项目可以提高接收国的土地利用效率。这种论述中暗含了两个默认的前提假设，即非洲用于交易的土地都是未利用或者利用效率较低的闲置土地，并且在非洲还有充足的闲置土地可供开发。著名学者费舍尔的《全球农业经济评估报告》中曾记录了一项关于全球农业用

---

① Alice Binti Mutambala, Development and Underdevelopment: An Examination of Land Grabbing in the DRC, http://mailhz.qiye.163.com/js6/read/readdata.jsp?sid=f0eAs768o6d4n7u3qtWntoIUxV4mWZzZ&mid=AIUAXgA0ANbSshg–qCr9UaqW&part=5&mode=inline&l=read&action=open_attach.

② Christopher Emenyonu, Analysis of Land Grabbing and Implications for Sustainable Livelihood: A Case Study of Local Government Areas in Nigeria, *Journal of Economics and Sustainable Development*, Vol. 8, No. 8, 2017, p. 149.

③ Prosper B. Matondi, *Biofuel, Land Grabbing and Food Security in Africa*, London: Zed Books, 2011, p. 27.

地的调查,调查结果显示,全球 80% 的农业用地储备存在于非洲和南美洲,非洲总共有 8 亿公顷可耕种土地,而只有 25% 的土地被开垦耕耘,已开发而未被记录的土地可能占到 10%—20%。[①]

然而仅根据这份报告中的数据就认定非洲拥有数目庞大的闲置土地是片面的,因为这项调查只是通过某一个时间点的卫星图像做出的统计,并没有把非洲大量土地实行轮耕的因素考虑在内。世界银行发布的一份报告更接近非洲土地资源的实际情况,该报告称,"撒哈拉以南的非洲地区可耕闲置土地的面积为 20200 公顷"[②],远远低于之前费舍尔在报告中的评估。关于"闲置土地"这一概念,也有很多学者提出了质疑,因为在很多案例中,一些被本国政府贴上"闲置""低利用率""边缘"甚至"废弃"标签进行出售的土地实际上是牧区、林区土地,甚至有农民进行耕种的土地。

(三) 与殖民时期圈地的对比

发生在非洲的这一轮圈地热潮与殖民时期欧洲国家在非洲扩张帝国版图的圈地运动有很多相似之处。无论是曾经的欧洲殖民者还是当前的海外投资者,都取得了非洲土地的使用权,并且在此基础上控制了与土地资源随之而来的水资源和生物资源。随着土地权益的转移,新的土地经营者把新的生产经营模式带到了非洲,对非洲传统的经济、社会结构造成了一定程度的冲击,使非洲经济社会各方面向现代化更加迈进一步的同时,也产生了更多的不安全性和脆弱性因素。在非洲,土地一直是与权力紧密相连的一种资源,因此跟殖民时期类似,新一轮圈地运动也会伴随着特定社会群体政治经济地位的边缘化,失去土地的小农生产者可能成为这个过程的权益受

① G. Fischer, Global Agro – Ecological Assessment For Agriculture in the 21st Century: Methodology and Results, *Journal of Henan Vocation – technical Teachers College*, Vol. 11, No. 8, 2002, pp. 371 – 374.

② World Bank, World Development and Climate Change, *World Development Report 2010*, Washington, D. C.: World Bank, 2010, p. 363.

损者。

然而与殖民时期相比,当前的新圈地运动也有一些不同之处。首先,殖民时期非洲国家的土地是被欧洲殖民国家强制占领,而在当前的土地跨国交易中,非洲国家扮演的是心甘情愿的参与者角色,并且参与了谈判过程。其次,殖民时期圈地的行为主体是欧洲国家政府,他们对于在非洲获得的土地并没有意愿投入太多人力物力进行管理和开发。而当前投资国则出于本国经济可持续发展的考虑鼓励私人企业、公司等生产部门对非洲土地进行投资和开发。此外,曾经的殖民国家在获得土地使用权的同时,也掌握了该土地上的实际政治统治权力,而当前的跨国圈地则不包括政治权力的转让,非洲国家政府仍能保持对土地的管辖与治理。

因此,新圈地运动与西方殖民时期的圈地运动,最大的不同点在于其具备的合法性地位。"新圈地运动"是全球化时代商业扩张的产物,作为一种投资,交易最终的达成是东道国与投资方共同意愿的体现。同时,新圈地运动也与之前的圈地运动一样,具有一些难以克服的缺陷,比如投资中的土地产权问题,可能给当地小农带来的利益损害,以及农业开发对于东道国生态环境的破坏等问题。尽管存在着诸多的问题有待解决,但是出于各方的需要,新圈地运动依然在带着许多疑问和困惑的同时不断向前发展着。

三、非洲圈地和土地交易的方式

(一)非洲国家参与土地交易的强烈愿望

非洲一直背负着"贫困大陆"的称号,尤其是撒哈拉以南一些并非石油等资源主产地的国家,社会经济发展尚处在较为滞后的状态。国家经济结构较为单一,获取外汇的方式主要是通过出口低附加值的初级产品。在当今全球化程度非常高的时代,非洲国家经济的脆弱性在 2008 年的国际金融危机中暴露无遗。国际市场很多重要商品价格的大幅波动使这些国家的进出口贸易遭受重创,经历了明显的衰退。根据联合国贸发会议的调查结果,全球最不发达的 50 个国家在国际出口市场中的份额持续萎缩,已经不足一个百分点,而这些经济发展程度最低的国家大部分位于撒哈拉以南的非洲。[①]

非洲国家将吸引外资视为其促进经济发展、推进经济社会现代化的关键,一直以来从未停止过试图从竞争激烈的资本市场中寻求国外直接投资,这种愿望在遭受金融危机冲击之后尤为迫切。然而摆在他们面前的事实却是,羸弱的经济结构注定了他们在吸引投资方面不具备太大的竞争力。

随着国际市场粮食价格的上涨,土地的价值得到极大提升,非洲国家也日益从土地上看到了吸引外资的希望,积极主动地释放信号,寻求与国外投资者进行以土地为基础的经济合作。非洲国家的决策者并不把在本国土地上开展的新一轮圈地运动看作一种威胁或者麻烦,相反,他们坚称国家发展更为迫切地需要农业投资,而不是保留这些土地。一些非洲国家的决策者甚至认为相对于本国的人口规模而言,土地资源绰绰有余。莫桑比克能源部长萨尔瓦多·南布雷特称,"本国有 3600 万公顷适耕土地可供国外投资者用来发展生物能源,还有 4100 万公顷土地可供种植油料作物,而完全不用担心本国农业生产受到威胁"[②]。赞比亚和埃塞俄比亚的农业部长甚至公开为发生在本国的"新圈地运动"辩护,表示其支持的立场。

(二)舆论的引导

一方为了获得投资非洲土地的入场券,另一方为了安抚国内民众,以顺利获得国外直接投资,投资方和非洲国家的决策者进行了多方面的舆论

---

① Prosper B. Matondi, *Biofuel*, *Land Grabbing and Food Security in Africa*, London: Zed Books, 2011, p.69.

② Robin Palmer, Land Grabbing in Africa, *Independent Catholic News*, 19 April, 2013.

造势。

首先,通过多年的舆论引导,生物能源作为一种替代性清洁能源的概念日渐深入人心,减少化石能源使用、对抗全球变暖的必要性也被广泛认同,这就使得生物能源项目在非洲的推广有了具有广泛说服力的正当理由。其次,国外资本对非洲土地进行开发,为非洲带来直接投资,会刺激非洲经济的增长。这一点被跨国土地交易的支持者描述成国外投资者到非洲圈地所带来的顺理成章的结果。此外,非洲国家在"新圈地运动"中的潜在收益还可能包括当地基础设施建设的完善、大量就业机会的产生、农业技术水平的提高和生产模式的进步等。

(三)精英主导的土地交易

非洲各国的土地所有权制度不尽相同,但是总体而言有一个共性,即现行土地制度与传统土地制度的冲突。大部分非洲国家实现独立之后都经过土地制度改革,实行土地国有制和集体所有制。20世纪80年代之后,又有很多非洲国家仿照西方国家实行土地私有化改革。但是"新出台的土地政策时常与非洲长期以来占主导地位的传统土地产权产生矛盾,造成非洲诸多国家出现双重土地管理系统,城市及郊区范围土地产权不明晰、不稳定"①。尤其是在一些仍然实行部落制的国家,政府是作为社会部落的委托人而掌管土地所有权的,部落首领仍然在土地问题上拥有很大的发言权,特别是在土地的用益权方面。

非洲国家政府从理论上拥有土地所有权,但是如果想要把土地从其实际使用者——当地村民手中转让给国外投资者,会牵动部落社会和小农等各方的利益,这就涉及对土地交易中权益受损方的补偿问题。在很多案例

---

① 黄贤金:《非洲土地制度与粮食生产安全》,http://www.fmprc.gov.cn/zflt/chn/xsjl/xzhd_1/1/t1031513.htm。

中,国外投资者都许诺了相应的利益补偿,但并未将其列入合同条款中,补偿能否最终落实仍然存疑。

与这种不明确的土地权益密切相关的是,在"新圈地运动"中,每一次跨国土地交易基本上都是在非洲国家政治精英的主导下进行的,在这个过程中,由于缺乏明确的土地交易政策引导,决策具有相当程度的随意性。决策者在将原本属于本国居民耕种的土地出售或者租赁给国外投资者之前,并未与本国民众进行充分的协商,大多数时候当地社会组织和居民被排除在决策过程之外,尽管决策关系到他们的核心利益乃至日后的生计。事实上,由于土地产权的模糊,非洲国家的民众、地方社会组织甚至对于他们拥有哪些合法权益都不清楚。

在大多数非洲国家,可以保护地方权益的合理决策机制在法律和制度上并不存在。即使在少数有明确法律规定的国家,地方社会组织和小农的权益仍然难以得到保护。因为在大多数情况下,土地交易和政府财政收支的信息都缺乏透明度。

在政策引导缺失、交易信息隐秘前提下进行的土地交易往往非常草率,缺乏严谨性和周密的考虑。这些土地交易合同都有一个特点,篇幅之短、内容之粗略超出常规,不但对交易细节的规定不够详细,而且没有将对地方社会组织和小农进行补偿的条款列入其中,缺乏必要的配套保障措施。

(四)外来投资者的参与

发生在非洲的"新圈地运动",大多是以国外公司收购或者租赁土地的交易形式实现的。这些参与土地交易的国外投资者,有的是通过专门的共同基金这种集合投资方式进行投资,也有的是以私人股权基金或者私有企业以及国有企业或者拥有政府背景的企业(例如在马里进行圈地的公司就将购得的土地分给一家区别于政府基金会但实际上为政府所有的金融实体基金会)名义进行投资。

下面列举一些土地投资的实例,可以对非洲土地投资者的身份有更为直观的了解。有些数额惊人的土地交易是由政府直接完成的,例如:海湾诸国、埃及和韩国政府直接从苏丹政府手中租借了 150 万公顷的土地。① 有些土地交易通过基金和公司完成,但是这些私人部门或多或少得到了本国政府的鼓励和支持。例如:在西非购地发展生物能源项目的企业名为 Agroed,是一家由法国农场工会领袖创办并得到法国合作开发署支持的公司;N - Sukala 公司是中国政府提供优惠贷款、中国公司同马里政府合资的以生产食糖为主的企业;瑞典的 SEKAB 是恩舍尔兹维克一个区域性股权团所有的能源企业,瑞典政府通过推出法案和政策推广绿色能源是推动其到非洲发展生物能源的因素。

可以看出,虽然具体进行投资运作的行为主体更多是一些企业,但是政府行为对于非洲土地投资直接或间接的推动作用是显而易见的。

四、"新圈地运动"中的国家博弈分析

(一)博弈各方的利益出发点

在新一轮的非洲圈地运动中,来自欧洲、美洲、亚洲乃至非洲的许多国家在非洲购买土地,参与到圈地运动中的各国之间是存在博弈的。首先,投资国的利益诉求是希望在尽可能少地付出成本的同时尽可能多地在非洲获得土地,而非洲东道国的利益诉求是希望利用本国的土地资源使得吸引外资最大化,同时兼顾本国民众的利益和环境的可持续发展。

在投资国当中,由于各国所面临的粮食、能源、环境压力不同,到非洲圈地的动机和愿望强烈程度也不一样。美国和欧洲大多数投资国所面临的粮

---

① 孔令龙:《非洲土地正成为外国资本的猎物》,中国网,2010 年 3 月 21 日,http://news.china.com.cn/rollnews/2010 - 03/21/content_1163323.htm。

食压力并不大,更多的是为了发展生物能源或者寻找利润更高更稳定的投资方式,欧盟在哥本哈根气候峰会上对于减排做出了较大的承诺,因此在发展清洁能源方面更为积极。中国、韩国、印度经济社会的迅速发展伴随着能源需求的扩大,城市化的发展和人口的增长也造成人地矛盾升温,在粮食和能源安全方面存在隐忧,到海外收购土地种植粮食和生物能源作物对这些国家而言是未雨绸缪的选择。沙特、阿联酋、利比亚、埃及都是重要的石油出产国,然而由于所处的地理位置和国内自然条件的限制,缺乏适耕土地,粮食压力使得他们在海外圈地种粮的积极性最高。

非洲出售土地的国家面临的问题则大同小异,经济社会发展落后的状态亟待改善,尤其是受到金融危机冲击之后,进出口贸易萧条,脆弱的经济受到进一步打击,刺激经济增长的愿望更加强烈。然而在跨国土地交易中,非洲国家面临的风险和收益因素却更为复杂,希望尽可能多地通过出售土地获得国外直接投资,但是过多地卖地却会导致大量本国农民失去赖以生存的基础。如果引起大范围国内民众的不满,则有可能带来社会失稳的政治成本,而且吸引国外投资者大规模开发本国土地,有可能对环境造成破坏,不利于可持续发展。有些出售土地的非洲国家本身也是缺粮国,粮食生产不能满足本国需求,将土地大量转让给国外投资者也将导致本国在应对粮食危机时更加被动。

(二)各国的博弈策略

投资国借助强大的经济实力优势,发挥其在国际组织的影响力,通过提供有条件的贷款促使非洲土地私有化。在发达国家投票权占据主导的世界银行和其他国际金融机构,从20世纪80年代开始大幅降低对非洲农业的贷款,使得非洲农业基础设施建设缺乏资金支持,农业产量难以获得提高。世界银行还进行政策调整,禁止政府通过补贴等方式对农民进行扶持,这使得非洲农民的收入大大减少,投入农业生产的动力不足。2008年世界粮食危机爆发后,国际组织重新开始增加对非洲农业的投资,但提出的附加条件是非洲国家必须保证农村土地私有化,这为外国资本介入非洲农业生产提供了可乘之机。美国负责对外援助的机构——美国国际开发署及其下属组织千年挑战公司向非洲国家提供大量捐赠,以支持非洲土地的私有化和本国公司在非洲的圈地行动。这比提供贷款对于非洲国家的吸引力更大,非洲国家很难拒绝这样的条件。

为了减少土地交易在非洲国家民众那里遇到的阻力,投资国对土地交易和投资项目的建设做出了一些可以使当地民众和社会经济发展受益的承诺,例如许诺增加就业机会,同意修建学校、道路和农业基础设施等。此外,像沙特这样资金雄厚的石油生产国还会选择以政府直接补贴粮食企业的形式提高他们在海外圈地中的竞争力。

非洲国家受自身实力限制,对于吸引国外直接投资寄予非常高的期望,因此急于促成跨国土地交易,留给自身的谈判空间和策略转圜余地非常小。非洲国家之间在吸引外资方面还存在竞争,因此往往会选择为国外投资者提供优越的投资条件,积极主动吸引外资到本国圈地。例如,刚果共和国总统就曾主动向国外投资者提议土地租借,向南非提出1000万公顷的土地出租意向。非洲国家争相出售土地有时甚至会发展成为恶性竞争,借用联合国食物权利特别报告员奥利维耶·德萨特的话说,"非洲国家为了争夺投资者,不惜互挖墙脚"①。

由于投资国与出售或者出租土地的非洲国家之间在实力上存在巨大差距,再加上非洲国家土地管理不完善,交易缺乏政策指导,存在程序上的漏洞,这一点也被投资国加以利用,双方博弈的结果是不言而喻的。非洲国家在急切希望利用土地换取投资的情况下,面对经济实力和国际影响力远超

---

① 《新圈地运动》,《南方都市报》网站,2009年8月9日,http://epaper.oeeee.com/C/html/2009-08/09/content_865350.htm。

自己的投资国,签订了让步程度非常大的土地交易合同。这些合同仅仅是简单规定了土地所在位置、购买或租借价格、开发项目类别,对于投资者口头承诺的为当地人增加就业机会、征地补偿等内容并没有明文规定,也几乎没有涉及环境保护的要求和标准。

五、"新圈地运动"对非洲的影响

对于跨国土地交易和开发项目,国外投资者和非洲国家政府共同为非洲民众描绘了一个积极的前景,理所当然地认为在外资的刺激下,非洲国家的经济会获得增长的动力,投资项目的建设能够给当地带来大量就业机会,大规模现代农业种植的发展也会带来农业技术的进步。然而这些美好的前景预期未必能够如愿实现。

事实上,这些外国投资者开发的粮食和生物能源项目对于非洲当地经济的促进作用并没有预期中的明显。非洲国家 70% 的人口以从事传统种植业为生,仅仅有很少一部分当地居民可以在国外投资建设的项目中充当短期劳动力,这种雇佣关系一般只发生在项目建设初期,后续生产环节更多需要的是掌握现代化生产技能的专业劳动力,而只有传统种植业生产经验的非洲农民很明显并不能胜任这些岗位。

外国直接投资对非洲经济的发展也并非只有正面作用。根据联合国开发计划署的观点,国外直接投资所刺激的非良性增长大体可以分为四种类型:第一种是冷漠型增长,导致社会不公的加深,富者愈富,贫者愈贫,在这种增长模式下只有少数极富的个体能够享受经济增长带来的红利,而大部分民众则陷入贫困;第二种是沉默型增长,在经济增长的过程中,伴随着人权保障的落后、民众政治参与的缺失,造成经济体民主进程的倒退;第三种是无根型增长,经济增长伴随着本民族文化的衰退,在经济全球化中失去本国社会的文化特性;第四种是非持续型增长,在当前的经济增长过程中造成了自然资源的枯竭和环境的破坏,使得经济增长在未来难以为继。[1] 这四种非良性增长类型在非洲圈地运动中都有不同程度的体现,并且许多外来投资者所做出的修建基础设施、学校和道路等承诺仅仅流于形式,所做出的实质性努力并不多。

更重要的是,在非洲"新圈地运动"中,农民成为弱势群体,利益受损。大量被非洲国家用于交易的土地并非闲置荒地,而是原来就有农民耕种的土地。这些土地被政府出售或者出租给国外投资者,原本依靠这片土地为生的农民就失去了生计。由于非洲土地制度的不完善,土地权益归属并不明确,具有正式土地产权的土地仅占土地总面积的2%—10%,西非地区只有2%—3%的土地权利是成文的,还仅限于主要城市的郊区。[2] 失去土地使用权的农民难以通过合法渠道维护自己的权益。在土地交易中,农民也没有制度渠道能够参与决策过程或者表达自身的利益诉求。失去土地的农民已经无法重复自给自足的生存模式,粮食的获取只能通过向市场购买。为了买粮糊口,他们被迫加入就业市场,然而专业技能的缺乏使他们只能充当最廉价的劳动力赚取微薄的薪水,甚至难以从新的生产部门找到一份合适的工作。

在一些案例中,走投无路的农民联合起来向政府进行抗议,反对政府出卖自身利益向国外投资者出让土地,政府选择采取强制措施压制民众的抗议运动。然而大规模的圈地导致大量农民的生产资料被剥夺,生计无以维持,社会两极分化加剧,必然对非洲国家的社会和政治稳定构成隐忧,压制抗议行动并不能从根本上解决问题。

同时,"新圈地运动"也对非洲的生态环境与可持续发展构成挑战。国外投资者到非洲圈地主要是发展大规模的粮食和生物能源作物种植,如果

---

① Prosper B. Matondi, *Biofuel, Land Grabbing and Food Security in Africa*, London: Zed Books, 2011, p. 72.

② 吴次芳:《全球土地2013:热点与前沿》,浙江大学出版社,2014年,第254页。

是在未开发的土地上进行,则需要砍伐原有的森林植被,造成生态环境的破坏和生物多样性的减少,也减少了地上和地下的碳储量。这种集约化生产的大规模种植业对于土地肥力、水资源的消耗很大。而投资者往往会较多关注短期收益,从而更容易对环境造成影响。并且,由于获得土地的成本非常低,土地交易合同上也没有强制性的环境保护标准和条款,国外投资者基本上不需要考虑环境保护的问题,而非洲国家则需要自己承受土地质量下降、可持续发展受影响的代价。

总而言之,发生在非洲的新一轮"圈地运动"基本上反映了发展程度较高的国家和最不发达的国家在经济全球化中的关系和地位。在非洲土地的跨国交易和开发中,相比于非洲国家,投资国占据了更为主动的地位。非洲国家在吸纳外资发展经济的同时,也产生和暴露了经济社会方方面面的很多问题,土地管理的不善和土地交易配套措施的不到位可能为非洲国家的发展埋下更多隐患。因此外来投资虽然为许多非洲国家的经济发展带来了资金和技术,但其消极影响同样不容忽视。

其一是无助于非洲国家粮食安全问题的解决。这些外来投资以购买或长期租赁发展中国家大面积可耕地的形式出现,出资者可能是私人经营者或跨国公司,也可能是一些相对缺乏自然资源的国家政府。他们想通过在其他地区发展农业生产能力的方式,来实现长期确保本国民众粮食安全的目标。由于他们的目标是发展一些非劳动密集型的大型种植园,所生产的作物主要用于出口,对于当地经济的贡献不大,而且他们所使用的都是非洲本地最富饶和位置最优越的土地,因此这些投资可以被视为是不利于当地粮食安全的。[1] 一些粮食专家认为,非洲国家的土地政策实质上是当地政府以最缺乏粮食安全的公民为代价外包食物。这导致非洲国家出现自相矛盾

---

[1] Kerstin Nolte, International Land Deals for Agriculture, *Fresh Insights From the Land Matrix: Analytical Report II*, 2016, p. 19.

的结果:非洲国家是圈地目标国,当地政府意识到单靠国内力量无法完成减贫的使命,因此大力吸引外国投资,但与此同时,国际社会向非洲国家提供源源不断的粮食救济。例如,在东非国家埃塞俄比亚,政府需要大量的资金来发展经济,为此积极鼓励开展土地交易和土地投资,但国际社会近几年向埃塞俄比亚 460 万受饥饿和营养不良威胁的人群提供了 23 万吨粮食援助。① 该国国内的大量民众处于饥饿状态或饥饿的边缘。

　　与之相联系的是,土地交易一般在投资商与本国政府之间达成,很少考虑当地民众的利益,所以圈地运动往往会损害当地农民的利益,使大量小农边缘化,加剧了非洲国家内部不稳定因素的增长。

　　对于最不发达国家而言,资金的缺乏意味着他们对于外来投资的到来有着高度的依赖,他们需要这些资金来兴建存储设施或通信领域的基础设施,或用于向农民提供一些私人物品,如化肥、高产种子或农药等。这会使这些国家面临两难境地:放弃这些投资,就等于失去了向农业部门投入资金、重振这个长期以来被忽视的行业的机会;而如果欢迎这些投资,则意味着将会面临那些最迫切的需求——如向那些生活在穷乡僻壤的小农户或那些只有小块土地的农户提供帮助——无法得到满足的风险。因此随着圈地运动的开展,非洲国家内部形成了相互冲突的两极:一方是小规模的家庭农场。他们分布在国家已经完成整治的灌溉用地上,拥有需要年审的土地分配合同或签订没有法律效力的经营许可证——这些生产成本会影响他们的开发或投资能力。另一方是新投资者。他们通过与国家签订合同或得到批准的具有法律效力的租赁合约,从而拥有土地和水资源。他们必须承诺建设沟渠灌溉系统并支付灌溉维护费用。这样一种运作方式决定了未来的潜在投资者必须有能力一次性投入土地整治所需的资金,因此那些被认定为穷人或"受援方"的家庭农场将注定被排除在外,不可能获得潜在"私人投资

---

① 吴次芳:《全球土地 2013:热点与前沿》,浙江大学出版社,2014 年,第 254 页。

者"的地位。①

　　土地是各种形式的农业生产的关键资源,在大部分非洲国家处在社会、政治及经济的核心位置。尽管土地曾经被视为非洲一种取之不尽、用之不竭的资源,但是政治因素、经济因素、人口增长及市场的发展使非洲的土地资源正产生越来越大的压力。在殖民前的非洲,社会群体的成员往往享有土地的使用和界定权。社会群体拥有土地所有权,个人不能享有这种权力。在这种普遍的土地制度下,还存在着繁多的不同类型。② 而欧洲殖民者统治非洲后,殖民政府对此一无所知,所以他们化繁为简,将土地划为集体所有。殖民官员认为群体是土地的唯一所有者。他们按照西方式的思维推断,每块土地都有边界。这种根深蒂固的土地界划观念打破了非洲传统土地权利的模式,同时,殖民时期引入的土地产权制度及管理系统与非洲长期以来占主导地位的传统土地管理系统相互冲突,造成非洲诸多国家出现双重土地管理系统,城市及郊区范围内土地产权的不稳定。这种产权的模糊损害了小农的利益,加剧了非洲国家政局的动荡。如韩国大宇物流公司与马达加斯加政府签署的合同约定130万公顷土地租赁用于种植玉米和棕榈油,租期99年,但这项大额的土地交易合同损害了当地民众的利益,人民的抗争、集会和示威游行引起马达加斯加内部的政府更迭,该协议最终破产。③

　　其二是非洲国家的政府更看重经济收益,忽视环境问题,所签署的租地协议很少涉及环境保护标准,面对廉价的土地,外资考虑的是短期收益,而非可持续发展。因此为提高产量,追求更高的回报率,外资企业采取工业化农业生产的模式,施用大量的化肥农药,过度开采水资源,砍伐森林,而当地

---

　　① [法]皮埃尔·雅克:《农业变革的契机:发展、环境与食品》,潘革平译,社会科学文献出版社,2014年,第77页。
　　② [墨西哥]阿图洛·瓦尔曼:《玉米与资本主义——一个实现了全球霸权的植物杂种的故事》,谷晓静译,华东师范大学出版社,2005年,第85页。
　　③ S. Daniel, A Mittal, *the Great Land Grab: Rush for World's Farmland Threatens Food Security for the Poor*, Berkeley: Oakland Institute, 2009.

民众不得不承受土质下降、生物多样性灭绝、湿地退化和消失等一系列消极的后果。[1]

例如，基于自然条件的优越和上帝的眷顾，西非的塞内加尔河谷一直是当地的米袋子，也是外国投资者的首选目标。为解决该国的资金不足和落后的基础设施问题，吸引外资，塞内加尔与沙特签署协议，将河谷的灌溉用地租借给沙特，塞政府虽获得丰厚的资金和贷款，但大规模的圈地和种植开发使得河谷上游的水资源被大量利用，进而减少了下游的水源供应，之前在旱季很少发生的水资源短缺现象开始频频出现，这反而降低了当地水稻的产量。因此，外来的圈地运动改变了当地的生态系统。

就非洲国家本身而言，非洲土地经营方式落后，烧荒造田，刀耕火种，土地退化呈加速之势，荒漠化日益严重。[2] 毁林开荒种地是造成森林减少的重要原因，热带草原地区土地退化和荒漠化日趋严重。生存型的锄耕农业和刀耕火种式的休闲轮作制，是一种掠夺式的传统耕作方式。撂荒地在热带高温多雨气候条件下，有机质流失大，如果不施肥，地力会迅速下降。同时，一夫多妻制、人口增长压力大导致无节制地开荒种地以养家糊口，使耕种边界线扩展到土地承载能力的极限，并向脆弱的生态带扩张，而外来的土地租赁活动无疑进一步加剧了非洲当地的生态退化。

六、中国的态度及策略

目前，中国粮食的结构性短缺日益凸显，玉米由净出口变为净进口，大豆的进口依存度越来越高。因此必须要保证粮食进口渠道的安全、畅通和稳定，而到非洲屯田种粮就是一个现实选项。如果中国能够利用非洲的土

---

① Kerstin Nolte, International Land Deals for Agriculture, *Fresh Insights From the Land Matrix: Analytical Report II*, 2016, p. 49.

② 黄贤金：《非洲土地资源与粮食安全》，南京大学出版社，2014 年，第 126 页。

地种粮产粮,补给国内的消费缺口减少从他国直接进口粮食,那么中国的粮食安全也能就此上一个台阶。

当然,要实现上述愿景还必须解决以下阻碍:其一,中国目前已经在非洲进行了类似的投资,但是受制于西方舆论压力,西方大国对我国诸如"新殖民主义"的指责,迫使中国难以有效地将国外生产的粮食运回国内,大部分粮食还是卖给了当地消费市场;其二,中国该如何避免"新圈地运动"中已经出现过的诸多技术性难题,比如涉及各国不同的土地所有制时,怎样在土地转让或租赁合同中明确要约人与受要约人的权责,使法律既能保护到投资方的合法权益,也不至于同当地的部落社会文化产生尖锐冲突,让合同条款能落到实处;其三,中国在非洲国家的土地上种粮能给东道国带来什么不同的东西,是红利还是与其他投资者一样的威胁。这个问题涉及中国在与其他土地竞争者"竞标"时怎样去彰显自身的比较优势。之前的投资者没能解决的问题,比如对于当地农业发展尤其是对小农利益的威胁,如何能够得到有效避免,如何能够实现经济发展和生态环境保护的有效协同,这些问题将决定中国能否成为非洲国家更加青睐的合作伙伴。

2013 年,习近平主席在访问非洲时,提出中国要坚持正确的义利观思想,[1]即中国的发展和中非合作就是需要将"义"和"利"有机地结合起来,不能执其一端。当中国企业在"一带一路"的倡议下开展对非洲的农业投资时,关键就在于把握好"义"与"利"之间的平衡。如果没有正确的义利观作为指引,那么即便"新圈地运动"确实会在"利"的一方面带给中国明显的好处,中国的粮食安全的确会因之而更具保险性、稳定性;然而缺少了"义"的考量,这种方案的可操作性将会大大降低,实现的可能性也会大大降低。我们唯有将搞好中国与东道国的关系、维护好中非之间的传统友谊、保障非洲

---

[1] 《习近平的外交义利观》,北方网,2016 年 6 月 19 日,http://news.enorth.com.cn/system/2016/06/19/031025586.shtml。

当地人民的利益作为实现"利"的前提,解决好这类"义"的问题后,中国才会考虑"取利"的问题。也唯有这样,中国才能将自身的行为与那些指责我们的西方国家明显区别开来。基于此,我们的投资应更多体现人道主义的色彩。[①] 即大部分土地生产粮食作物,来增加非洲的粮食供应,优先满足当地人的需要,另一部分生产我们急需的农产品,如大豆等油料作物,来纾解国内大量依赖进口的窘境。只有这样,才能体现中国海外投资的正义性,进而实现与非洲国家的互利共赢。

那么具体而言,在讲究"义"的前提下,如何维护中国企业的"利"呢?首先,面对非洲国家经常出现的战乱、恐怖主义等风险,中国政府应及时发布信息,帮助中国企业进行风险评估和预测,确定风险指数,选择合适的投资对象国。一旦出现各种不确定的风险,我们应该及时启动应急机制,规避风险。其次,中国企业当前过多注重粮食种植和粮食生产,利润空间不大。在未来,应该在非洲开展粮食深加工项目,延长产业链条,增加粮食的高附加值,从而增加企业利润。再次,在投资粮食作物的同时,增加对经济作物的投资,比如棉花、甘蔗等,实现农业投资模式的多元化。最后,促进中非之间的技术交流和农业技术人员培训,提高农作物产量,增强市场竞争力。

进一步来讲,近年来适逢中国"一带一路"倡议在如火如荼地推进,越来越多的中资企业将目光转向海外,寻求新的投资方向和利益增长点。而随着中国城市化工业化的快速发展,中国耕地的数量和质量都在不断下降。同时劳动力、生产资料等成本快速增长,国内外价格倒挂,价差越来越大。尽管国内粮食产量能够满足消费需求,但我国的需求结构正在优化,由温饱型向改善型消费转变。[②] 这带来的结果是中国粮食消费需求结构性缺口逐年扩大,进口额屡创新高,而国际市场粮价的波动性却在增加。这些压力的

---

① 李睿璞、卢新海:《中国发展海外耕地投资的机遇与风险》,《华中科技大学学报》(社会科学版),2010 年第 6 期。

② 白美清:《粮食安全:国计民生的永恒主题》,经济科学出版社,2013 年,第 3 页。

存在促使中国不断寻找更为多样化的粮食进口渠道,形成了向海外投资粮食产业的新需求。从中国的粮食安全角度来看,最现实的一个问题就是如何增加粮食产量的同时又能尽量降低粮食的对外依存度。与那些耕地自然资源丰富但无力开发和缺少粮食的亚非拉发展中国家建立长期稳定的粮食经贸合作关系,合作开发粮食资源,努力发展互利互惠的粮食加工和贸易,能够在一定程度上解决这一问题。

粮食安全问题是非洲国家面临的首要问题,因此中国的对非农业合作战略首先应是解决非洲粮食安全。在"一带一路"倡议的引领下,我们可以以科技援助、投资、贸易的"三位一体"方式来协助非洲解决粮食安全问题。很多非洲国家,如尼日利亚,受之前经济结构发展问题的影响,国内农业生产系统受到破坏,粮食长期依赖进口,但又缺乏改善基础设施、提高粮食产量的投资,造成恶性循环。中国商务部在非洲援建了 25 个农业技术示范中心,尽管对提高东道国农业生产水平发挥了巨大作用,但由于缺少有效的农业部门合作、科技援助与商业化生产平行,以及示范中心内部合作机制不完善、引入合作企业实力弱等问题,并没有充分发挥其作用,难以实现可持续的科技带动作用。因此我们可以利用现有的"一带一路"倡议框架,创新政府间政策项目合作的思路,改变现有科技示范中心运行机制,由农业主管部门作为对非科技合作主管部门,调动不同的农业科技资源,并将农业龙头企业纳入科技示范推广合作中。在政府、科研机构、企业联合开展农业实用技术培训、传授先进的农业生产技术和经验同时,通过引入产业链中种子、肥料、农机、基建、物流加工等环节具有经济实力的企业,以科技带动生产、投资促进科技合作可持续,最终实现非洲地区粮食生产水平的提高,减少对进口的依赖。

在"一带一路"倡议的实施过程中,中资企业特别是国有企业对外投资的生产性和经营性风险一直是一个突出的问题,尤其是非洲大多数国家政府现代化水平和市场化程度较低,政治的不稳定性波及政策的方向和可持续性,此外非洲大多数国家的相关法律法规也不够健全。所以一旦发生矛盾,中资企业的损失可能巨大。因此中资企业在非洲进行农业投资时,应避免直接的土地交易,重点进行产前和产后环节投资合作。土地是一项敏感的战略资源,关乎当地民众的生计,当前一些非洲国家开始收紧土地政策,限制外国人在当地的土地交易。如坦桑尼亚最近公布的《农村土地购买禁令》,禁止土地长期租赁给个人或机构,起因是大部分农村土地都成为国内外投资者的投资目标。① 同期,纳米比亚政府也签署了类似的法案。② 同时,农业投资是一项风险极高的经济行为,其前期投入大,投资周期长、收效慢、回报率低。尤其是在非洲开展种植业投资,不仅受到自然资源和气候影响,在基础设施的修建、水利灌溉工程的挖掘等方面,需要付出大量的人力、物力、资金、时间等成本,一旦产业链的某一环节出现断裂,很容易导致前期的投入功亏一篑,因此我们应该转变思路,将投资转向具有较高价值增值和较少市场风险的种子、农资、物流加工等环节。中国公司首先应做出综合全面的评估,包括投资国政局稳定、风险收益、法律诉讼、环境影响等方面,寻找合适的投资对象国,进而通过实地调研品种适应性、气候和环境风险、市场风险、成本和收益、目标国产业(种子、肥料、产品销售)等政策,确定投资可行性。在此方面,中资公司的一些案例为我们提供了经验教训。湖北襄阳的万宝粮油公司在莫桑比克的投资失败为我们敲响了警钟。该公司作为民营企业的代表响应国家农业"走出去"的号召,赴海外种地,在莫桑比克打造出规模庞大的水稻种植项目,该企业一度被国内媒体热捧为中国农业企业"走出去"的成功案例并大力宣传,但由于收获季遭遇暴雨灾害、投资规模扩张过快,致使该公司面临巨额的外债压力和融资困难的窘境,以及外部经营

① Sylivester Domasa,Tanzania:Village Land Purchases Banned,August 29, 2016,http://allafrica.com/stories/201608290076.html.

② Namibia Tables Bill to Ban Foreign Ownership of Land Report,November 16,2016,http://www.farm.landgrab.org/post/view/26711－namibia－tables－bill－to－ban－foreign－ownership－of－land－report.

环境的束缚和与当地的产权纠纷,导致其在莫桑比克的项目逐渐陷入停滞。

因此,综合韩国、沙特的教训,以及中国企业前期失败的案例和"一带一路"倡议推进中的警示,中国企业在"一带一路"框架下对非的粮食投资应该因地制宜,避免直接的土地交易,应建立包括国外资金、非洲当地企业在内的多边合作模式,以国际化的运营理念、角色和战略,面向政局稳定的非洲国家开始,由农业初级农产品投资转向真正的农业价值投资。通过订单农业和参股并购的海外投资模式从粮食种植环节转向粮食贸易环节,是避免了西方国家对中国"海外屯田论""新殖民主义论"的指责,并击破西方离间中非关系的企图,同时减少非洲国家对中国和中国所发起的"一带一路"倡议的担忧。二是避开敏感的土地议题,牢牢掌握主动权,调动当地农民的生产积极性,在构建粮食贸易体系的基础上,建设粮食物流和加工产业园区,开展粮食深加工合作,服务于粮食贸易,提升粮食储备与流通能力,强化农业灾害应对能力,促进所在国粮食产业的发展。在政府层面,首先需要加强顶层设计、资源统筹和部门协调,统筹所有农业科技合作资源,建立政府、科研机构和企业三位一体的科技合作模式,为投资和贸易合作提供支撑。其次通过建立以政府为主导的担保基金,为企业提供资金支持,支持重点项目和重点企业,解决企业融资难的问题。最后借助既有"一带一路"平台,引入国际融资渠道,为企业提供融资合作平台,引入国际合作伙伴,实现互利共赢,降低投资风险。

第八章

中美大豆贸易的定价权评析

大豆是我国的传统农作物,是保障国计民生不可或缺的战略物资,也是蛋白质和油料的主要来源。中国是世界上最大的大豆进口国,并且大豆进口的数量与规模仍在继续增加。一般来说,商品的价格是由买卖双方的供求关系决定的,但尽管中国具有如此庞大的进口规模,却常常被动承担价格波动的风险。

拥有定价权对于维护我国国内压榨企业利益,促进经济增长和确保粮食安全都具有重要的意义。不仅是大豆,目前我国对于铁矿石等许多重要的大宗商品都不能掌握定价权,产生了"中国买什么什么就涨,中国卖什么什么就跌"的尴尬局面,而之前的中美贸易战使得大豆再度成为各方关注的焦点。面对这种局面,认真剖析定价权缺失背后的原因,并且提出相应的对策对促进我国大豆产业的发展来说是非常必要的。

一、中美大豆贸易现状

与小麦、玉米等农作物的高度自给率不同,我国大豆主要来自进口。作为世界上最大的大豆进口国,却长期不能够把握定价权,给我国压榨企业造成了巨大损失。关于定价权的定义,不同的学者曾经给予过不同的诠释,一般可以理解为对国际市场价格水平的影响力。行业因素、企业因素、政府因素等其他因素都会对定价权问题产生影响。

中美两国是世界上重要的经济体,两国也互为双方重要的农产品贸易伙伴。即使在美国金融危机发生的时期,中美农产品贸易额仍然保持着稳定的增长。近年来美国一直是我国大豆的主要进口国,目前中美大豆贸易的状况主要表现在以下两个方面。

(一)中国是主要的大豆进口国

大豆是中国的传统农作物。并且,大豆与玉米、小麦相比具有天然的优势,因为大豆根部的根瘤菌释放的成分能修复土壤,保持地力,实现与自然环境的和谐相处。中国曾是世界上最大的大豆生产国,但近年来我国大豆产量一直徘徊不前。这主要是由于大豆种植面积有所减少以及大豆单位面积产量低造成的。我国大豆的单产在世界上排第 15 位,这比世界大豆单产的平均水平低了 25%,与美国等主要大豆生产国的单产水平更是无法相提并论,我国政府对大豆价格保护不力也影响了豆农的生产积极性。

而在需求量方面,我国的大豆消费量近年来不断攀升。大豆消费量攀升的原因是多方面的。其一,居民收入水平的不断提高增加了对大豆及其制品的需求;其二,受大豆制品(主要是豆油)价格升高的影响,生产厂家扩大生产规模,增加了对原材料大豆的需求。同时,随着人民币对美元的不断升值,中国进口大豆的成本也有所降低,因此中国更倾向于进口大豆。

从供给侧来看,我国国内大豆产量已经不能满足大豆的消费需求,并且供求缺口有拉大态势,使得通过进口大豆满足国内市场需求具有必要性。随着大豆产量的下降和需求的不断上升,我国变成了大豆净进口国,大豆的进口量逐年增加。① 此外,我国对于大豆进口需求量的价格弹性小,即使在价格不断上涨的情况下,进口量也没有出现明显的下降。

(二)美国掌握国际大豆贸易的定价权

美国的大豆种植历史虽然只有短短的 80 年,但却迅速成长为世界最大的大豆生产国和大豆出口国。美国大豆行业的迅猛发展主要得益于美国政府对农业的高度重视和高额的财政补贴政策,以及对科研的大力投入。

例如,美国豆农每生产一吨大豆,政府就给予豆农 37 美元补贴,凸显了对大豆产业的重视。美国大豆生产机械化程度高,很多农场主都有自己的成套设备,很大程度上降低了劳动成本,而且美国的可耕地优势为其采用大规模机械化的生产创造了条件。美国每年用于大豆科研的投入达 8000 万美元之多,而且研发出来的最新技术都由专业科研人员传授给农场主,确保了这些技术的应用。美国生产的大豆 70% 为转基因大豆,出油率高②,油质好,在国际市场上有很大的竞争优势。此外,美国采用休耕制度,大豆生产潜力巨大,能够根据目前市场的需求量迅速对供给量做出调整,因此美国能够极大地影响着国际大豆价格。

另一方面,美国拥有发达的期货交易市场。期货市场有两个重要的经济功能,一个是价格发现,另一个是规避风险。期货价格涉及远期交割,比较全面和准确地体现了市场走向与趋势,为生产经营者提供了较为可靠的参考意义。因此目前全球大多数的大宗商品都实行期货定价,大豆也不例

---

① 2011 年中国大豆产量在 1200 万吨左右,2012 年 3 月 15 日,http://www.askci.com/news/2011 – 10/25/107279133.shtml。

② 美国转基因大豆的出油率可以达到22%以上,而中国国内的非转基因大豆最高只有18%。

外,期货价格在大豆价格形成过程中起着决定性的作用。Schechtman 与 Goldfrab 等人选取了芝加哥期货交易所中小麦、大豆与玉米三种商品,运用线性回归法分析了这三者期货价格与现货价格之间的长期关系问题。① 美国的芝加哥期货交易市场(Chicago Board of Trade,CBOT)是全球大豆定价的中心,长期以来我国进口大豆价格的定价机制都是 CBOT 大豆期货价格加成法定价。具体而言,大豆进口价格主要由 CNF 升贴水价格和 CBOT 期货价格构成。其中的 CNF 升贴水价格对应的是以 CBOT 价格为基准的某项具体交易中大豆合约中的价格符合意思自治。CNF 升贴水包含的三项——FOB 升贴水、贸易商利润和海运费由其自由商定,当然 CBOT 的期货价格并非在此时确定,而是在船期内,压榨企业根据 CBOT 该合约中出现的某一价格来确定大豆价格(即点价),并将该价格通知国外贸易商。② CBOT 之所以成为国际大豆定价中心,与美国经济地位、大豆出口贸易地位和 CBOT 广泛的全球参与机制是分不开的。

二、中国缺乏大豆定价权的原因

(一)中国大豆产业竞争力不强

大豆的竞争力也从整体上反映了中国以小农经济为主要生产方式的结构特点无法与美国的农耕模式相抗衡。中国是大豆的原产国,在 1996 年以前,中国一直是大豆净出口国。但是从 1996 年开始,中国对大豆进口的依存度不断增加。特别是中国加入世界贸易组织之后,中国参与全球的国际分工,国内放开对大豆市场的限制之后,外资企业在中国市场攻城略地,垄断

---

① Bigman,D. Goldfarb,E. Schechtman,Futures Market Efficiency and the Time Content of the Information Sets,*The Journal of Futures Markets*,1983,Vol. 3,No. 3,pp. 321 – 334.
② 李艺、汪寿阳:《大宗商品国际定价权研究》,科学出版社,2007 年,第 16 页。

了中国大豆市场以及与之相关的食用油市场,使得中国每年进口巨额的大豆成为常态。这导致的结果是,中国本土的大豆种植面积连年减少。

具体而言,中国本土的非转基因大豆相比美国的转基因大豆生产成本要高很多。美国孟山都公司研发的转基因大豆之中含有抗虫基因,能够自动分泌杀虫剂,这样可以大量减少农药和化肥的使用量,大大减少了农业生产的成本,而大规模的单一种植增加了规模效益,大豆的产量得以大大提高,逐步拉开了与其他国家的差距。美国的大豆单产达到 341 斤/亩,而中国的大豆单产只有 250 斤/亩。[①] 同时,转基因大豆的榨油率较高,受到粮食加工企业的青睐,这一点使得非转基因大豆难以望其项背。

(二)美国对本国的大豆实行高额的价格补贴

长期以来,美国依靠强大的经济实力对本国农业进行补贴,每年农业的补贴高达数百亿美元,农业补贴政策是美国等发达国家争夺全球农产品市场的主要手段,也是美国农业具有强大核心竞争力的原因。有的学者认为,中国每进口 100 万吨大豆,就会导致 130 万农民不得不放弃种植大豆。这一切都源于美国对大豆的巨额补贴,而中国种植大豆的农民长期以来没有任何补贴,并且要承受水电化肥等各种成本的上涨。[②]

为振兴中国的大豆产业,发挥我国大豆非转基因的独特优势,提高豆农的比较收益,中国政府在 2014 年出台了大豆"目标价格"政策[③],本意是通过建立以市场为主导的大豆定价机制,来缓解本土大豆种植面积的萎缩状况,从而进一步振兴本土的大豆产业,提高国际竞争力。但在大豆"目标价格"政策实施过程中,出现了具体补贴执行标准不明确、政策出台与生产时间脱

---

① 王文涛:《我国大豆定价权缺失的表现、原因及对策》,《价格理论与实践》,2010 年第 6 期。
② 白海军:《粮食狼烟》,东方出版中心,2012 年,第 204 页。
③ 目标价格政策是指大豆生产者按市场价出售大豆,当市场价格低于目标价格时,国家根据目标价格与市场价格的差价,以种植面积、产量或销售量等为依据,给予生产者补贴;当市场价格高于目标价格时,国家则予以补贴。

节、补贴力度不够等问题。因此从实施的效果来看,该政策仍然未有效调动农民种植大豆的积极性。基于理性选择和比较效益,农民以追求利润为目的,而大豆在出售后,其比较效益仍然远低于其他品种农作物。

(三)中国大豆期货市场的发展比较滞后

如前文所述,期货市场的两个主要功能是发现价格和规避风险。价格发现功能是基于期货商品所有权不立即转移的特点而形成的对生产经营者具有指导意义的远期价格,而规避风险则是指农业经营者进行一笔反向的期货交易,从而有效地避免了因原料等价格波动带来的损失。

我国 20 世纪末开始成立期货交易所,其中大连期货交易所的交易品种以大豆和玉米为主,但对于定价机制的影响十分微弱。中国期货市场的问题之一在于规模太小。目前中国粮食期货交易市场上上市交易的品种只有 6 种,其中主要是大豆和小麦,大豆占交易额的 70% ,也就是说绝大部分粮食品种是在期货市场之外,这样的粮食期货市场也就无法反映整体的市场状况。并且,规模较小的期货市场和交易品种的匮乏使得无法进行套期保值交易,也无法规避风险。而与之形成对比的是,美国有 27 种农产品期货合约和 23 个期权合约[1],期货交易对整个美国的农业都有重要的影响,跟美国农场主的利益也息息相关。例如,农场主可以通过网络信息系统,在了解农产品的期货价格和现货价格后,可以自行决定种什么以及种多少,以避免未来农产品的滞销,有效减少了盲目经营的风险。[2]

而中国的期货交易对农业的影响微乎其微,跟农民的关系也不大。与之相联系的是,农产品市场的价格形成机制还不够成形。在农产品市场上,价格变化是买方市场与卖方市场共同作用的结果,个体只能是价格的接受

---

① 白海军:《粮食狼烟》,东方出版中心,2012 年,第 236 页。
② 美国最核心的竞争力:农业傲视全球,2016 年 9 月 18 日,http://business.sohu.com/20160918/n468587347.shtml.

者。随着经济全球化和市场化程度的加深,市场价格波动风险不断加大,国际市场商品价格和利率、汇率等金融风险直接输入国内,深刻影响国内市场。在国内期货交易市场无法发挥价格形成机制的情况下,农产品价格必然受国际价格的影响,且只能被动接受,无法发挥主动作用。并且我国与期货市场发展相关的信息体系、价格体系和市场组织化程度都比较滞后。这些综合因素使得中国的粮食企业主要以芝加哥期货市场的价格为权威的参考依据,而非大连期货市场的价格。这种过于依赖外来"话语霸权"导致的结果是2004年中国的"大豆危机"。2003年,美国农业部将大豆的库存数据调到历年来的最低点,作为市场的回应,芝加哥期货交易市场的大豆价格应声上涨。中国榨油企业在恐慌心理的支配下,不断加大采购的力度和规模,并以高价囤积。但从2004年4月开始,国际大豆市场风云突变,大豆价格快速回落,CBOT的7月大豆合约收盘价暴跌至590美分/蒲式耳。中国的大豆行业全面亏损,损失惨重。

对此,美方采取的措施包括:美资企业对中国进口商进行索赔,并且纷纷抢滩登陆,对申请破产的中国大豆加工企业进行兼并、收购,进而主导中国食用油市场的话语权。国内媒体把这次我国大豆全行业性的大规模亏损称为"大豆危机",这一事件成为中国大豆产业的转折点,引起了国内各界对于大豆国际定价权问题的广泛关注。从此之后,中国的大豆产业一蹶不振,大豆进口量和进口的依存度逐年攀升。2015年,中国大豆的进口量占全球大豆贸易量的比重已经超过65%,对外依存度超过了85%,①进口的转基因大豆击败了国产的传统大豆,主宰了中国的大豆市场。

---

① 常理:《提单产,破重围:关注国产大豆振兴》,《经济日报》,2016年10月18日。

表 8-1　中国大豆进出口情况表（单位：万吨）

年份	进口量	出口量	消费量	进口占比
2011—2012	5923	28	7284	81.32%
2012—2013	5986	27	7105	84.25%
2013—2014	7000	22	8089	86.54%
2014—2015	7400	14	8547	86.58%
2015—2016	8052	15	9152	87.98%

注：笔者根据相关资料搜集整理

三、中国的应对措施

大豆定价权的缺失问题看似简单，但实际上是由各种因素融合在一起共同造成的。这不仅反映了在经济全球化不断发展的今天，企业面临着更多的风险和不确定性，而且也暴露了我国大豆产业和期货市场建设方面的种种问题。为了维护我国粮食安全，参与国际定价机制，争取国际大豆贸易中的定价权，我们可以尝试在以下方面进行努力。

（一）加大农业科技投入的力度

生产资料现代化、生产过程现代化和产业化的生产方向是现代农业的基本特征[①]，也是农业生产与科学技术结合的必然结果。争夺大豆国际定价权，从根本上讲就是要通过加大农业科技投入力度提高国产大豆产量，优化国产大豆质量，从而增强国产大豆的国际竞争力。为此要将农业技术革新与因地制宜相结合，将农业科技体制机制改革与农业科技人才培育相结合，根据不同地区土壤理化性质、降水、生物多样性等农业生产条件的差异研发适应性强的高产大豆品种；稳步推进集约化、机械化生产模式，根据实际情

---

① 陈仲常：《产业经济理论与实证分析》，重庆大学出版社，2005年，第33页。

况推广轮作、套种模式,重点提高国产大豆亩产量。在促进东北平原非转基因大豆产区生产的同时审慎推进转基因大豆技术研究,研发性状稳定、成本低廉的优良品种,保证粮食安全,走创新驱动发展的可持续大豆生产的道路。

(二)深化金融领域体制的改革

完善的金融体系、发达的金融市场能够为实体经济发展起到融通资金、降低交易成本等积极作用。历史与现实表明,美国正是利用由其主导的国际金融体系实现了对包括大豆在内的大宗商品定价权的垄断。一方面,当前大豆等粮食产品以美元计价,这就使美国在定价问题上居于非常有利的地位,其他世界各国都必须接受美元报价。美国通过布雷顿森林体系确立了美元的霸权地位,美元成为世界货币,实际上就是垄断了国际的货物销售权。另一方面,美国芝加哥期货交易市场是目前世界粮食交易的风向标。由于期货市场的价格能够比较真实和客观的反映当前的市场供求关系和价格变化趋势,因此目前国际大豆贸易主要采取的是"现货贸易,期货定价"的方式,期货市场才是决定国际贸易中大豆价格的最重要因素。美国超强的综合国力、粮食生产和粮食贸易大国的地位、强有力的金融创新机制以及期货市场的开放性,这一系列因素成就了芝加哥期货交易市场在国际农产品市场中的领导地位。目前,美国芝加哥期货交易市场是世界上最大的农产品交易场所,是国际大豆定价中心。可以说,拥有了定价权就可以在贸易规则的制定上占据主动,因此美国无疑在大豆贸易中居于极其有利的地位。

就我国情况而言,中国是实体经济"大国",但也是虚拟经济"小国"。2016年10月1日,人民币正式加入 SDR(特别提款权),迈出了人民币国际化的坚实一步。但是,我国仍面临人民币国际流动量不足,对外直接投资规模较小等制约因素,与货币国际化程度较高的国家相比,中国的经济实力还有待进一步增强。鉴于我国金融体制改革的长期性和渐进性特点,人民币还无法对美元构成竞争压力,在国际市场中的话语权有待提高。同时,我国的期货市场、债券市场等并不发达。我国的大连期货交易市场发展时间短,仍处于初级阶段,相关配套制度不完善。近年来交易量虽有所提升,但仍然无法与美国的芝加哥交易市场相提并论,对大豆定价机制的影响力十分微弱。我国大豆及食用油定价权旁落与我们期货市场的不发达有关,这进一步影响到我国大豆及食用油的价格和市场的稳定。

因此我国要想争夺在大豆定价过程中的话语权,必须从阶段性目标和长远目标两个方面着眼,在农业领域打好一场"持久战"。就阶段性目标来看,应不断提高人民币的国际化程度。目前来说,要实现一国货币的国际化,需要该货币发行国具备以下条件:占有全球经济较大份额的经济实力,政治上高度稳定,宏观经济环境的稳定和完善的市场经济体系,经济的可持续发展能力。[①] 中国应充分利用"一带一路"倡议的"政策红利"加强对外经济金融合作,引导、鼓励民营企业加大对外直接投资,提高我国在区域、国际经济金融合作中的影响力;在保持宏观经济稳定的基础上,逐步形成开放、健康的金融市场,有序实现人民币资本项目可兑换。

就长远目标来看,应加强大连期货市场建设。第一,现货市场是期货市场的基础,只有提高大豆产品的质量,才能增强大豆产品的竞争力,发展国内大豆产品的商品市场,促进期货市场的发展。第二,需要不断完善大连商品交易所的交易机制,健全期货市场规则,对大豆期货交易的保证金等方面做出相应要求。出台更多的交易品种并鼓励机构投资者的进入,这两者是相辅相成的,出台更多的交易品种能吸引更多的国内企业进入市场交易,而机构投资者由于其雄厚的资金和丰富的经验,往往能带来更多的金融创新。第三,加强期货市场的信息披露。一方面,以中国农业农村部为主的政府部门应定期、及时地公布大豆的产量、消费量、进出口量等重要信息;另一方

---

① 金雪军、王义中:《中国很受伤》,中国财政经济出版社,2009 年,第 169 页。

面,以大连商品交易所为首的市场机构应定期公布不同投资主体在大豆期货产品上的持仓情况。第四,只有一个开放的期货市场才能够保证信息的充分流动和市场功能的发挥。因此在加强风险管理的前提下,适当地提高大连商品交易所的开放程度。一方面可以适当放宽准入标准,允许合格的外国投资者进入交易所交易,另一方面也鼓励国内期货投资机构主动参与国际大豆期货交易。第五,使大连商品交易所成为一个国际化的农产品交易场所,并参与国际定价。此外,加强期货知识培训,培养期货人才也是非常重要的措施。

(三) 完善信息公布制度

在经济全球化的背景下,企业往往面临着更多的风险和不确定性,因此掌握准确充足的信息对于企业的决策是至关重要的。美国之所以能够在大豆定价过程中居于主动地位,与美国政府的信息公开服务是息息相关的。美国农业部门会定期发布权威的行业信息、数据以及报告,这些信息既包括美国本土的行业数据,也包括美国之外其他地区的大豆供需的数据。

大豆危机后,许多中国的压榨企业和媒体人指出,中国不仅是中美大豆贸易中的受害者,而且是"人为"因素的受害者,认为美国农业部和基金联手操纵市场价格。回顾历史数据我们可以发现,在美国大豆上市前,美国农业部以天气为由连续调低其月度供需报告中的大豆库存。2004 年 5 月,美国大豆进入销售淡季,此时美国农业部发布的报告指出,2004—2005 年度世界大豆产量将大幅增加,期末库存将上调,于是国际大豆价格开始大幅下跌。对于美国农业部数据的这种变化,我们不能断定到底是巧合还是人为操纵所致,但它在客观上确实对美国大豆出口价格非常有利。

而我国政府在大豆价格信息披露方面做得不到位,我们没有建立自己的数据库,并且缺乏权威的统计数据,中国的大豆生产者甚至需要参考美国的数据,这直接导致了我国压榨企业在贸易中的被动以及亏损。

　　为此,应该加快建设公共信息服务体系,要求政府提供一个信息相对充分的市场,避免信息不对称和信息不完全为压榨企业带来的损失。例如,国家统计局、海关总署、商务部和农业农村部等部门应该不断完善信息公布制度,及时地发布大豆的种植、销售和库存等方面的数据,为本国的大豆生产商提供数据参考和建议,引导产业健康发展。此外,行业协会也应该参与到信息的发布、更新和披露的过程中来。不但要建立起完善的数据收集系统,而且还要确保免费向大豆产业提供这些数据。

(四)发挥行业协会的作用,争夺话语权

　　追溯"大豆危机"的深层原因,我们可以看到,当前的国际大宗商品交易市场中,美国的跨国粮商在美国政府及行业协会的支持下实际上操纵着世界大豆的进出口买卖价格的制定权。2001 年我国加入世贸组织,中国大豆市场面向世界开放,跨国粮商与其他外资企业抓住机会抢占中国市场,利用收购、兼并、参股等形式参与本土压榨企业,实际上掌握了中国本土大豆原料油的定价权,更加剥夺了中国的定价主动权,也压制了中国相关压榨行业的定价能力。[①] 此外,由于我国国内相关压榨行业普遍存在着产能过剩和资源消耗过大的问题,加大了对国际市场不必要的需求和依赖,严重影响了在进口市场的议价能力。这也体现了大豆行业多年来一直存在缺乏统一有效管理调控的问题,行业协会没有起到提供市场信息、协调各方利益、出面调解国际贸易纠纷的作用,行业协会对大豆定价权的作用也未显现。[②] 同时在这一背景下,我国企业的盲目进口和无序竞争加剧,导致了压榨企业的损失惨重。当前我们面临的问题是:我国虽然是大豆的最大进口国,但购买主体过于分散,不能形成规模,在谈判时没有话语权。因此需要依靠联合起来的

---

① 祝继高:《定价权博弈——中国企业的路在何方?》,中国人民大学出版社,2012 年,第 74 页。
② 吴冲锋:《大宗商品与金融资产国际定价权研究》,科学出版社,2010 年,第 253 页。

力量发挥作用,采用集中采购的方式,增加谈判砝码,使国际定价走向有利于中国的方向。

而行业协会作为政府和市场之外的第三种力量,是联系政府与市场的桥梁和纽带,具有组织、服务、协调及监管四大职能。行业协会在目前我国政府职能转变之际发挥着越来越重要的作用。①

大豆行业协会要发挥作用可具体参考以下方式:①我国大豆行业协会应担负起引导、扶持、监督中国本土大豆相关企业的责任,并对国外垄断粮商起到一定的监管作用,但并不参与到大豆相关企业的运营中去,以防由于利益牵涉而导致的效率降低和内部矛盾问题。②我国大豆行业协会应领导我国主要大豆进口商、大豆加工商等产业链相关企业,形成统一的议价集体和购买集团,通过各企业达成协议的形式,承诺不单独与外国粮食巨头接触,将大豆收购统一交给该协会的附属谈判组织,在收购形式上达成一致。③在大豆行业协会出现不稳定因素时,可以通过政府力量参与解决,各行业协会内企业坚持遵守集体收购等约定,从而进一步巩固行业协会的一致性和力量,最终取得在定价权的斗争中的优势地位,维护我国大豆企业的合法权益。

除此之外,我们还可以借鉴美国的行业协会模式。美国大豆协会作为非营利的农民会员组织,其主要的目的是稳定和扩大大豆的市场需求,鼓励大豆及其制品的研究与开发,面向全世界推广大豆及其制品,以此提高大豆的市场地位。② 在美国国内,协会更致力于改善植物遗传务实的研究、自助实验工作等。该协会定期向其会员提供国际大豆市场的交易动态,同时向全世界发布大豆交易市场的相关情况。总之,美国大豆协会活跃在大豆贸易的各个环节中,发挥着至关重要的作用。

---

① 李艺、汪寿阳:《大宗商品国际定价权研究》,科学出版社,2007 年,第 23 页。

② 中国经济周刊:美国人给我们上了"贸易课",2005 年 2 月 16 日,http://news.xinhuanet.com/fortune/2005-02/16/content_2583407_4.htm。

我国大豆协会应该明确各部门的职能和责任,在管理方面,要不断加强自身建设,为大豆产业提供相应的服务,充分发挥自身的作用。结合之前对于大豆行业协会具体发挥作用的分析,结论是我国应从对内对外两方面促进中国大豆产业的发展——对内服务监督,对外统一议价。此外,中国大豆行业应该树立产业链意识,提高规避风险的能力。美国的压榨企业与需求企业衔接紧密,供应商充分了解市场需求,而中国的压榨行业厂商缺乏对于市场具体需求的了解,因而无法科学准确的判断市场风险。产业链意识是关注大豆产业链上如饲料、养殖需求的意识。拥有这一意识可以利用产业链的上下游结合控制企业风险,保证企业的活力,增强本土竞争力的同时提高中国本土压榨行业的国际竞争力,逐步摆脱跨国粮商的控制,为争夺大豆国际定价权打下基础。[1]

从"兵马未动,粮草先行"的军事哲学,到朱升的"高筑墙,广积粮",粮食的重要性不言而喻。我国是人口大国,历来重视粮食安全问题。粮食问题不仅关系着国计民生,还常常对一国其他领域产生影响。与小麦、玉米等其他农作物高度的自给率不同,我国的大豆主要来自进口。因此一方面我们应该鼓励大豆的生产,减少进口依赖,另一方面,也应该积极参与到大豆定价过程中去。

四、对大豆贸易定价权的新思考

治标必先治本,治本务必透过现象揭示本质。就根本而言,中国在中美大豆贸易中缺乏定价权主要在于中国进口过多,是一个卖方市场。在卖方市场中,中国国内对大豆的强大需求远远超过了供给,供不应求的局面使中国作为买方对大豆这种商品没有选择的主动权,更无法奢谈定价权。而美

---

① 祝继高:《定价权博弈——中国企业的路在何方?》,中国人民大学出版社,2012 年,第 76 页。

国作为卖方,在大豆市场交易中和供需关系中,都处于有利和主动地位。

在中国大豆以及油脂油料进口量不断增加的十几年时间里,在开始阶段国际市场更多时间里表现出买方市场的特征,我们在进口问题上关注的是如何抑制过快增长的进口,以降低进口对我国产业的影响。但当国际农产品市场整体趋势逆转之后,大豆、油脂市场更多表现出卖方市场的特征,供应国和供应方在市场上占有主动地位,我国大豆需求以及油脂油料的需求越来越依靠从国际市场得到满足,国际市场供给与价格是否稳定,在很大程度上决定着我们的市场状况,这由此引发的市场波动更为剧烈。

当我们在争论如何争夺大豆定价权、如何不吃转基因食品之时,除了在供给侧发力之外,就需求和消费而言,改变我们的消费观念才是问题的关键。

一是减少过度消费。随着我国社会经济的发展,饮食变化逐渐向西方靠近,食品消费结构正在向快餐、肉食等高热量、高蛋白、高脂肪的食品转变。由于人们消费模式的变化,导致粮食消费快速增长,这也是导致中国粮食自给率下降和大豆进口激增的关键因素。

当前在中国人的消费结构中,蛋白质和脂肪提供的热量已超过了中国膳食总热量的39%,这个比例超过了许多国家。具体就食用油的消费而言,根据中国营养学会编制的《中国居民膳食指南2007》的建议,我国每人每天烹调油用量为25~30克,即使按照30克测算,人均食用油年使用量应不到11千克。因此成年人每人每天食用油摄入量应在25~30克为宜,这样有利于保持身体健康,有助于预防慢性疾病尤其是心脑血管病。从营养学的角度分析,我国人均和日均食用油消费量已大大超过了合理科学的膳食标准,也超过了符合健康要求的范围。2009年我国每天人均植物油食用消费量已达到47.7克,人均年消费量17.4千克。[①] 而在所有的食品中,单位热量最高的就是油脂,1克的油可以产生37千焦的热量,从而增加体重导致肥胖,

---

① 白美清:《粮食安全:国计民生的永恒主题》,经济科学出版社,2013年,第282页。

这种不健康的消费方式不利于国民的身体健康。正如有学者所言,中国所谓农产品需求的"刚需",并非是从健康和营养角度产生的刚需,而是盲目学习高热量、高脂肪的西方式、美国式饮食习惯而带来的刚需。① 这种刚需一方面加重了中国农业环境资源的负担,另一方面导致与不合理饮食结构相关的"三高"人群的增长率、发病率不断增加,因过度消费带来的营养过剩造成中国医疗体系不能承受之重。

中国在大豆贸易中缺乏话语权,最根本的原因是国内的消费增加太快,试想一下,如果我们减少过度消费,科学适量地消费食用油,推广"中热量、高蛋白、低脂肪"的食品消费模式,保持我国的东方特色,中国这个巨大的胃口自然会变小,国际大豆市场由此从卖方市场转变为买方市场,这时中国才会真正拥有大豆的定价权。

二是减少浪费。中国大饥荒的历史似乎离我们渐行渐远,而富裕起来的中国人似乎已无法感知到饥饿的滋味。与此同时,讲排场等不良消费方式盛行,在商业餐饮领域、集体食堂领域、家庭饮食领域,"舌尖"上的浪费成为我国的一个突出现象。有着勤俭节约传统习惯的中国在经济越发富裕的今天,人们对餐后的剩余饭菜毫不在意。现在中国每年食物浪费量(含各类食品)在 4.5 亿吨,平均每人年浪费食物量 299 千克。当越来越多的中国人具备经济上的消费能力之后,不健康的饮食习惯如果继续,消费行为仍毫无节制甚至发展到浪费的地步,中国粮食安全的风险便会加大。反之,如果我们减少浪费,从而减少了需求,会有助于减少进口大豆的规模,从而掌握大豆市场定价的主导权。总之,看似宏观的中美大豆定价权之争实则与我们每位消费者的消费习惯和消费观念密切相关。维护中国的粮食安全,保护本土的非转基因大豆产业,需要全社会从实现粮食合理消费、减少过度消费和粮食浪费的小事做起。

---

① 文佳筠:《养活中国必需转基因吗?》,《文化纵横》,2014 年第 2 期。

第九章 中国与东南亚国家的粮食合作

第八章主要探讨的是中国在粮食安全问题上与其他国家的博弈,最明显的例子则是中美的大豆贸易,其争论点在于大豆的定价权。本章将讨论中国与其他国家的粮食合作关系,而主要的合作对象之一就是东南亚国家。

一、我国粮食安全的现状与隐患

粮食安全是指"所有的人在任何时间,都能够买得到并买得起足够、安全和营养的食物,以满足活跃、健康的生活所需的饮食需求和消费偏好"。粮食安全概念的内涵至少包括三层含义:一是粮食供应量充足,二是粮食有效需求充足,三是粮食质量必须符合食品安全标准。根据这一定义结合我国的具体情况,主要从粮食供给需求角度分析我国粮食安全现状与隐患。

从供给角度来看,得益于科技支撑有力、监管措施到位、防灾减灾及时有效,及中央审时度势提出的新时期国家粮食安全战略,我国粮食产量目前已经实现了连增。然而日益严峻的气候危机仍然给我国粮食供应笼罩上阴影,给我国未来粮食安全带来很大的不确定性。温度上升带来的粮食减产、干旱洪涝等极端气候及病虫害加剧等问题,正在影响着我国的农业生产。局部地区灾情较重,特别是在北方干旱和半干旱地区,干旱使得农作物的生长缓慢甚至停止,造成歉收或绝收。

此外,工业化和城市化带来的耕地减少与污染问题是影响我国粮食供给能力的一个重要因素。目前我国城市化进程的显著加快,粮食种植面积在大幅度减少。土地状况被归纳为耕地质量问题凸显,区域性退化问题较为严重,农村环境形势依然严峻。耕地污染问题,国土面积超三成遭受侵蚀,现已达到2.95亿公顷。同样不容乐观的还有全国土壤污染总体状况:局部地区的土壤存在恶化趋势,其中耕地环境质量堪忧,遭受重度污染的耕地已占1.1%。这些无疑都严重威胁到我国粮食产量的进一步增长。

从需求角度来看,目前我国粮食供需还存在缺口,产需自给率大体在97%左右,虽在95%的基本自给线以上,但总体上仍是产不足需。分品种看,在过去三年中,玉米、小麦和大米的进口量都在翻倍增长。同时,随着人们生活水平的提高,我国粮食消费结构正在发生新的变化。饲料用粮和工业用粮快速增长,成为影响我国粮食消费的决定性因素。未来,饲料用粮和工业用粮年均增加量将远高于口粮和种子用粮年均减少量。而且随着我国人均国内生产总值进入6000—10000美元区间,食物消费结构也在加快升级,口粮消费越来越少,对肉蛋奶等产品的需求越来越多。可见粮食供需结构不平衡的矛盾突出。

总而言之,尽管目前我国在粮食总产量突破了6亿吨、实现了"十一连增",我们仍要清醒地认识到我国所面临的粮食生产结构不平衡,由气候危机带来的粮食生产不确定性、耕地减少与污染等众多隐患。

面对粮食缺口与粮食进口隐患,一方面大力发展我国粮食生产,另一方面粮食进口成为为数不多的缓解缺口的途径。凭借得天独厚的耕地、气候、劳动力条件,泰国、越南、老挝等东南亚国家一直是世界上重要的粮食生产与出口国。2014 年中央一号文件指出:支持到境外特别是与周边国家开展互利共赢的农业生产和进出口合作。与"一带一路"沿线国家深化农业合作有利于中国利用两个市场、两种资源,增强对国内紧缺农产品的管控力,防范和化解粮食进口风险。

二、东南亚国家粮食生产的现状与优势

一直以来,东南亚国家借着良好的自然社会条件成为世界重要的粮食生产与出口地区。充足的光热水资源、丰富的土地与耕地资源、大量从事粮食生产的廉价劳动力是东南亚国家粮食生产共同的优势。以泰国、越南、老挝为例,探讨这些国家粮食生产的现状与优势是有价值与意义的。

泰国是世界上最大的粮食出口国和净出口国之一。泰国的稻田共计 1078 万公顷,占泰国全国耕地总面积的 1/2,土地总面积的 1/5。从事水稻生产的有 400 万户(约 2400 万人),占农业总人口的 3/4,每户平均稻田占有量 2.7 公顷。泰国稻米年产量近 3000 万吨,占全球稻米总产量的 7%—9%,年出口量在 700 万—1000 万吨之间,占世界稻米贸易总量的 25%—35%,出口金额在 18 亿—30 亿美元之间,占泰国农产品出口金额的 25% 以上。泰国不断降低出口税,大米的出口税现已全部取消;并且取消出口许可证,这一做法增强了买主与贸易商之间的竞争,减少了他们的利润率,将好处转移给农户;推行粮食进出口供销一体化,通过经济外交开辟出口渠道。泰国充分发挥东盟自由贸易区的优势,从东盟其他国家如老挝、柬埔寨、缅甸等地收购中低档大米,或前往投资办厂,利用泰国开发海外市场的经验扩大出口规模。为满足不断增长的全球需求,泰国计划将大米产量提高 15%,至 3500 万吨。泰国还重点发展高质量大米,瞄准高端市场,泰国有条件成为

世界大米交易中心和大米质量发展研发领先国家。

越南是东南亚的粮仓,每年大约出口 600 万吨大米。尽管近几年自然灾害频发,粮食生产损失严重,但粮食供应不成问题。越南拥有充足的粮食储备,足以满足国内和国外双重需求。到 2030 年,越南人口将达到 1.04 亿人,届时,越南稻谷产量预计达 4400 万吨,加工成大米约 2900 万吨。除满足国内需求外,将出口约 900 万吨。为实现这一目标,越南将采取措施,确保全国耕地面积不少于 380 万公顷,同时鼓励开发高产、优质新稻种,提高水稻单产。

相对周边国家而言老挝地广人稀,土地资源丰富。老挝农业用地约7050 万亩,占其国土面积的 19.8%,其中可开垦水田在 3000 万亩左右。但目前已耕作面积仅在 2000 万亩,占可用耕地面积的 28%,其中水田仅有 900万亩。老挝主要生产稻谷(其中 80% 是糯稻)、玉米、薯类等粮食作物和甘蔗、咖啡、大豆、果蔬等经济作物。另据老挝统计年鉴,老挝近些年来农业生产形势稳定,播种面积、总产量都在不断增加和提高。但是由于不同地区自然条件差异以及基础设施落后等原因,全国仍有 56 个县人年均消费量低于350 千克,其中乌多姆赛、华潘和沙拉湾等省共 40 个县的农村粮食还不能自给自足。同时,老挝的粮食流通空间和流量都比较小,流通市场化程度比较低,基本无粮食流通。国内没有成规模的粮食流通企业,原有的国营粮食公司也因长期亏损而改革退出了市场。粮食流通设施建设和加工方面也比较落后,目前国内无粮食期货、电子贸易,全部为现货贸易,且集中于与蔬菜、服装等混杂一起的大棚交易区内,无专业性的粮食批发市场,无大型粮食加工企业,现有加工企业多为家庭作坊,导致老挝目前最大的大米加工厂生产能力仅为每天 10 吨。另外,受国家财力和仓储技术条件制约,老挝政府目前无成熟的粮食储备制度,也没有成规模的粮食仓储设施。

从东南亚地区的实际情况看,东南亚地区长期粮食生产潜力很大。首先,后备耕地资源巨大,仅老挝等国可用于粮食生产的后备耕地就达几千万公顷,与其现有耕地面积相当;其次,提高粮食单产的前景光明。目前,东南亚国家的粮食单产只有国际平均水平的 80%，但光热水资源条件远远好于国际平均水平，完全可以通过提高农业技术、增加农业投入、改善农业基础设施来大幅度提高粮食单产。因此推进我国与东南亚国家的粮食的合作是有必要的：一方面东南亚国家可以通过与我国在粮食生产技术、人才培养等方面的合作推动自身粮食生产的进一步发展；另一方面我国也能从此受益，进一步推动我国的粮食安全。只要能够克服一些阻力与不确定性，在可预期的未来，我国与东南亚国家的粮食安全合作显然是双赢的。

三、"一带一路"框架下中国与东南亚国家的粮食合作

2013 年 9 月，习近平主席在出访哈萨克斯坦等中亚四国期间首次提出了共同建设"丝绸之路经济带"的战略构想。2013 年 10 月，习近平主席访问东盟和印尼，在印度尼西亚国会发表题为《携手建设中国——东盟命运共同体》的重要演讲，阐述了中国对印尼与东盟的睦邻友好政策，提出了共建 21世纪"海上丝绸之路"的战略构想，得到了国际社会的广泛关注。

"一带一路"倡议布局是根据我国当前所处的国际环境与发展需要提出的，其中"海上丝绸之路"则主要是通过加强与东南亚地区的合作，加快实施区域自由贸易区战略，扩大完善投资空间，构建区域经济一体化新格局。在传统的农耕文明时期，农产品贸易和农业交流是古代陆上、海上"丝绸之路"的主要内容，中国的茶叶、丝绸等产品因而闻名于世。如今，作为一个要用全世界 7% 的土地、养活全世界 20% 的人口的粮食消费大国，粮食安全问题始终是我国在工业化、城镇化过程中所面临的一项重要战略挑战，其重要性应当得到高度重视。

发生于 2008 年的世界粮食危机更加表明，通过开展对外粮食安全合作特别是加强我国与东南亚国家的粮食安全合作是促进我国粮食安全的必要手段。"一带一路"是中国对外农业合作难得的历史机遇，中国有义务也有

能力在"一带一路"倡议下克服困难和障碍、推进与东南亚国家的粮食安全合作,在进程中承担更多的地区责任,发挥更重要的规范和制度建设作用,引导中国与东南亚地区的粮食安全合作走向互利共赢,维护中国粮食安全。

在推动我国与东南亚地区粮食安全及农业合作的道路上,我国已经走过了十多个年头。但是"一带一路"沿线东南亚国家处于不同的国情和发展阶段,农业资源和市场也都各有特色,农业合作中依然存在着众多问题和待改进之处。尤其是当前,我国与东南亚地区粮食安全合作经受着来自政治、经济及战略等各种因素的制约和考验,如何在"一带一路"的倡议下,面对合作中的挑战、跨越合作中的困难、突破合作中的瓶颈成为维持和推进合作进程亟待解决的重大课题。在深入梳理"一带一路"沿线国家农业资源和市场的基础上,应该组织政府部门、科研单位、企业和专家共同制定"海上丝绸之路"战略框架下的粮食安全合作规划,服务大局、深入谋划、稳妥推进、积极创新、努力开拓对外农业国际合作新局面。为此,我们可以在以下方面做出努力。

(一)实施"走出去"的发展战略,处理好政府、市场、企业的关系,引导国内农业企业参与粮食安全合作

"一带一路"的宏大构想需要顶层设计与基层创新两相结合,才能脚踏实地得以实施。"海上丝绸之路"战略框架应该是政府搭台、企业唱戏的运行模式。作为社会经济运转主要参与者的企业应成为推进这一战略的中坚力量,努力在实施过程中扮演重要角色,以获得更为广阔的成长空间。中国政府应该鼓励有实力的中国农业企业进入东南亚市场。中国企业也应把握机遇,顺势而为,及早做出关乎企业长远发展的战略抉择。

目前中国已经拥有一大批在资金、技术、人才、管理、品牌等方面具备较强实力的农业企业集团,但由于国内农业资源极为有限,国内市场供给趋于饱和,开拓国际市场是极其必要的。而多数东南亚国家虽农业资源丰富,但技术、资金、管理等方面比较落后,保障粮食自给的愿望又极为迫切,因此双

方合作潜力巨大。国内有实力的农业企业可通过承包经营、资产并购、建立农业资料生产企业、提供农产品等多种方式,全方位、多领域地拓展与东南亚国家的农业合作。另外,在"走出去"过程中,处理好政府与市场的关系是十分关键的。坚持以市场为主导、企业为主体、项目为载体、政府为引导的原则。发挥市场在资源配置中的决定性作用,政府不直接干预企业经营,而是让企业在探讨粮食合作项目中,充分考虑项目经济效益后做出理性判断,避免政府主导的行为。政府部门应将角色定位于引导者和服务者,重点围绕搭建合作平台、制定科学的产业导向、提供补贴和信息服务等方面开展工作。而这可以总结为以下两个主要方面:

第一,政策补贴。应该注意到粮食生产是一种投入大、周期长、效益较低的生产活动。在现行政策下,农业"走出去"必须加大政策支持力度。将现有的对外经济技术合作、中小企业国际市场开拓、农业国际交流与合作等专项资金规模逐步扩大,与对外农业投资规模相适应。在农业企业商业化经营中,参照国内惠农政策给予支持,将粮食种植、良种、农机购置等补贴延伸至对外农业投资企业。对于跨国跨区域的生态保护项目,要加大补贴支持力度,调动企业参与的积极性。进一步明确资金支持的条件,适当简化企业申请补贴的手续。在土地、税收、商检、海关等方面,给予对外粮食合作企业适当优惠条件。通过外交渠道加强对外沟通协商,推动外方在签证、投资、贸易等方面给予更多便利。

第二,金融支撑。政府部门应当给予适当补贴,但由于世界贸易组织(WTO)原则的限制,政府部门应当给予境外农业投资大量补贴是不现实的。企业要在海外发展壮大,更多地需要金融机构的支持。建议参照中非发展基金,根据中国农业企业在海外生产的特点,推动设立海外农业发展专项基金。由政府协调政策性金融机构,研究设立支持农业"走出去"的专项金融产品,适当降低贷款利率,延长还款期限,并由银行积极跟踪海外农业投资情况,在探讨成熟时可进行资金支持。

（二）健全粮食安全合作机制，加强基础设施建设

首先，加强地区制度建设投入，主动倡导和引领地区制度化务实合作。我国应重点加大地区粮食安全合作制度建设投入力度，充分发挥地区大国作用，积极提供公共安全物品，主动倡导、规划和引领地区粮食安全制度化务实合作。面对东南亚粮食安全合作多渠道、多层次、多机制并存的多元多重合作架构，我国在地区粮食安全合作中应保持开放心态，积极运作统筹各机制建设及其关系，使之朝着于东南亚与我国整体粮食安全有利及实现我国战略利益的方向发展。

其次，大力加强粮食流通基础设施建设合作。制约东南亚粮食生产、出口的一个重要原因是多数东南亚国家的交通、仓储等粮食物流基础设施非常落后。因此中国政府应大力加强与东南亚国家在农产品物流基础设施建设方面的合作，重点就农产品专用码头、农产品运输输运道路、农产品仓储设施、农产品物流信息系统、农产品配送体系建设等方面开展合作。结合中国与东南亚各国综合运输体系规划及专项规划，进一步明确双方近期可以开展的合作项目。充分利用中国在农产品流通基础设施建设方面的成熟经验和富余资金，帮助东南亚国家实现农产品物流基础设施现代化，并为进一步深化合作奠定更为宽广、更为坚实的基础。

（三）切实帮助沿线国家发展粮食生产，走粮食安全合作与地区信任建设良性互动之路

从地区合作的角度看，积极开展地区粮食安全合作不仅可以为本地区和平、稳定和发展提供必不可少的物质基础，而且还可以激发东南亚地区的合作热情和政治意愿，为东南亚地区发展进程注入新的活力和动力。从我国战略利益角度看，惠及东南亚各国普通民众的地区粮食安全合作将增强地区国家彼此之间的互信和友好，部分地化解"中国威胁论"和"中国不确定

论"的负面影响,维护我国负责任大国形象,在本地区真正形成友好互信、合作共赢的利益共同体的同时为我国和平崛起塑造良好的周边战略环境。

因此在其建"一带一路"的过程中,我国应该始终坚持正确的义利观和"亲、诚、惠、容"的外交理念,要以农业促全面合作、促共同发展、促周边稳定。只有实实在在的援助和功能性合作帮助东南亚国家真正实现了农业发展,从而得到当地市场与居民的认可,树立中国农业的良好形象,才能使中国对外粮食合作成为"有源之水"。为此我国应重点考虑农业前期开发和公益项目,使用援外资金为受援国政府开展农业发展规划,派出顾问专家进行技术指导,设立示范性农场。鼓励投资和援助项目相结合,以援外项目为先导,带动农业投资进入当地市场。此外,要加强对实施企业的教育,树立大局意识,把帮助当地发展农业生产融入公司经营理念,决不能见利忘义、唯利是图。要规范企业的经营秩序,对农业"走出去"企业实行准入制和退出机制,避免"一哄而上",坚决制止恶性竞争。引导企业在开展经营的同时,多做公益事业,遵守当地风俗习惯,与当地政府和民众"打成一片",树立中国农业企业的良好形象。

在现代社会中,粮食仍然是最为重要的战略物资,关乎民众生存和社会基本稳定。对于我国和东南亚各国而言,加强粮食安全合作、维护地区粮食安全是维护和推进地区合作进程以及实现经济社会可持续发展的根本基础和客观需要。对于我国这个人口大国来说,统筹国际与国内两个市场、两种资源,找准平衡点,通过开展粮食外交来推动地区粮食安全务实合作是促进我国粮食安全的必经之路,同时还是我国树立负责任大国形象、发挥地区大国引领区域合作进程作用的有效平台。

在"一带一路"的框架下,我们可以预测中国和东南亚各国在粮食方面的合作会大大增加,从供应者角度来说,中国对东南亚增加投资,其中投资包括铁路、陆上交通和水上运输,由于中国对粮食的需求每年增加,那么当东南亚的铁路、陆上道路和水上运输改善后,东南亚对中国的运输成本会大大降低,这样进口到中国的粮食成本下降,方便中国消费者能够买到物美价廉的农产品。

因此我国应勇于面对当前东南亚地区粮食安全合作所面临的内外部困难挑战和善于承担地区责任,加大地区粮农合作制度化建设投入和影响力,统筹运用好援助、投资、贸易、技术引进等合作方式,充分与外方沟通协商,在双边和多边层面建立长效机制,逐步按规划推动实施走粮食安全合作与地区互信建设良性互动之路,最终实现共同发展与繁荣。

除此之外,中国还参与了东盟与中日韩大米紧急储备(ASEAN Plus Three Emergency Rice Reserve,APTERR)机制的建立,东盟与中日韩大米紧急储备是中国与东南亚国家互助合作维护区域粮食安全的新举措,作为一项区域性多边合作机制,东盟与中日韩大米紧急储备正在发挥其积极的作用。

四、东盟与中日韩大米紧急储备

东盟与中日韩大米紧急储备(ASEAN Plus Three Emergency Rice Reserve,APTERR)是东亚国家间的一项区域合作机制,旨在成为一个相互提供粮食援助,通过共享大米储备和为紧急情况提供安全保障,以不影响全球市场正常贸易的前提下,将加强区域内粮食安全作为主要目标,维护该区域的粮食价格稳定,并减少贫困和营养不良人口的数量。

(一)东盟与中日韩大米紧急储备的历史背景与建立

目前世界粮食消费呈现以下发展趋势:人口基数大,粮食消费刚性增加;饮食结构改变,粮食需求增加。但在气候不断恶化、洪涝旱灾等自然灾害频发的背景下,粮食供给和价格脆弱性越来越严重。一方面,由于耕地与水资源有限、粮食单产提高缓慢、极端天气事件频发等,世界粮食产量持续增加比较有限;另一方面,由于人口增长、饮食结构调整、粮食用途增加等,世界粮食消费呈刚性增长的趋势。

而粮食安全的终极目标则是确保所有人在任何时候既能买得到又能买得起他们所需要的基本食品。一般而言,保障粮食安全的途径有两条:一是本国有较强的粮食生产能力,二是粮食进口有较强的保障。本国粮食生产能力与进口能力共同构成了粮食安全的二维空间。在世界粮食安全风险不断增大的条件下,区域粮食合作作为地区粮食安全治理的一道重要保障,处于关键的地位。

大米储备并不是一个全新的概念,大米不仅仅由政府持有,工厂、农民、零售商、家庭等也保有一定数量的大米储备可以随时释放以应对紧急情况。大米储备作为一种短缺时的应急资源,对于维持大米价格稳定极为重要。而储备量与价格之间如此密切的关系,也导致了各国对于政府及私营储备信息的披露持极为 谨慎的态度。但是,信息的不透明性恰恰加强了危机到来时由于信息缺失而导致的恐慌,出于对政府部门的不信任,在粮食价格上涨时,家庭和私营部门为了减少损失,有意识的加大粮食的囤积,进一步推涨粮食价格,恶化价格危机。因此,区域间粮食储备的合作在提供应急援助的同时也着眼于解决粮食信息不透明的问题,稳定区域内粮食价格,保证粮食贸易在合理条件下正常进行。

区域粮食合作的构想早在 1979 年 5 个东盟国家(印度尼西亚、马来西亚、菲律宾、新加坡、泰国)签署《东盟粮食安全储备协议》时就已经产生,该协议指定了 87000 公吨的专用大米系统,[1]称为东盟紧急大米储备(ASEAN Emergency Rice Reserve,AERR),[2]但在随后的 30 年里,东盟紧急大米储备

---

[1]　Paul Belesky,Regional Governance,Food Security and Rice Reserves in East Asia,*Global Food Security*,No. 3,2014,p. 170.

[2]　Kunmin Kim,Paula P. Plaza,Building Food Security in Asia Through International Agreements on Rice Reserves,ADBI Policy Brief No. 2018 – 1(August),p. 2.

并没有起到任何实质的作用,它所建立的协商调解机制也没有得以实施。虽然在这30年里,确实发生过诸如印度尼西亚受厄尔尼诺现象引起的干旱和森林火灾导致的粮食短缺等满足《东盟粮食安全储备协议》规定的"紧急情况",但由于东盟紧急大米储备为了防止各国为减少使用贸易进口程序而大肆利用的大米储备而制定的严苛的规定和低下的运行效率使得印度尼西亚等国家的决策者并没有利用《东盟粮食安全储备协议》调用大米储备,而是选择了直接从国际货币基金组织以及世界银行等机构贷款,①通过贸易方式增加粮食进口。

直到历经了2000年的粮食价格危机后,考虑到粮食价格受到极端天气等不可测因素的巨大影响,人们担心粮食价格的高度不确定性和不稳定将反复发生,粮价会长期表现出较大的波动性。同时,最初的成员国意识到,合作不应该仅仅局限于东盟内部,其他东亚邻国的加入将会加强区域间合作发展。2002年,东盟成员国与中国、日本、韩国真正开始了在粮食储备方面的区域合作。换言之,东盟与中日韩三国建立的东亚紧急大米储备(East Asia Emergency Rice Reserve,EAERR)试点项目开始正式实施,②各国希望可以通过在试点项目上的合作寻找到一种可以满足紧急需求的粮食储备机制,与东盟紧急大米储备(AERR)不同,东亚紧急大米储备(EAERR)试点项目的主要目标从保障粮食安全转向了推动农业贸易自由化并增加了大米实物库存。该试点项目由日本政府牵头,泰国政府主持推进,并接受由各成员国成员构成的指导委员会的监督。指导委员会的成员由每个成员国派出一名代表组成,其秘书处由泰国政府主持。在项目的初始阶段,泰国政府为其提供了主要的办公场所与人员帮助,而日本政府则给予了主要的财政支持。该试点项目的专用储备达到了787000公吨,并通过实施一级项目和三级项

---

① Kunmin Kim,Paula P. Plaza,Building Food Security in Asia Through International Agreements on Rice Reserves,ADBI Policy Brief No. 2018 - 1(August) ,p. 3.

② The History of APTERR,https://www.apterr.org/history.

目为东盟提供了超过 10000 公吨的大米,①其主要的释放对象为柬埔寨、越南、印度尼西亚、老挝、缅甸和菲律宾。同时,试点项目的成功也让东盟及中日韩地区认识到共同合作来维护粮食安全的重要性。

2008 年到 2009 年由于供应短缺和出口限制的影响,世界粮食价格飙升,区域和国家粮食储备的重要性凸显,东盟的解决方案就是建立足够的大米储备作为缓冲,以稳定市场并应对危机。在见证了东亚紧急大米储备(EAERR)试点项目的阶段性成功之后,13 个国家决定将该试点项目扩展为一个长期项目并于 2010 年终止了该试点项目,计划建立永久性的项目,即东盟与中日韩大米紧急储备(ASEAN Plus Three Emergency Rice Reserve, AP-TERR)。与东亚紧急大米储备(EAERR)试点项目最大的不同在于,东盟与中日韩紧急大米储备成立了专门的秘书处来维持、辅助和监督整个机制的运作过程。东盟与中日韩紧急大米储备的建立基于具有法律约束力的协议的签订,是制度化的国家间粮食安全合作关系。

在前期尝试和探索的基础上,东盟与中日韩进入了筹备阶段,按照试点项目的承诺,各国共为该机制专储 787000 公吨大米以应对该地区源自自然灾害、人为突发事件和人道主义援助对大米的紧急需求。②

东盟与中日韩紧急大米储备的缔约方由代表东盟成员国、中国、日本和韩国政府的机构组成。2011 年 10 月 7 日,在印度尼西亚首都雅加达举行的第 11 届东盟与中日韩农林部长会上,东盟与中日韩(10 + 3)的农林部长正式签署《东盟与中日韩紧急大米储备协议》。③ 时任中国农业部党组成员朱保成出席会议并代表中国政府签署协议。在各缔约方批准后,《东盟与中日

---

① The History of APTERR, https://www. apterr. org/history.

② Paul Belesky, Regional Governance, Food Security and Rice Reserves in East Asia, *Global Food Security*, No. 3, 2014, p. 170.

③ Kunmin Kim, Paula P. Plaza, Building Food Security in Asia Through International Agreements on Rice Reserves, ADBI Policy Brief No. 2018 – 1 (August), p. 3.

韩紧急大米储备协议》于 2012 年 7 月 12 日生效。[①] 2012 年 10 月 28 日,在老挝万象举行的东盟与中日韩农业部第十二次会议上各国达成了共识,将在泰国曼谷设立东盟与中日韩紧急大米储备的秘书处办公室。[②] 秘书处负责协调和促进该合作机制的良好运行,泰国农业与合作部委派农业经济办公室为秘书处提供办公场所,并作为东道国与该秘书处之间的协调机构。[③] 东盟与中日韩紧急大米储备应运而生。

随着东盟与中日韩紧急大米储备理事会第一次会议在泰国曼谷举行,东盟与中日韩紧急大米储备于 2013 年 3 月 27 日正式确立为永久性机制,这次活动也标志着东盟与中日韩紧急大米储备秘书处曼谷办事处的正式启动。自此,东盟与中日韩紧急大米储备秘书处的日常运行得到了各缔约方共同提供的运营资金的财务支持。2016 年 8 月 6 日,泰国国家立法议会通过了《东盟与中日韩紧急大米储备秘书处保护行动法》。该法案的执行将确保根据泰国国家法律保护东盟与中日韩紧急大米储备秘书处的活动。至此,该机构得到了泰国的法律认可,并且获得了法人资格。[④]

(二)东盟与中日韩大米紧急储备的运行机制

1. 东盟与中日韩大米紧急储备机制的组织架构

东盟与中日韩大米紧急储备机制是根据东盟及中日韩农林部长在东盟及中日韩农林部长会议第 11 届会议上签署的《东盟与中日韩紧急大米储备协议》而建立的区域合作机制,该机制下设理事会与秘书处两个机构。理事会是由每个成员国派出一名代表组成的执行委员会,担任东盟与中日韩大

---

① The History of APTERR, https://www.apterr.org/history.

② Kunmin Kim, Paula P. Plaza, Building Food Security in Asia Through International Agreements on Rice Reserves, ADBI Policy Brief No. 2018 - 1 (August) , p. 3.

③ The History of APTERR, https://www.apterr.org/history.

④ Acquisition of A Legal Personality of the APTERR Secretariat, https://www.apterr.org/news - events/16 - acquisition - of - a - legal - personality - of - the - apterr - secretariat.

米紧急储备的理事机构。同时还成立了秘书处,为推动和协调东盟与中日韩大米紧急储备机制发挥重要作用。秘书处的办公空间由泰国政府提供,设在泰国曼谷农业和合作社部农业经济办公室。秘书处由各缔约方共同出资的基金提供财务支持。基金包括用于长期财务支持的捐赠基金,以及每年用于支持东盟与中日韩大米紧急储备运营和活动的运营成本的出资。秘书处由秘书长领导,秘书长由理事会任命,[①]所以秘书处的活动和实施计划以及实施的项目需要向理事会报告。同时,秘书处与亚洲开发银行达成合作,为利益相关者制定策略和标准操作流程。[②]

2. 东盟与中日韩大米紧急储备的库存

为了实现其共同目标,各缔约方同意建立东盟与中日韩大米紧急储备的库存,其中包括由成员国政府保有或控制的有特定用途的紧急大米库存——专用紧急大米库存和仅仅以储备为目的的紧急大米库存——储备应急大米库存,[③]这两种库存由各成员国捐助,为面对粮食困境的人们提供帮助。根据国际食品安全标准,东盟与中日韩大米紧急储备规定的大米储备必须适合人类食用。不同于东盟紧急大米储备(AERR)时期仅局限于大米粮食储备,东盟与中日韩大米紧急储备也接受现金以及远期合约等非实物大米储备。

(1)专用紧急大米库存

专用紧急大米库存是指专用国家政府自愿指定和控制的特定数量的精米,这种储备库存由成员国自愿提供,由各自的政府拥有和控制,以满足一个或多个成员国的紧急需求。政府还负责其专用库存的管理成本,以确保

---

① What is APTERR? https://www.apterr.org/what–is–apterr.

② Sally Trethewie, ASEAN Plus Three Emergency Rice Reserve(APTERR): Cooperation, Commitment and Contradictions, NTS Working Paper Series, No.8, March 2013, p.4.

③ Kunmin Kim, Paula P. Plaza, Building Food Security in Asia Through International Agreements on Rice Reserves, ADBI Policy Brief No.2018–1(August), p.4.

库存质量良好。专用紧急大米储备库存总计 78.7 万吨,[①]其中东盟成员国为 87000 吨,中日韩三国为 70 万吨。[②] 每个成员国的专用数量细分如下:

表 9 - 1　有特定用途的大米储备额(单位:吨)

文莱	3000
柬埔寨	3000
印度尼西亚	12000
老挝	3000
马来西亚	6000
缅甸	14000
菲律宾	12000
新加坡	5000
泰国	15000
越南	14000
中国	300000
日本	250000
韩国	150000
总计	787000

数据来源:What is APTERR? https:// www. apterr. org/what - is - apterr.

(2)储备应急大米库存

以储备为目的的应急大米库存则是以自愿的形式捐赠给东盟与中日韩紧急大米储备,其中包括实物大米以及现金捐赠,这些捐赠储备构成了东盟与中日韩紧急大米储备的另一大类紧急储备资源,这些大米不受特定国家的控制,由所有成员国共同拥有,并在理事会的监督下由秘书处管理。这种

[①] Kunmin Kim, Paula P. Plaza, Building Food Security in Asia Through International Agreements on Rice Reserves, ADBI Policy Brief No. 2018 - 1 (August) , p. 4.

[②] Paul Belesky, Regional Governance, Food Security and Rice Reserves in East Asia, *Global Food Security*, No. 3 , 2014 , p. 170.

大米被用作紧急储备，为紧急情况提供准备，是东盟与中日韩紧急大米储备的另一个组成部分。

3. 东盟与中日韩大米紧急储备的应急项目

面对不同的紧急状况，东盟与中日韩紧急大米储备拥有三种不同的项目用于处理紧急情况：

（1）一级项目

一级项目是面对预期产生的粮食危机按照约定好的安排发放有特定用途的大米紧急储备。因此，一级项目是一个标准化的远期合约，与政府间的直接贸易不同，一级项目具有多边决策、紧急触发和应急处置的特点。一级项目合约规定了合约范围内大米的具体数量和等级、定价方式、交付款条件以及供应国和受援国之间的其他要求。在受援国发生紧急情况时，将根据当前国际市场价格从供应国运送大米。一级项目所包含的远期合约下的大米数量是通过对紧急情况下的大米短缺量的估算而得出的。

（2）二级项目

二级项目是面对一级项目不能处理的未曾预期到的紧急情况做出的反应，依旧从有特定用途的大米紧急储备中发放，其交割遵从供应国和受援国的现场交易协议，交易可以通过现金、贷款或直接赠予的形式进行。虽然一、二级项目具有基于市场的定价过程，但其具体的定价机制与自由交易市场仍存在差异。

（3）三级项目

三级项目涉及到以储备为主要目的的紧急大米库存，主要用来支援严重的紧急情况以及进行人道主义帮助，例如为了消除贫困、减少营养不良等而发放的大米储备，以确保该地区的粮食安全。这些大米储备的发放在受援国提出申请后通过快速协助途径和快速通道，通常是大米过剩的国家通过《东盟与中日韩紧急大米储备协议》以捐赠的形式交予大米储备不足的国家，不涉及交易价格的协定等贸易行为。

　　为了促进义务的履行,根据《东盟与中日韩紧急大米储备协议》,成员国建立了稻米信息交流体系,定期向秘书处提供相关政策、计划、粮食安全以及粮食供应等信息,①并在满足保密协定的前提下,在各个成员国间进行相互交流,加强合作,减弱信息不透明度。

　　每一个成员国在每年都需要重新补充其在东盟与中日韩紧急大米储备中的专用大米储备,以保证达到承诺的储备数额。其他非成员国国家或组织也可以向 东盟与中日韩紧急大米储备捐献大米或现金储备,这部分捐赠主要用于三级项目的实施。目前所有的大米储备在秘书处的监督下,全部储备于有紧急需求的国家和东道国(泰国),成员国(特别是东道国)有责任承担大米储备的任务并保证储备大米的安全和可食用性,东盟与中日韩紧急大米储备作为一个管理机构,并没有直接的储备仓库,但东盟与中日韩紧急大米储备有权利扩大或发放各国的储备。

　　2017 年 4 月 7 日,在粮食储备管理和发展研讨会上,东盟与中日韩紧急大米储备确定了建立区域仓库的计划,以便及时进行三级项目的实施。同时,与会的成员国代表也向东盟与中日韩紧急大米储备建议增加 50 公吨以上大米的三级项目自动触发的机制,以减少响应的滞后性。同时,与会者建议东盟与中日韩紧急大米储备的区域仓库的设立应该寻求私人部门的支持,而不是仅仅依靠成员国的投资,②融资渠道的增加将有助于实现各区域仓库的全面铺设。

(三) 东盟与中日韩大米紧急储备开展的活动和取得的成就

　　自成立以来,东盟与中日韩大米紧急储备开展了许多卓有成效的活动,

---

　　①　Kunmin Kim,Paula P. Plaza,Building Food Security in Asia Through International Agreements on Rice Reserves,ADBI Policy Brief No. 2018 – 1(August),p. 5.

　　②　The Regional Workshop on Food Reserve Management and Policies,https：// www. apterr. org/news – events/25 – the – regional – workshop – on – food – reserve – management – and – policies.

这些活动可以分门别类分为以下几类:

1. 向贫困地区提供大米,改善民众的营养状况

自成立以来,东盟与中日韩紧急大米储备通过一、二、三级项目开展了许多粮食援助活动,其中主要以三级项目的实施为主。符合援助标准的国家必须满足以下两种情况:一是由于极端或意外灾难的发生,被援助对象自身的粮食储备不足以应对这些紧急情况;二是被援助对象无法通过正常的贸易来获取所需要的大米物资。① 通过当地政府的请求和援助计划的制定实施,东盟与中日韩紧急大米储备的粮食援助活动得以有序的进行。

表9－2　东盟与中日韩大米紧急储备的粮食援助一览表

时间	援助国	受援国	援助额度	援助原因	项目类别
2016年5月	日本	菲律宾	240吨	飓风灾害	三级项目
2016年8月—10月	日本	柬埔寨	210吨	长期干旱、粮食贫困	三级项目
2017年11月—2018年7月	韩国	缅甸	500吨	洪水、人为冲突和贫困	三级项目
2018年1月	日本	菲律宾	225吨	恐怖主义事件	三级项目
2018年1月—2018年8月	韩国	柬埔寨	250吨	干旱和山洪灾害、贫困	三级项目
2018年2月	日本	缅甸	500吨	暴雨、山体滑坡以及暴力冲突	三级项目
2018年3月	韩国	越南	4700吨	台风	三级项目
2018年6月	日本	老挝	225吨	洪灾	三级项目
2018年8月—9月	日本	缅甸	138.5吨	特大洪水和山体滑坡	三级项目
2019年1月	韩国	老挝	1000吨	洪灾	三级项目
2019年9月	韩国	缅甸	500吨	洪水和山体滑坡、季风雨	三级项目
2019年9月	日本	菲律宾	560吨	热带风暴	三级项目
2020年3月	日本	缅甸	300吨	族裔冲突	三级项目

① FAQ,https://www.apterr.org/faq.

除了上表中列举的三级项目外,2018 年 10 月 11 日,在越南河内,为了加强长期粮食安全,日本政府与菲律宾政府分别作为"援助国"和"受援国"签署了一级项目协议。[①] 这次协议的达成经历了三次会议,以确定大米的质量和付款方式等具体合约细则。日本与菲律宾的一级项目协议是东盟与中日韩紧急大米储备首个一级项目的实验性实施,在保证原有三级项目的健康运行的基础上,为了加强对地区粮食安全的保障并在捐助项目外达成新的合作协议,东盟与中日韩紧急大米储备也在积极推动一级项目的运行。

此外,除了国家层面的粮食短缺,东盟与中日韩紧急大米储备也会对国家层面储备充足但地方受灾严重、影响到了家庭粮食供应的地区进行人道主义援助。

通过这些活动,东盟与中日韩紧急大米储备旨在确保受灾害影响的人们获得足够的粮食援助,并增强受援国政府维护该国粮食安全的能力,支持他们的灾后恢复和重建工作,以最大限度地减少受灾民众的痛苦并加强这些受灾地区的粮食安全。

2. 交流灾害信息

东盟与中日韩紧急大米储备秘书处代表于 2016 年 12 月 12 日至 13 日访问了缅甸,与缅甸农业部以及联合国世界粮食计划署讨论交流看法和经验,以增进对东盟与中日韩紧急大米储备活动的相互了解并更新缅甸的粮食安全和受灾情况。

各方就东盟与中日韩紧急大米储备的程序以及最近在缅甸发生的自然灾害进行了讨论。会后,缅甸官员与东盟与中日韩紧急大米储备秘书处代表前往大米加工厂进行实地考察。同时,东盟与中日韩紧急大米储备的代表访问了世界粮食计划署在仰光的办事处,以交流和借鉴世界粮食计划署

---

① The Signing of Inaugural MoC for the Implementation of APTERR Tier 1 Programme, https://www. apterr. org/news – events/88 – 11 – october – 2018.

在缅甸灾难中提供援助的经验。① 此外,由供应链管理处负责人率领的世界粮食计划署团队了解了缅甸的自然灾害情况,对东盟与中日韩紧急大米储备秘书处为执行三级项目提供了重要信息。

3.加强区域粮食合作

(1)参加粮食储备管理和发展区域讲习班

2017 年 4 月 7 日,东盟与中日韩紧急大米储备的秘书长在粮食储备管理和发展区域讲习班上作了题为《东盟粮食储备和不断变化的区域贸易制度:现状和前景》的演讲。随后,他被邀请参加公开论坛,与与会者讨论关于区域粮食储备的介绍,并讨论了不断变化的区域贸易制度对国家粮食储备的影响,以及国家粮食储备对诸如东盟与中日韩紧急大米储备之类的区域储备机制的影响。

(2)参观亚洲世界食品博览会

2019 年 5 月 28 日,东盟与中日韩紧急大米储备秘书处的官员在泰国曼谷参观了亚洲世界食品博览会(ThaiFex – World of Food Asia)。该博览会是东南亚地区最大、最具影响力的食品和饮料贸易展览会。展览会为工作人员提供了有关食品行业未来趋势的知识和经验,例如新的食品技术思想、创新的食品交付应用、可定制的机器人解决方案等,这些知识和经验可能会帮助解决农业发展和与食品安全相关的问题。

(3)与印度尼西亚咨询小组举行的农业发展和粮食安全会议

2019 年 11 月 25 日,东盟与中日韩紧急大米储备的秘书长应泰国农业部农业经济办公室邀请参加了"农业发展和粮食战略"会议,会议由印度尼西亚政治法律和安全事务协调部的代表组成。在会议中,该秘书长承诺东盟与中日韩紧急大米储备秘书处将继续履行其加强该区域粮食安全的任

---

① Small Discussions on APTERR – Related Issues in Myanmar, https：// www. apterr. org/news – e-vents/22 – small – discussions – on – apterr – related – issues – in – myanmar.

务,并希望进一步加强与印度尼西亚和泰国的合作,以推动东盟与中日韩紧急大米储备未来的活动。除粮食安全问题外,会议还讨论并分享了有关国家农业发展战略的信息和经验,以改善农民的生计并将该国的农产品扩大到世界市场。

(4)与中国农科院代表团讨论大数据发展问题

2019年11月28日,东盟与中日韩紧急大米储备秘书处应邀参加了泰国农业部农业经济办公室的"大数据开发"联席会议。中国农业科学院以及来自东盟地区的代表团参与会议。会议的主要目的是分享有关大数据发展的知识和经验,探讨将大数据运用到农业中的相关实践知识和技术经验,以提高农业数据收集的效率,并为粮食安全做出科技保障;[①]同时,改善东盟与中日韩紧急大米储备的粮食安全监控和评估系统,加强该区域的粮食安全。这次会议也为东盟与中日韩紧急大米储备秘书处提供了一个加强与中国的合作,以进一步发展东盟与中日韩紧急大米储备的活动的机会。

就取得的成就而言,首先,自成立以来,东盟与中日韩紧急大米储备为许多受灾地区与贫困地区提供了粮食支持,维护了国家及亚洲地区粮食安全,稳定了粮食价格与供需。根据东盟与中日韩紧急大米储备的计划和规定,储存后的12个月里,这些大米将为可能发生的紧急情况作为供应,如果没有紧急情况的发生,在储备期结束后,这些大米可以作为为缓解营养不良和消除贫困的物资进行发放。[②]除了为紧急情况提供粮食支援,东盟与中日韩紧急大米储备也定期对各国提供的大米储备进行安全检查以及可食用性检查,对各个储备仓库进行安全检查,确保大米储备的质量,以保证其安全性及可食用性,排除病虫害的影响,保障为紧急情况提供支援的能力。

---

① Discussion on Big Data Development With the Chinese Delegation From CAAS, https：// www. apterr. org/news－events/151－discussion－2.

② The Rice Inspection and Small Meeting in Lao PDR, https：// www. apterr. org/news－events/121－rice _inspection_laos－2.

其次,东盟与中日韩紧急大米储备开展了许多围绕当地种植中心等的调研工作,结合实际种植情况,向大众普及了科学合理高效的稻米种植方法与种植技术,推动了稻米向优质化、量产化改进。并且,东盟与中日韩紧急大米储备积极开展各类粮食相关国际多边合作,参与各种综合性或专门性论坛、圆桌会议与研讨会探讨地区粮食问题,学习最新成果、加强合作、推动东盟与中日韩紧急大米储备更加健康的运行,并推动了地区粮食贸易与合作机制的发展。

根据东盟与中日韩紧急大米储备官网上的信息,该组织认为东盟与中日韩紧急大米储备存在的必要性在于直接解决了东盟及中日韩三国所面对的直接的紧急的粮食安全威胁,①其中包括应对地区甚至与国家层面的自然或人为灾难以及如同 2008 年粮食市场动荡带来的价格危机。

东盟与中日韩紧急大米储备的三个不同层级的项目也各有侧重,一级项目是一个以商业为基础的人道主义援助计划,虽然援助国向受援国提供了大米供应,但是其严格的远期定价机制具有商业贸易行为的影子。而三级项目则是一个自愿的捐助行为,与一级项目本身有着巨大的差距。二级项目作为一级项目的补充机制,处于一、三两种项目之间,既有商业行为的部分,也包含了自愿行为的部分。从目前的项目实施来看,这三种项目的构架还是较为完整的,目前,东盟与中日韩紧急大米储备已经成功推行了数次三级项目的实施,并达成了首个一级项目协定。

在三种项目实施之外,东盟与中日韩紧急大米储备对水稻种植、加工、运输以及其他食品计划和安全保障部门的运行模式等进行了全面的调查学习,以优化 东盟与中日韩紧急大米储备的运行。

同时,东盟与中日韩紧急大米储备对于自身的宣传也格外重视,通过参加各种农业相关的峰会、研讨会,东盟与中日韩紧急大米储备不断进行自我

---

① FAQ,https://www.apterr.org/faq.

宣传,赢得更多与会国、与会人员的关注,以促进未来的更多交流与项目的有效实施。例如,2017 年 6 月 3 日到 5 日泰国稻米和稻农日庆祝期间,东盟与中日韩紧急大米储备应邀参与了由玛哈·扎克里·诗琳通公主主持的庆祝活动,并在整个活动期间组织了展览,向参与庆典的公众介绍该组织的运作模式以及自成立以来在加强区域粮食安全领域取得的成就。①

此外,东盟与中日韩紧急大米储备不仅拘泥于对传统农业现状的了解和学习,也着眼于未来科技的发展对农业发展的推动和可持续性优势,积极参加食品、农业领域先锋会议,与学校、研究机构进行深入交流,走访了解食品、农业行业的未来发展,了解新的技术、创新的食品交付模式以及机器人在种植和未来的应用等等,这些知识的储备也正是东盟与中日韩紧急大米储备不断发展、革新、提升效率的推动力。这种推动力在一定程度上也保障了该组织能够有效地应对各种突发事件。

(四)东盟与中日韩大米储备的区域粮食安全合作机制的模式价值

通过各种活动和成就,东盟与中日韩大米储备的区域粮食安全合作机制具有一定的模式价值,同时该机制所运用的模式具有更深远的借鉴推广意义。

东盟与中日韩大米储备机制能够取得成功,关键在于其清晰的资源调配机制和模式。该模式可分为三个步骤:一是建立国际协作机构,为保障粮食资源的统一调配打好组织基础;二是进行资源集中储备,为应对粮食安全相关事件做好经济基础;三是在损害粮食安全的事件发生时,可以根据不同的风险程度迅速地采取专项措施,使问题得以解决,达到区域粮食安全合作机制的最终目的。

---

① The Rice and Rice Farmers' Day 2017, https://www.apterr.org/news-events/1-the-rice-and-rice-farmers%E2%80%99-day-2017.

1. 建立国际协作机构——组织基础

合作机制拥有理事会与秘书处两个国际协作机构,均由各国派出代表和资金共同组成。国际协作机构的设立可以使得所有成员国在应对粮食安全问题时有一个便捷的共通平台,并由秘书处设立相关政策、法规,进行物资与专项资金的管理;由理事会与各成员国协商、研讨后下达解决措施,使其成为国际问题交流——专项立法——指令传达三位一体的机制,职能明确,行事高效。

2. 进行资源集中储备——经济基础

在组织基础建设完毕后,各成员国在秘书处立法的框架下进行物资储备。在区域粮食安全合作机制中,储备物资不仅包括大米实物,也囊括了现金、远期合约等非实物大米储备。远期合约这一金融工具的引入使得资源的不同时间调配更为灵活,增进粮食需求国和粮食盈余国之间的信用,具有较强的推广价值。储备应急大米库存由各国自愿捐赠,秘书处统一储存与管理。此外,各成员国开辟专项粮食储备科目,建立专用紧急大米库存,该粮食储备由各国自行储存和管理,但需要定期向秘书处汇报粮食供应信息。将储备应急大米库存和专用紧急大米库存分开设立的好处在于,粮食安全在空间调配上效率更高,如韩国出现粮食危机,可由中日两国的专用紧急储备进行及时援助,再由位于泰国总部的储备应急库存按需补充;同时,机构统一管理与各国自行管理相结合,使得经济资源的稳定性与灵活性兼具。

3. 快速解决相关问题——最终目的

在经济基础筹备扎实后,区域粮食安全储备机制可以正式投入到实际粮食问题的解决中。在诸多援助措施中,最值得借鉴的是该机制按照风险等级把不同的粮食问题划分为三个项目:一级项目,用于防范预期风险,因此以远期合约作为主要形式;二级项目,用于对一级项目未能客观反映实际情况的部分进行修正和补充,以现金贷款为主要形式;三级项目,用来支援紧急粮食安全问题,以大米等实物进行直接救援,在受援国提出申请后,可通过合作机制的快速通道将粮食从盈余国调往受援国。这样一来,理事会可以根据粮食安全事件的轻重缓急来确定支援的方法和渠道,快速、准确地对受援国进行支援,使所有资源得以发挥最大功效。

表9-3 东盟与中日韩大米紧急储备的模式

合作方向	组成要素	特点与作用
协作机构	理事会 秘书处	设立法规、资源管理 国际交流、传达指令
资源储备	专用紧急库存 储备应急库存	各国自行管理、灵活调配 总部集中管理、统一分配
解决问题	一级项目 二级项目 三级项目	防范预期风险、远期为主 补充未及项目、现金为主 实行紧急救援、实物为主

此外,东盟与中日韩的区域粮食安全合作机制的模式价值不仅反映在大米储备方面,该模式具有更广阔的适用背景、适用区域与适用标的。在面对局部战乱、国际制裁、疫情等重大流行病时,不同的区域也可以按照建立国际协作机构、进行资源集中储备、快速解决相关问题的三步走措施来实现行之有效的风险管理,如南亚区域合作联盟的粮食安全合作,建立了粮食银行来统一调配应急粮食资源;同时,合作标的不局限于大米,也可以根据该区域的特点来选择储备物资,如欧洲高纬度国家更适合储存小麦和土豆;同理,合作标的可以囊括大部分可能遭遇系统性风险的物资,如铁矿石和石油等工业类大宗商品,对一个国家的工业发展至关重要,也可以借鉴区域粮食安全合作机制的多层级风控模式,保障经济的平稳运行。

(五)现存问题与政策建议

1.东盟与中日韩紧急大米储备的现存问题

(1)在储备方面,东盟与中日韩紧急大米储备的现有储备远远不能满足各国需求,根据研究调查,目前的库存并不足以满足为了实现其粮食安全目标所产生的需求。目前东盟每天的大米需求量约为 500000 公吨,但东盟与中日韩紧急大米储备的实际储备仅为 787000 公吨,即储备只能满足东盟 1.5 天的消费量,[①]供求关系严重失衡。此外,就内部分配来看,东盟国家仅贡献 87000 公吨储备,其余大部分储备来自中日韩三国,储备量极不均衡。此外,对于一些国家来说,特别是中国和印度尼西亚,即使向中国发放释放700000 公吨储备库存,根据研究,也仅能抵消国内一个月大米价格 7% 的上浮带来的影响,情况稍好的印度尼西亚也仅能抵消 10% 的单月上浮,然而,目前大米价格的上涨每年大约为 31.5% ,这部分冲减可以说微不足道。[②] 因此,东盟与中日韩紧急大米储备仍需进一步扩大大米库存,以减少市场波动对价格的影响,更好发挥稳定粮价、维护粮食安全的作用。目前主要的储备都来自中日韩三国,而一些东盟国家作为世界上最大的粮食生产国和消费国之一,仍具有增加储备的能力,例如菲律宾政府表示一旦达到计划产量的增长就将增加东盟与中日韩紧急大米储备的供给量。但是,由于目前东盟与中日韩紧急大米储备项目的实施并没有显示出远优于其他粮食供给渠道的优势,大多数国家仍处于观望状态,仅出于外交目的而提供了较小数额的储备。[③] 未来,为了不像之前的东盟紧急大米储备(AERR)一样无法产生实际效益,东盟与中日韩紧急大米储备有必要扩大储备。当然,其前提是显著提高各国的储备意愿,各国的粮食储备量仍有较大的商讨空间。更积极的储备同样会对东盟与中日韩紧急大米储备项目的运行产生正反馈,帮助东盟与中日韩紧急大米储备在面对紧急情况时能满足需求并消除恐慌。

---

① Kunmin Kim, Paula P. Plaza, Building Food Security in Asia Through International Agreements on Rice Reserves, ADBI Policy Brief No. 2018 – 1(August), p. 8.

② Sally Trethewie, ASEAN Plus Three Emergency Rice Reserve(APTERR): Cooperation, Commitment and Contradictions, NTS Working Paper Series, No. 8, March 2013, p. 9.

③ Sally Trethewie, ASEAN Plus Three Emergency Rice Reserve(APTERR): Cooperation, Commitment and Contradictions, NTS Working Paper Series, No. 8, March 2013, p. 9.

（2）在财政支持方面，与大米储备一样，东盟与中日韩紧急大米储备的财政支持也主要来源于中日韩三国。① 虽然与东亚紧急大米储备（EAERR）试点项目主要由日本政府提供财政支持不同，东盟与中日韩紧急大米储备的所有成员国都提供了资金支持，但就每年的运营成本贡献来看，中日韩三国每年大约提供75000美元，而东盟国家每年则仅提供6000—8000美元。② 对于大米生产力有限而经济状况良好的国家，例如新加坡等，如果不能提高大米储备，则可以说服其考虑增加财政支持和捐助。③ 这部分捐助将不仅作用于支持东盟与中日韩紧急大米储备的有序运作，也可以作为三级项目的一部分，直接参与对粮食安全的保障，成为紧急财政援助的一部分，对区域合作提供支持。

在现存问题方面，东盟与中日韩紧急大米储备合作框架所面临的主要问题是如何进一步提升制度合作的水平以提升其有效性。奥莱沃·斯拉莫·斯托克（Olav Schram Stokke）把机制的有效性分为三种。④ 首先是机制通过影响行为体的选择来影响问题的解决。现有的粮食合作框架尚不能完全消弭成员国之间的粮食安全危机，其发挥的作用较大的局限于"应急管理和突发状况的小规模解决"，在应对区域性的粮食危机时仍然表现乏力；其次，斯托克认为机制可以影响问题领域内何为正确和恰当行为的认识，即机制可以通过影响行为体的认识来规避自私、理性行为，通过规范的改变来提升国际合作的水平。在东盟与中日韩紧急大米储备的案例中，参与各方由于自身国家实力的不同，所以在机制内部运作过程中的角色定位亦有不同。中日韩三国作为重要的"核心国家"，其国内粮食危机的解决很难完全依赖于地区性合作框架。因此，在合作互动过程中不同的角色认知不利于规范和

①③ Sally Trethewie, ASEAN Plus Three Emergency Rice Reserve (APTERR): Cooperation, Commitment and Contradictions, NTS Working Paper Series, No. 8, March 2013, p. 10.

② ASEAN Plus Three Emergency Rice Reserve Agreement, https://aseanplusthree.asean.org/wp-content/uploads/2020/01/ASEAN-Plus-Three-Emergency-Rice-Reserve-Agreement-22.pdf.

④ 王明国：《国际制度研究的新进展：制度有效性研究综述》，《教学与研究》，2010年第12期。

认知的改变,这也是当前四方合作框架难以更进一步的重要障碍;再次,机制可以影响特定行为和目标的"认知显著性",对于一个以解决粮食问题的地区性合作框架而言,各国的目标是区域内的粮食稳定还是区域内粮食问题的永久解决。不同的目标以及对目标的不同感知会影响行为体推动机制升级的动力。对于当前的四方粮食合作框架来说,其主要目标还是集中在解决短期内的粮食危机问题而非更大程度和范围上的问题解决。由此观之,更加有效的区域性合作机制需要被注入更加宏观的目标与合作愿景来助推。

此外,在一些其他具体的内容上,东盟与中日韩紧急大米储备对各国粮食安全的监控和评估方式还有待完善。如同在东盟与中日韩紧急大米储备运行机制中所述,一级项目中对于大米数量的协定主要来源于对未来粮食短缺的估计和预测,因此为了提升一级项目的效率,短缺估计的准确性极为重要,因此,东盟与中日韩紧急大米储备对粮食安全的监控和评估方式的进步将会提升对粮食危机预判的准确性并提高储备效率。此外,从大量的三级项目的施行可以看出目前东盟与中日韩紧急大米储备对于很多潜在的粮食危机的预判并不充分,提前部署的机会较少,多作用于事件发生后的援助,因此,在危机预判方面东盟与中日韩紧急大米储备仍存在较大的发展空间。随着科技的进步,通过高科技、新技术的辅助,这方面的问题将会逐渐得以解决。目前,东盟与中日韩紧急大米储备也在积极响应这一问题,在东盟粮食安全储备委员会第 37 次会议上,东盟与中日韩紧急大米储备秘书处除了报告本财年项目实施以及未来计划之外,也对粮食紧急情况检测和信息技术的发展进行了讨论、研究;[1]2019 年 12 月 18 日,在泰国曼谷召开的

---

① The Representatives From the APTERR Secretariat Attending the 37th Meeting of ASEAN Security Reserve Board(AFSRB),https://www.apterr.org/news-events/50-the-representatives-from-the-apterr-secretariat-attending-the-37th-meeting-of-asean-food-security-reserve-board-afsrb.

"2019 年泰国农业经济现状与 2020 年展望"会议上,东盟与中日韩紧急大米储备积极与各方专家研讨了大数据在农业方面的应用。① 可以看出,近年来,东盟与中日韩紧急大米储备积极参与各类大数据等农业新科技相关的交流活动,积极将前沿技术引入农业监控中。如果能够拥有综合性和分析性的农业数据,东盟与中日韩紧急大米储备未来的粮食安全监控和评估将会得到长足的发展,储备的调用也将会更加科学、及时、合理。因此,东盟与中日韩紧急大米储备应该利用大数据技术建立亚洲乃至世界性的粮食数据库,对大米产量、消费量和库存量等进行信息汇总,提高粮食市场的透明度,减少价格波动的幅度。

除了科学的监控评估手段,东盟与中日韩紧急大米储备也应该加快紧急大米援助发放的谈判过程、协调过程以及响应过程。从历次粮食发放来看,大多数紧急大米的发放都在自然灾害或人为冲突发生后的 3—6 个月时间里才正式开始,甚至在 2013 年菲律宾受超级台风影响后的大米发放产生了 18 个月的延迟,②时效性差,援助效率低,无法及时对受紧急情况影响的国家和地区进行帮助,这与东盟与中日韩紧急大米储备建立的初衷相矛盾。因此,在未来,东盟与中日韩紧急大米储备也应该优化沟通、谈判、协调机制,加强大米应急发放的效率。特别是,现在东盟与中日韩紧急大米储备所使用的主要渠道是紧急情况发生后自动触发的三级项目的实施,虽然捐助性大米的谈判过程比一级项目和二级项目简单,但目前仍需要较长的响应时间,发放效率有待加强。这就要求在东盟各地区建立更多东盟与中日韩紧急大米储备的区域仓库,储存实物大米储备,以便出现紧急情况时可以迅速交付粮食。并且,进一步优化组织架构,引入自动触发机制,在紧急情况

---

① Attending A Seminar on Thailand's Agricultural Economy and Big Data, https://www.apterr.org/news-events/152-seminar.

② Kunmin Kim, Paula P. Plaza, Building Food Security in Asia Through International Agreements on Rice Reserves, ADBI Policy Brief No. 2018-1 (August), p. 8.

下加速库存大米发放到需要地区的过程,以加快应对速度,防止紧急情况反应的延误。

此外,在国际合作方面,东盟与中日韩紧急大米储备与泰国、日本通过不断的交流合作均达成了积极的合作关系,但与中国等国家的合作交流还不够密切。日本对参与东盟与中日韩紧急大米储备尤为积极,主要是日本通过帮助东盟国家来实现其战略利益,确立日本作为世界大米生产和贸易中心的地位,并且力图争夺该组织的领导权。[1] 为了保障区域整体粮食安全,东盟与中日韩紧急大米储备应该积极与各国接触、沟通,与区域内大部分国家、地区达成长期的良性合作。中日韩三国与东盟国家在农业领域的资源互补、需求互补决定了各方必须要实现多方共赢的愿景。东盟与中日韩紧急大米储备应积极引导中日韩三国与东盟国家按市场需求和比较优势的原则来安排生产,从而深化产业分工和协作,促进农业结构调整,提高各区域按市场需求安排商品结构和调节生产的能力,也可以减少贸易波动,避免重复布局和恶性竞争,从而推动中日韩与东盟地区农业共同发展。并且,在此基础上,将粮农领域的功能性合作进一步扩展至基础设施建设、贸易投资便利化及人员交流等其他相关领域,通过带动其他领域的合作为整个地区进程的深化创造条件和基础。

为了加强和维持东盟与中日韩紧急大米储备的良好稳定运行,成员国也应该增强与该组织的合作与财政支持力度。目前的项目实施大多局限于日本、韩国对于缅甸、老挝、柬埔寨、越南和菲律宾的援助,其余成员国参与度不高,紧密性不强,为了保障区域安全,应该加大各国财政以及大米实物的合作支持。此外,早在2001年泰国就提出在泰国、缅甸、老挝、柬埔寨、越南这5个东南亚主要的大米生产国之间成立类似欧佩克的"大米卡特尔",

---

① Sally Trethewie, ASEAN Plus Three Emergency Rice Reserve(APTERR): Cooperation, Commitment and Contradictions, NTS Working Paper Series, No. 8, March 2013, p. 12.

以控制国际米价。这样的构想与大米区域合作有明显的冲突,①如果"大米卡特尔"真的成立,东南亚其余国家也要支付溢价。② 即使这个卡特尔由于与受到 WTO 等外部压力以及其内部难以达成协议的影响在一段时间内并不能落地实施,这种排他性组织的构想仍体现了东盟与中日韩紧急大米储备成员国内部的动机的不一致,这种动机的矛盾也导致了一些国家对东盟与中日韩紧急大米储备的支持度降低。

在项目实施机制方面,虽然一、二、三级项目的设定在理论上具有合理性和科学性,但在实际情况中,出于各自利益以及项目实施情况的考虑,仍是三级项目占有绝对优势,结合实际东盟与中日韩紧急大米储备可以对项目结构进行一定的调整和改善,一、二级项目的宣传合作以及模式的优化均有待加强。与此同时,在东盟与中日韩紧急大米储备的体系下,与公开市场交易相比,虽然其鼓励的双边直接贸易有效地避免了价格扭曲,但也使得潜在受援国与供应国的位置并不均等,供应国往往持有更大的话语权。

此外,东盟与中日韩紧急大米储备目前并没有有效的措施解决紧急大米发放所导致的新产生的潜在价格扭曲,在贸易关系密切的当下,各国大米价格的波动极易受到周边国家的供求变化的影响,东盟与中日韩紧急大米储备所支持的大量大米储备的发放将影响周边国家对于国际米价的评估,因此,东盟与中日韩紧急大米储备应该对项目流程进行深化完善,保证国际整体供求关系良好、稳健。

在协定方面,《东盟与中日韩紧急大米储备协议》目前并没有明确的对于不履行责任和义务的成员国的惩罚措施,③同时,为了保证各国利益和尊重各国法律法规,当事方可以处于国家安全和公共卫生等考虑单方面终止

———————————

① Sally Trethewie, ASEAN Plus Three Emergency Rice Reserve(APTERR): Cooperation, Commitment and Contradictions, NTS Working Paper Series, No. 8, March 2013, p. 9.

② Ibid., p. 11.

③ Kunmin Kim, Paula P. Plaza, Building Food Security in Asia Through International Agreements on Rice Reserves, ADBI Policy Brief No. 2018 – 1(August), p. 5.

协议执行,在当事人遵守了《东盟与中日韩紧急大米储备协议》下的程序时,其也可以单方面无理由撤回协定。根据协议规定,当两个或多个当事方产生纠纷时,他们首先应该进行内部协商,若无法通过和平手段达成一致,则交由理事会协助处理。虽然,由于目前项目实施的主流是三级项目即捐助项目,至今还没有国家使用这种争端解决机制,但没有有力的惩罚措施以及自由度极高的单方面终止权利无疑会给东盟与中日韩紧急大米储备项目实施带来阻碍,应当适当添加惩罚机制同时优化争议解决机制,同时增加强制执行机制以约束当事方行为,减弱当事国的不对等地位。与此同时,不同国家履行其职责的能力也不尽相同,亚洲国家大多没有对粮食价格、储备和安全而制定的相关国家政策,因此,东盟与中日韩紧急大米储备不仅需要加强其自身的运营、管理能力,同时也要帮助推进各国关于大米及粮食储备的法律及政策的完善,增强法律约束力。各国能否如约履行责任是东盟与中日韩紧急大米储备稳健运行的一大重要前提。

国际合作的发生依托于具体的机制或制度,但根据类型学的划分,不同的机制或制度运营的合作水平也有所不同,其具体的表现为制度有效性的差异问题。奥兰·扬将制度有效性定义为:"从一般层面上看是用以衡量社会制度多大程度上塑造或影响国际行为的一种尺度。"①因此,国际制度的有效性关乎的是行为体多大程度上遵守国际制度以及国际制度对于国家行为体的约束程度。在上述粮食安全框架之中,虽然具有应急避险的初步合作模式,但其对于长期的贫困、饥饿以及粮食买卖等区域内的重大问题仍然束手无策。同斯托克一样,奥兰·扬也将国家制度的有效性作出了三种划分,分别是作为目标获得的有效性、作为解决问题的有效性以及作为集体最优

---

① 詹姆斯·N.罗西瑙主编:《没有政府的治理》,张胜军等译,江西人民出版社,2001年,第187页。

的有效性。[①] 根据不同的维度而言,现有的粮食合作框架仍需要明确其具体的目标,以目标导向进行制度改革与重构,进行更加具体的制度扩容,摆脱狭隘的角色框定与目标框定。同时,更加高要求的或者说具有区域意义的目标包含对象与期望两种身份,当前框架既需要各个国家根据更新的目标进行重构与再造升级,也需要注入新的执行力与任务导向精神。由于框架内各国经济发展水平与组织依赖程度具有差异性,因此角色障碍是框架有效性的最大障碍。各个国家需要在共同价值的基础上打造战略互信,为更加有效的合作框架奠定观念基础。最后,更深层次、更加科学、更加互信以及更加有效的合作机制必须是集体作用的结果,形成一种帕累托最优的状态。在针对各种突发问题、长期问题以及向其他议题领域外溢的时候,使得各个国家摆脱"施舍、援助与净支出合作"的陷阱,实现集体收益的增长。

从更加具体的角度而言,当前不断推进的全球化加强了东亚地区的贸易和投资活动,加速了东亚各国间经济的相互依赖,区域联系更加密切。同时,各国对粮食的巨大需求对粮食市场带来了更多的压力。即使基于农业科技的进步,粮食产量也在不断上升,粮食安全风险仍处于逐年增长状态。

虽然在富裕的国家和地区,大米已经不再是绝对的主要粮食供给,人们的食物更加多样化,但是在贫困地区大米仍占有重要地位,此外,大米仍在区域粮食安全中扮演重要角色。正如成立背景中所述,东盟与中日韩紧急大米储备并非东盟成员国建立的第一个紧急大米储备体系,通过前期的摸索尝试,东盟与中日韩紧急大米储备正式落地,其建立的主要目的是为了加强亚洲区域间粮食安全、稳定大米价格、提高农民收入和福利水平,维护和加强亚洲区域间发展与稳定。同时,作为一个区域间的组织,东盟与中日韩紧急大米储备不仅涉及贸易经济领域合作,同样也涉及各国政治安全、社会

---

① Oran R. Young, *International Governance*: *Protecting the Environment in a Stateless Society*, Ithaca: Cornell University Press, 1994, pp. 140 – 162.

文化等问题,需要面对和处理各方暗存的民族主义以及多边关系问题。

东盟与中日韩紧急大米储备在合作原则上很强,而细节实施却不尽如人意。但是,即使东盟与中日韩紧急大米储备确实存在储备量小于需求、技术有待革新、利用效率差、争端解决机制有待完善等各类问题,仍有学者认为,目前,东盟与中日韩紧急大米储备激励成员国参与降低风险的行为本身比其实际规模重要很多,[①]即该体制的示范性效应的意义更加重大,该组织有限的储备金虽然不能够完全满足各区域粮食需求,但可以用来帮助加强粮食信息的透明度、使得区域合作更加多元、帮助解决国家内部农业生产问题以及消费结构失衡问题等。

在 2008 年全球粮食危机期间,东南亚一些国家采取贸易保护政策,限制本国的大米出口。但是,这种保护性贸易政策并不能消除长期以来的价格波动导致的对大米安全的不信任,例如一些传统的大米进口国(菲律宾、马来西亚等)仍在积极扩大本国生产以减少对国际大米市场的依赖。这种不信任感也会对进一步解决粮食安全问题产生阻碍,因此,东盟与中日韩紧急大米储备的成立将会有助于减轻这种不信任感,增强大米贸易信心,降低大米市场价格波动,维护区域粮食安全保障。

同时,大米作为一种商品,其市场具有天然的动态波动性,例如,由于印度干旱等偶然事件造成的粮食减产以及进出口商的恐慌造成了世界大米价格在 2007—2008 年间的飙升。特别是印度、越南、泰国、美国和巴基斯坦这前五大大米出口国占据了全球81%的大米出口量,因此,一旦这五个国家中发生产量不足的情况,由于贸易带来的连锁反应导致的危机发生的概率就大幅度增加。由于此前各国很难提供关于大米库存的准确数据,因此,使得对风险的评估变得尤为困难,而东盟与中日韩紧急大米储备所带来的信息

---

① Jose Ma. Luis P. Montesclaros, It's Not the Size, But How it's Used: Lesson for ASEAN Rice Reserves, https://dr.ntu.edu.sg/bitstream/10356/82083/1/CO15047.pdf.

透明度的加强无疑会减轻风险评估的压力。

从为了维持货币市场稳定而成立的国际货币基金组织的经验来看,国际货币基金组织的主要职责在于稳定汇率并具有保留和释放存量以稳定市场的权利,但与东盟与中日韩紧急大米储备不同,国际货币基金组织的主要目标不仅仅是解决危机而是通过调整储备金以约束各国货币量来预防潜在危机的产生,稳定全球经济结构。东盟与中日韩紧急大米储备同样拥有储备存量,而目前也面临着应对危机不及时、储备不足等显著问题,可以利用自成立以来收集得到的数据信息转化构建成危机评估模型,通过大米储备量调整而使得大米贸易市场达到均衡,直接作用于维护市场稳定而非应急调用,以预防危机的产生为核心目标,降低系统风险,也是一种可能的未来发展方向。

总而言之,东盟与中日韩紧急大米储备反映了东盟及中日韩三国在粮食安全上所建立的更大的合作的目标。尽管尚不成熟,但是东盟与中日韩紧急大米储备作为一种示范性机制,将会直接或间接地使得各成员国受益。东盟与中日韩紧急大米储备的完全实施是一项艰巨的任务,未来仍需要各成员国的财政、技术和政策支持。

第十章

粮食危机与中国农业的未来

随着全球饥饿人口的不断增加和全球总人口的增长,人们对于粮食危机的担忧正逐步变为现实。但从各种数据来看,全球粮食的人均产量完全可以满足人类需求,不至于使人类陷入如此严重的粮食危机。对此,唯一的解释只有分配的不均。全球的贫富分化和各地区局部的贫富分化导致了分配的不均,这正是粮食危机的真正原因。转基因技术被一些人认为是解决粮食危机的良方,但该技术在学术界尚有巨大争议,其安全性难以保证。粮食危机的背后伴随着各种政治性的博弈,其代表即欧美等国广泛推行的农业补贴政策。许多学者呼吁中国政府效仿这一政策,认为农业补贴可以刺激粮食增产,推动农业发展,促进农民增收。然而大量的农业补贴带来的高失业率却被众人所忽略。

一、粮食危机的真相

关于粮食危机的话题,人们一直有两种争论观点。一种观点认为,现在全球有近 10 亿人处于缺粮的危险中,由于人口增加、土地减少及环境恶化等原因,也许未来将有更多的人面临这样的危险。[1]持这一观点的人甚至认为由于粮食的短缺,很多国家已经将粮食作为一种政治化的战略物品,而面临短缺的国家将因此而担忧其国家安全。但另一种观点却认为,地球完全能养活现在的人类,现在每年全世界的粮食总产量足以满足人类的消耗,[2]全球粮食产量足以提供人均每天 125574 焦耳热量,远超人体所需的 8372 焦耳热量。比如中国,用 7% 的耕地养活了 20% 的人口。持这一观点的人觉得所有关于粮食危机的言论都带有阴谋论的色彩,是完全的危言耸听。

以上这两种观点的支持者不乏著名的学者和官员,他们所持有的证据也比较真实。粮食总量是足够的,但却有大量的人面临着短缺。这岂不是矛盾吗?这种矛盾的根本原因在于分配不均。因为尽管粮食总产量足以养活全人类,但是这并不意味每个人都可以获得相等的粮食,是分配不均导致了一部分人的相对短缺。

有的人会认为,人的能量需求是刚性的,一日三餐,食量是相对稳定的。分配不均即意味着一部分人消费了更多的粮食。可是既然人的能量需求是刚性的,他又如何消费多余的粮食呢?原因在于食物的结构方面。

从生态学的食物链来讲,生物都处于食物链的某一营养级,能量在食物链上流动,会逐级递减,每一营养级的能量只有 10% 能传递给下一级。[3]假设,人吃玉米,这是一条简单食物链;人吃猪,猪吃玉米,这是另一条简单食物链。这两者相比,显然在后一条食物链中,人类获得的能量只相当于前者的 10%。即人类吃肉相比于吃植物性食物会消耗更多的能量。肉类是一个

---

① 持这种观点的有莱斯特·布朗、拉吉·帕特尔、尹成杰等。
② 茅于轼、赵农:《中国粮食安全靠什么——计划还是市场?》,知识产权出版社,2011 年,第 198 页。
③ 生物学家指出:在生态系统中,每输入一个营养级的能量,大约只有 10% 的能量能够流动到下一个营养级。见 http://wenwen.soso.com/z/q97644392.htm,2011-11-10。

例子,酒类也是一个典型的例子。随着人们生活水平的提高,酒的消费越来越大。酒类是谷类食物发酵而来,然而酒类几乎不提供能量。

近年来,由于生物能源的发展,以美国为代表的一些国家和地区将初级食物转化为非食物的其他能源物质,例如用玉米发酵生产乙醇。这说明虽然人的能量需求是刚性的,但是人所消耗的食物却可能代表着不同的能量。即需求与消耗并不对等。我们可以把食物分作两种,一种叫作初级食物,如玉米、大米等植物性食物;另一种叫作高级食物,如肉类及某些加工合成食物,包括乙醇等。很多高级食物由初级食物转化而来,且在这一转化过程中,损耗了大约90%的能量。甚至有的转化不止一次,而是多次转化,这样损耗就更多了。所谓的食物分配不均,在此处即指少部分人消费了大量的高级食物。

这种分配不均是怎样形成的呢?这要从粮食本身说起。粮食不仅是一种生存必需品,同时还是一种商品,在某些时候甚至是一种战略物品。在全球化以及市场化的今天,食物作为商品的特性尤为突出。当一部分人富裕起来后,其对食物的要求就变了,不仅是温饱,还有口味、卫生、营养等各种要求,于是不可避免地增大了对高级食物的需求。在市场的调节下,有需求,自然就有供应,于是高级食物的产量加大。一方面,高级食物的生产直接从初级食物而来,比如用玉米养猪或养鸡;另一方面,高级食物的生产也会影响初级食物的生产,比如要加大牛的养殖量,就必然会占用更多土地用于放牧,从而减少了种植。总之,高级食物的生产是以牺牲初级食物为代价的。而只要市场对高级食物有需求,那么,牺牲初级食物就在所难免。人们越富裕,对高级食物的需求就越大。但是高级食物的生产比低级食物的生产代价高出许多,这意味着高级食物的价格比初级食物的价格会高出许多。是什么决定着高级食物与低级食物的比例呢?假如所有人同样富裕,那么高级食物和低级食物的价格会维持在相对平衡的状态,高级食物和初级食物的比例也会维持在某一状态。现在,一部分人的财富增加了,他们更能消费得起高级食物,但高级食物是有限的,不能均等卖给所有人,一定是有钱人获得大量高级食物。这当然是用价格来调节,即当一部分人财富增加后,他们要买高级食物,愿出更高的价格,而其余的人不愿意出这样的价格,于是形成了分配。在大家同样有钱的情况下,高级食物的价格和成本都联系着初级食物。现在富人为了获得高级食物而出高价,这使得高级食物的利润加大,因此其生产也加大,其生产加大导致初级食物减少,于是初级食物价格也增加,导致高级食物的成本进一步提升。这样就会有一个循环,这个循环最终是由什么来打破呢? 是由贫富分化的程度。

鉴于基尼系数在此处不方便对此问题进行讨论,本章设置另一种简单模型来讨论。此处用对食物的消费力来代表富裕程度。假设初级食物与高级食物的代换是 10:1,即 10 份初级食物相当于 1 份高级食物,每个人只需一份食物,即人的需求值在 1—10 之间,而人的消费力在 0—10 之间。然后把人进行简单平均分类,即分为四类,并假设这四类人数量是均等的。四类人分别为富人、较富人、中等富人、穷人,并且假设这四种人的富裕程度是成比例的。

而对所有人来说,平均消费力是固定的,假设为 m(见图 10 - 1)。

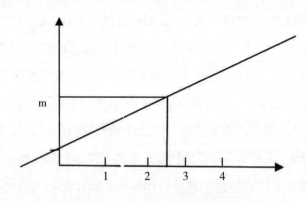

图 10 - 1 简化的贫富分化模型图

注:在二元坐标内围绕着固定点(2.5,m)转动的直线,直线的斜率代表分化程度。

设定一个直角二维坐标,将穷人、中等富人、较富人、富人分别定位在横坐标的 1、2、3、4 处,纵坐标为其所对应的消费力。把四种人所对应的消费力连接起来,得到一条直线:

$$Y = k(x - 2.5) + m$$

其中 k 为斜率,也即用斜率 k 来表示贫富分化程度。将 k 称作分化系数。由于 m 是不变的,当 k 等于零时,即不存在分化,所有人的消费力是一样的,将获得同等的食物。当 k 逐渐变大,则穷人的消费力将变小,k 大到某一程度时,穷人所对应的消费力将小于 1,于是穷人出现了粮食的短缺。

由于每个人都不可能完全没有高级食物,所以在穷人的消费力还未小于 1 时,短缺已经出现。是谁面临着粮食的短缺?只能是穷国的穷人,是贫困到连初级食物都买不起的穷人。因为富人为了获得大量的高级食物,间接导致食物价格抬高,导致初级食物的价格也抬高。市场不会在乎穷人的诉求。所以是贫富分化的程度决定了高级食物和低级食物的比例,在食物产力不变的情况下,当这一比例过高时,就会导致食物的相对短缺。

贫富分化导致了粮食的相对短缺,即人们所说的粮食危机。即使改善环境、保护土地、科技进步等因素使粮食产量有所增加,但如果贫富分化依然严重,粮食危机就依然存在。

二、粮食危机与食品安全

食品安全已受到广泛关注,却鲜有人在意食品安全与粮食危机两者的联系。

关于食品安全,存在着一个很棘手的问题。有些农民种田,是采用两套标准的:一套标准即大量使用农药化肥,尽可能提高产量,然后把产出的产品卖给城里人;另一套标准即留一块田,不使用农药化肥,灌溉也是用最干净的水,产出的产品用来自己吃。①

　　农民为什么要这样做呢？ 显然农民知道人们想吃的是干净卫生的食物,而非用大量农药化肥种出来的食物。但是农民为什么还是要用农药化肥呢？ 因为他们明白,即使是用农药化肥生产的粮食,还是有人会买。为什么？ 因为粮食是相对短缺的。

　　最近,新闻曝出陕西渭南的果农对果树使用过量农药,而自家吃的菜和果实却不打农药。这表明农民对食物的安全问题是完全了解的,知其不可为而为之,也就是说,某些安全问题是生产者熟视无睹,甚至是其主动造成的。是道德的缺失还是利益的蛊惑? 从根源上说,这是市场调节的失灵和监管体系的失误所致。食品安全问题有多种类型,其中,由于广大农民在生产过程中所导致的安全问题最令人头疼。不可否认的是,中国的农业经济依然是以家庭单位为主的小农经济,农产品出自众多不同的农民之手。假如某种工业产品出现了问题,起码来说,消费者可以对其生产企业问责,政府也可以采取行政手段来予以改善。但是当问题是由众多各异的农民所导致,消费者似乎无法问责,政府也难以用行政手段来处理,因为根本找不到责任受体。正如上面的例子,农民在种田的时候并不考虑其安全问题,甚至明知会有问题依然用不健康的方式生产,这样导致粮食及其他农产品纵然出现安全问题,也难以问责。

　　这一问题不仅反映在食品安全上,还会导致其他问题,比如环境的恶化。对农田大量使用农药化肥,会不可避免地导致环境的恶化,这其中反应最明显的就是水质和土地肥力的变化。而水质的恶化和土地肥力的降低又会反作用于农业生产,导致农业生产的低效率和不安全。例如,湖南的镉大米事件。

---

　　① 周立:《小农经济与食品危机下的"一家两制"》,http://www.cnoa360.com/news/21159732.html,2013 - 06 - 23;徐立成、周立、潘素梅:《"一家两制":食品安全威胁下的社会自我保护》,《中国农村经济》,2013 年第 5 期。

　　这是一种恶性循环。要破解这种恶性循环,最基本的办法就是形成竞争机制和问责制度。但是在目前条件下,使对农业行业形成彻底的市场竞争机制又会引发许多问题,如农业补贴不失为一种好的引导形成竞争机制的办法,而农业补贴必须要有前提,即第二、第三产业的进一步发展。

　　对于问责制度来说,可以对每种产品形成一套从生产者到销售者的实名制,每样农产品所对应的具体的生产农户都是可查的,这样就形成了问责制度。但是显然这样做得到的效果是微小的,是治标不治本。真正的本,还是在竞争制度上。

　　粮食危机不仅表现为食物的相对短缺,同时还表现为食物价格的整体上涨。最近 10 年,尤其是自 2006 年以来,国内的食物价格整体上涨了近300%。[①] 对于食品加工者来说,食物原料价格上涨,会导致成本上涨,为了降低成本,某些厂家商家在加工食品过程中做了手脚,导致食品安全问题的出现。轰动一时的三聚氰胺事件就是一例。由于当时主要是通过检测奶粉中的含氮量来间接检测其蛋白质含量,三鹿集团为了降低成本,在奶粉中加入含氮量极高的三聚氰胺,使得其奶粉的含氮量变高,造成一种蛋白质含量高的假象。

三、失落的农业与失落的农民

　　对粮食需求的增加,农产品价格的上涨,似乎意味着农业的兴旺,然而事实并非如此。纵观人类的经济发展史就会发现,自从英国第一次工业革命开始,就宣告了农业的失落。在某些人、某些国家看来,农业的失落与经济的发展是同义的,农业越失落,经济越发展。有时人们在评判一个国家的

---

　　① 《告别廉价粮时代》,http://www.outlookchina.net/template/news_page.asp?id=2152,2014 – 10 – 11.

发展程度时,甚至会以农业占国内生产总值的比重来判断,农业所占比重越小,似乎就意味着经济越发达。当然,生产力的进步使农业的效率大幅度增加,进而导致劳动力释放,农民向更高的产业转移,这是皆大欢喜的事。但是现实总是有一些走样。我们农业的现状是什么呢? 现状是,粮食需求大,食物价格高,资本愿意进入农业,却没有人愿意做农民。为什么没人愿意做农民? 暂且不论其他各种农民与市民的差别,此处只论农民的低收入。为什么农民的收入这么低?

改革开放以来,由于劳动力的优势,中国的低端制造业得以快速发展,尤其是 1997 年亚洲金融危机以后,许多亚洲国家的制造业向中国转移。在低端制造业的带动之下(当然也包括发展所带来的城市的快速建设),大量农村劳动力进入城市,被称作进城务工人员。进城务工人员的出现,一是由于城市对低级劳动力的需求,同时也由于农村人口爆炸带来的劳动力的剩余。所以尽管大量农民工进城,但对农业生产的影响并不大。三、四线城市的公务员和教师的平均工资水平在 3000 元左右,而进城务工人员的平均工资并不比这一水平低。可见,进城务工人员的工资收入是不能算低的。[1] 进城务工人员特别节省,大多数进城务工人员的生活费控制得很低,其大部分工资储蓄起来,邮寄回家乡。农民有了储蓄,几乎全部用来修新房,或者购置一些家用电器。

笔者认为,这才是农民与城市中的市民收入差距的根本原因。首先,农民的资金不能转化为资本,而且农民除了把钱存在银行,完全没有其他投资方式。在轻微的通货膨胀下,农民的血汗钱在他们不知不觉间贬值了。即使农民将钱用于修新房,但是这和城里人买房完全是两回事。当农民的钱转化为农村的不动产,意味着他的钱就这样蒸发掉了。因为在农村的不动产,几乎没有什么交易,更不要谈升值。所以农民根本不会有财产性收入。

---

[1] 邓海建:《农民工高工资,都是辛苦钱》,《法制日报》,2012 年 12 月 3 日。

而对于城里的市民来说,财产性收入是其主要收入来源之一。尽管农民通过外出打工,做最辛苦的工作,所得的工资并不低,但这依然改变不了城乡差距拉大的现状。说得更简单一点,即城市的发展比农村更快一些。

所谓的城乡差距和农民收入低其实是同义词。城乡差距似乎是发展的必然。所有国家和地区在发展过程中都不可避免地要经历这一过程。那么他们是怎么解决这个问题的呢? 要解决这个问题,要想缩小城乡差距,只有一个办法,即让农民变少。欧美发达国家、日本和中国台湾无不是如此。如果不让农民变少,永远不可能缩小这差距。在中国如此庞大的农民数量下,尤其如此。

如何让农民变少? 答案只有一个,即让部分农民向其他产业转移。过去 20 年,中国在这方面做得已经很不错:大量的制造业发展起来,吸引大量农民从农村进入城市,这在一定程度上促进了农民的增收。但是由于中国农民基数太大,一是现有的产业容纳不下那么多农民,二是农民进城后,只是其劳动力进城了,其人却被城市所排斥。[1] 进城务工人员其实并未真正进城,他们还是农民。

同时,基于农民的收入较低问题,很多学者在呼唤政府出台类似于美国、日本的农业补贴,觉得只要出台农业补贴,农民的收入会增加,农民的积极性会提高,我们的粮食产量也会增加,好像很多问题都可以解决了。[2] 真的是这样吗?

先来看我们的现实状况。中国与别的国家最大的不同就在于我们有 14 亿多人。14 亿多人,就业压力之大可想而知。现在产能过剩的问题越来越突出,我们的很多行业其实并不需要那么多人,并不需要制造那么多产品,包括我们的制造业。而且现在制造业在中国几乎已经达到一个峰值,劳动

---

① 中国现行的户籍政策让进城务工人员难以融入城市。
② 张秀倩、刘海彬:《美国、日本、印度的农业补贴政策比较》,《世界农业》,2012 年第 11 期。

力的优势在逐渐丧失,制造业在向别的地方转移①,我们的制造业就更加不需要那么多人。很多农民工找不到工作,只能回到农村。于是,就出现了所谓的返乡潮。假如我们此时出台类似于美国的农业补贴,会导致什么后果呢? 来看美国的例子。美国的农场数在 1935 年为 681 万家,到 1950 年下降到 565 万家,到 2006 年下降到 209 万家。可以看出,美国几十年间农场数锐减,减少了 470 多万家。② 农场数锐减的背后是农民的锐减,因为在这一过程中,农业的内部竞争会将很大一部分农民挤出这一行业。被挤出去的农民何去何从呢? 只能是进城。如果能找到工作,就变作市民,如果找不到工作,就变作游民。这是补贴必然导致的后果。巨额补贴的确增加了农民的积极性,会使农民种尽可能多的土地。种的地越多,补贴就越多。但是地是有限的,如何才能种得更多呢? 兼并。优胜劣汰,产量高、技术好的会兼并产量低、技术差的,大户兼并小户,最终形成巨头化。在这一过程中,必然会有大量资本进入农业,这大量的资本就是兼并的前提。兼并会导致什么? 巨头化的农场主会带来技术的提升,带来机械化的大规模生产,带来产量的增加。但是这样的农业还能包容多少农民? 由于土地的有限性,这样的农业并不需要太多的农民,为了保证高效益、高收入,一部分农民会被挤出来,农民就失业了。

当我们看到发达国家(地区)进行高额补贴带来的各种好处时,也不应该忽视这些发达国家(地区)进行农业补贴的背景。美国真正进行大规模的政府补贴始于 1929 年。③ 这正是美国空前严重的大萧条时期。当时由于大量粮食堆积卖不出去,政府拿出 5 亿美元资金专门成立了主管部门来对粮食

---

① 颜颖颛:中国告别廉价劳动力时代,制造业工资已迅速上涨,http://www.cnstock.com/gong-gaojd/xxjm/xxjmnr/201106/1378250.htm,2011-06-27。

② 周立:《极化的发展》,海南出版社,2010 年,第 40 页。

③ U.S. Department of State, Farm Policy of the 20th Century, http://economics.about.com/od/americanagriculture/a/farm_policy.htm.

的销售进行补贴。① 当然，美国当时是处于大面积的失业状态，其补贴纯属一种救济形式的补贴。1929 年之后，美国推出了罗斯福新政，不久，爆发了第二次世界大战。这两者使得补贴政策得以延续，因为罗斯福新政使得大批失业人员回到工作岗位，同时二战的爆发刺激了美国的粮食出口，使得美国的农业能够容纳足够多的人。20 世纪 50 年代以后，美国依然持续着对粮食的补贴，而在此期间，美国的农业人口开始锐减。② 严格说来，美国的粮食产量一直处于过剩状态。而且从 20 世纪 50 年代起，包括美国在内的西方资本主义世界得到巨大发展，尤其是其第二、第三产业的发展，这为其从农业释放出来的劳动力提供了去处。即便如此，在 20 世纪七八十年代，美国还是一度大大减少了对农业的补贴。③ 欧洲、日本和中国台湾的农业补贴大约都有这样相同的背景。

作为后发展国家，如果我们只看到别人进行农业补贴带来的好处，而忘了其农业补贴的经济发展背景，贸然模仿，进行高额补贴，结果会怎样？ 首先，我们的产量会增加，但是我们增加的产品能否竞争过美国、欧洲的产品呢？ 如果竞争不过，那么进口还会继续。我们的产量增加而又卖不掉，那么部分农民必然会被淘汰。尤其是我国如此众多的农民，若有 1/5 从农业中转移，对我国的就业都将形成巨大压力。

所以如果出台高额的农业补贴，尽管会带动一部分农民的收入增加，但同时必然导致大量农民连农民也做不成。这些失业的农民怎么办？ 他们将何去何从？ 他们只有向第二、第三产业转移。但是能转移成功吗？ 发达国家和地区对农业进行高额补贴，是因为他们的第二、第三产业有巨大的空间

---

① American President: A Reference Resource, http://millercenter. org/president/hoover/essays/biography/4, 2014 - 02 - 03.

② John L. Shover, *First Majority, Last Minority: the Transforming of Rural Life in America*, DeKalb: Northern Illinois University Press, 1976, p. 6.

③ U. S. Department of State, Farm Policies and World Trade, http:// economics. about. Com/od/ Americanagriculture/a/farm_trade. htm, 2013 - 09 - 08.

可以容纳这些失业农民，即便如此，一些发达国家依然处于高失业率状态。而且他们的农民基数本身就不高，这是中国所不能比的。

世界上有这么多发展中国家，但很少有哪个发展中国家能实施高额的农业补贴，一是这对政府财政要求太大，二是大多数发展中国家的第二、第三产业都不发达，没有空间来容纳失业农民。这对中国来说同样如此。要想进行农业补贴来增加农民收入，必须先发展好第二、第三产业，使得其对劳动力的需求增加。这对农民如此多的中国来说尤其如此。

笔者并非反对农业补贴，只是想说明，对一个有着众多农民的国家进行农业补贴会带来什么后果。后果就是，大量农村劳动力将被释放。而我国发展中最大的问题即劳动力过剩。所以农业补贴绝对不能单行，最好是在其他产业有了较好的发展之后，最起码也要和其他产业的发展并行。

从全球范围看，贫富分化已经相当严重，最富裕国家的人均国内生产总值与最穷国家的人均国内生产总值相差巨大（以 2009 年世界各国人均国内生产总值为例：卢森堡 113043 美元，刚果 184 美元，布隆迪 137 美元）。然而这并不是最让人担心的，因为对极度贫穷的国家和人民来说，更让他们担心的是这种贫富分化的趋势并没有消减，在可预见的未来，这样的差距甚至会进一步拉大。他们的担心并非没有理由。在资本主导的世界里，公平并非真理，强者更强、弱者更弱，这才是真理。并且这一真理已经被从资本主义兴起到今天数百年的历史所证明。对于弱国来说，因为穷，他们没有好的教育，没有人才，没有科技，更没有资本；即便有部分劳动力资源和自然资源，他们也无法充分利用，无法将资源转化为资本，于是他们只能依赖于有资本、有技术的西方国家，而这样只会让富者更加地富有。

全球化将穷国上升的阶梯阻断了。正如上文所说的农业补贴，富国可以进行巨额补贴以让其农产品横行世界，但是穷国做不起，也不能做，只能任由自己的农业被一点点侵蚀，最后变得更加依赖。

强国有太多的优势———资本的优势、技术的优势、金融系统的优势，每一样都让弱国无法招架。当这一切铁一样的事实放在世人面前,这时候再来说仅凭增加产量就能解决粮食短缺和饥饿,还会有人相信吗?

以上所说的贫富分化是从全球视野来说的,但这对于中国单独个体的研究同样具有意义。

中国的区域差距和城乡差距是明显的,在这样的差距之下,尽管中国的谷物产量自 1980 年以来一直位居世界首位①,中国部分农产品人均占有量超过世界平均水平,尽管中国的粮食产量已经 10 年连续增长,尽管中国每年要从国外进口大量粮食并且进口量在逐年递增,但是依然有一部分人面临着粮食的相对短缺,依然有一部分人靠着救济粮生存。虽然目前我国国内的粮食短缺并不严重,但是随着国际粮价的上涨以及食物价格的整体上涨,已经有越来越多的人对此表示担忧。

上文已经提到,要让农民增收的唯一办法是让农民数量减少,这里所说的减少是指其他产业的发展将农民吸纳并包容。当然,在其他产业得到更好发展的同时,由于失业农民能够得到收容,政府便可适时推出农业补贴政策,进行农业结构的改革。所以政府高额农业补贴政策应该是伴随着其他产业的升级和发展,而非单行的农业补贴。从产业位置来说,身为第一产业的农业只能是被其他第二、第三产业带动,而不能让农业来主动带动其他产业的发展。

---

① 王洁、杨武:《新编中国经济地理》,中央民族大学出版社,2010 年,第 62 页。

　　通过分析粮食危机和中国农业的未来,我们可以发现粮食安全是个复杂的综合性问题。粮食安全与食品安全、生态安全息息相关,同时还涉及农业发展与农民的收益保障。因此粮食安全的保障不仅能体现一个国家经济与技术的发展程度,还可进一步体现社会保障体系的完成程度。

　　面对粮食安全、食品安全和生态安全的多重压力,中国应适时调整农业发展战略,实现农业的可持续发展。粮食安全的可持续性取决于生态安全。而粮食安全又是食品安全的基础,只有实现数量的安全,才能保证质量的安全。可以说粮食安全、生态安全、食品安全这三者之间存在着相互联系、相互影响的因果关系。在新的时代条件下,粮食安全的概念应该被重新定义,它不仅包含粮食数量的安全,还应该包括生态安全、食品安全、粮食主权的安全等一系列新的内涵。

　　粮食是国家的安全命脉。21 世纪以来,党中央高度重视"三农"工作,出台各项惠农政策,促进我国粮食持续增产,农业机械化率稳步提升,关键主粮的自给率得到有力保障。同时,随着人民生活水平的不断提高,民众食品安全意识日益增强,食品安全问题也成了民生领域的热点。一方面,我国要实现习近平总书记所说的"中国人的饭碗牢牢端在中国人手里"的发展目标,满足维护粮食安全的需要;另一方面,要满足人民日益增长的美好生活需要,就必须解决粮食安全和食品安全的问题。事实上,粮食安全和食品安全并非两个完全割裂开来的概念,必须充分认识粮食安全与食品安全的辩证关系及其与生态安全的联系,进一步促进我国农业生产与消费有机衔接,提升人民群众生活水平。

一、粮食安全定义的演进

1974 年针对当时全球爆发的第一次粮食危机,联合国粮农组织在世界粮食首脑会议上首次提出"粮食安全"的概念,即确保任何人在任何条件下都能获得为了生存和健康所必需的食物。[①] 此概念的基本含义是指反映粮食品种的产销、供求、粮食收成状况等平衡关系变化的综合体现。随着时代的发展和社会的进步,1996 年,世界粮食首脑会议对粮食安全的概念进行了新的修正,即"只有当任何人在任何情况下都能在物质和经济上获得充足、营养的食物,来满足其健康生活的膳食需求和食物喜好时,才真正实现了粮食安全"[②]。这个定义包括四个关键维度:粮食的供给、稳定、获取和使用。第一个维度,是全球农业体系能够满足粮食需求的能力。第二个维度,稳定性与个人临时或长期无法获得必要的粮食以满足自身需求这样的风险有关,它取决于市场条件、气候、灾害等问题。第三个维度,获取与个人拥有合适资源的权利有关,包括购买力、土地权等。数以百万计的人存在营养不良

---

① 吴志华、胡学君:《中国粮食安全研究述评》,《江海学刊》,2003 年第 3 期。
② 李东燕、袁正清:《国际关系研究:议题与进展》,社会科学文献出版社,2011 年,第 181 页。

问题是因为他们无法获取足够的食物,在面对粮价上涨时极为脆弱。第四个维度,使用包括粮食安全和营养质量等方面的内容。尤其是整个食物链的卫生条件,它取决于适当的饮食实践、食品安全和质量等情况。[①] 当人类摄取的食物营养不足以满足维持生命所必需的数量时就会出现饥饿、营养不良等问题,这就是粮食不安全或食物供给无保障,不安全的食品意味着消费者食用后会产生急性的或慢性的危害,影响其健康,甚至危及生命。粮食安全的概念包含上述四项内容,也正是基于这四项内容,每个国家都高度重视本国的粮食安全。[②]

总体而言,目前国内外较为公认的粮食安全包括了三种含义,即粮食数量充足、粮食价格平稳和粮食质量安全,即满足人们对粮食消费量的需求,满足人们能够购买的需求,满足人们能够食用安全放心粮食的需求。

目前,粮食安全仍然是国际范围内的重要议题。据预测,新兴国家与发展中国家的人口增长将在未来几十年内极大增加对粮食的需求。到2050年,世界人口预计将达到91亿,粮食需求将相应地增加70%—100%。人口快速增长所可能导致的供求关系趋紧、粮价剧烈波动乃至上涨等问题不容忽视。

就食品安全而言,伴随着人们对食物质量的愈发重视,食品安全也日益成为人们对粮食安全内容的重要诠释。按照我国相关法律的规定,食品安全是指"食品无毒无害,符合所需的营养要求,对人体健康不会造成任何急性或慢性危害"[③]。2015年"世界卫生日"的主题即为食品安全。世界卫生组织在其网站明确指出食用被污染的食物会导致多种疾病,影响人体健康,甚至危及生命,并将食品安全所面临的新挑战归结为食品生产、销售和消费方面的变化、环境变化、新型病原体、抗微生物药物导致的耐药性等多个方

① 何昌垂:《粮食安全:世纪挑战与应对》,社会科学文献出版社,2013年,第2页。
② 卢新海、黄善林:《海外耕地投资问题研究》,科学出版社,2018年,第108页。
③ 孙娟娟、胡锦光:《基于公众健康的食品营养规制》,《中国食物与营养》,2017年第3期。

面,并指出国际贸易和旅行的增加会提高食品污染发生跨国传播的可能性。①

从粮食安全的概念上可以看出,食品安全是在粮食安全的基础上发展而来的,而粮食安全更侧重数量的安全,食品安全更强调质量的安全。

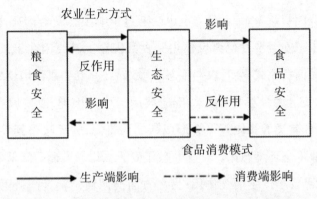

图 11 -1　粮食安全、生态安全与食品安全的相互影响

强调"量"的粮食安全与强调"质"的食品安全之间存在着相互影响的关系。值得强调的是,生态安全作为重要的中间变量在粮食安全与食品安全之间扮演了关键角色。从农业生产端来看,粮食安全会通过影响生态安全,进而影响食品安全;同时,生态安全本身也会反作用于粮食安全。其原因在于,一国采用何种农业生产方式确保粮食安全会对农业生态环境产生影响:如果该国的农业生产方式具有集约型、环境友好型特点,那么该国的农业生产活动对生态环境的破坏程度小,对高质量农产品(如绿色无公害食品)的生产条件较好,该国的食品安全也就更有保障;并且,良好的农业生产条件本身也是确保粮食产量稳定甚至增产的基础,这会使得该国的粮食安全同样更有保障。反之,如果该国的农业生产方式具有粗放型、资源掠夺型特

点,那么该国的农业生产活动将对生态环境造成严重的甚至是不可逆的影响,对高质量农产品的生产条件较差甚至不具备生产条件,该国只能依靠进口方式供给高质量农产品或消费本国生产的低质量农产品,其食品安全缺乏保障;并且,恶化的农业生产条件本身也会对粮食产量稳定造成压力,使得该国的粮食安全缺乏保障。

从农业消费端来看,食品安全也会通过影响生态安全,进而影响粮食安全;同时,生态安全本身也会反作用于食品安全。其原因在于,一国消费者具有的食品消费模式,会对农业生态环境产生影响:如果该国消费者大量消费肉类,会使得大量谷物、水源、土地被用于生产肉类,改变原有的生态平衡;而牲畜和禽类的粪便等又会形成新的污染源,如无法得到妥善处理,则会导致农业生态环境恶化。农业生态环境的恶化一方面会降低农产品供给质量,对食品安全产生消极作用;另一方面会使稳定粮食产量更为困难,对粮食安全产生消极作用。反之,如果该国消费者大量消费蔬果,而蔬果生产对资源的消耗相对较少,那么农业生态环境受到的破坏相对较小,粮食安全和食品安全也会因此得到保障。但是需要注意的是,如果该国为生产蔬果大量使用除草剂、农药等,那么农业生产条件的恶化仍然是不可避免的。此时,食品消费模式的不同最终导致的是污染类型的不同,即在肉类消费占主导的条件下,主要的农业污染物是牲畜粪便、畜牧业抗生素和饲料添加剂等;而在蔬果消费占主导的条件下,主要的农业污染物是农药等。

二、粮食安全、生态安全与食品安全的相互关系

新中国成立以来,粮食安全与食品安全的关系大致分为两个阶段:从新中国成立到改革开放前属于粮食供应短缺时期,在计划经济和物资短缺的时代,粮食安全无法得到有效保障,更无法奢谈和遑论食品安全的问题;改革开放后,农药、化肥等生产要素的大量使用,提高了产量,短期内粮食安全

问题得到缓解,长期来看,农业面源污染加剧,土壤毒化、地下水超采、土地荒漠化与水土流失继续恶化,粮食供给不可持续,同时粮食安全问题逐渐以食品安全的形式表现出来。

目前,当14亿多中国人在解决温饱问题之后,数量上的粮食安全似乎离我们愈来愈远,大饥荒的历史已成遥远的记忆,因此国人将更多的注意力集中到食品安全方面,追求食物消费的升级换代,殊不知,我们所面临的食品安全的基础——粮食安全正变得愈来愈脆弱,并通过生态环境这一媒介将危害传导至食品安全上。

(一) 以滥用化肥农药为代价增加粮食产量

生态种养结合的模式存在于中国几千年的农耕文明中。中国传统的小农经济是"资源节约、环境友好"的可持续农业,奉行的是人与自然的和谐共生。直到20世纪,农民进行土壤养分替代的途径还仅仅是利用堆肥或厩肥。在20世纪初期,由于一项发明,即利用空气中的氨进行人工合成的哈伯-博世过程,使农业生产发生了改变。氨是化合肥料中最主要的成分,如今化合肥料和无机肥料的生产效率极高,并且合成肥料的发展开辟了作物高产的潜能,使得作物产量远远高出自然养分循环时期。但是大量化肥的使用也带来了严重的不良影响。无论是使用化肥(如通过哈伯-博世过程生产的工业肥料)还是作物残留物,作物对氮的利用率都相当低。2005年工业生产的1亿吨氮肥中,仅有17%被作物利用。而且利用率越来越低。[①] 为了弥补损失,农民们倾向于施用比实际需求量更多的氮肥,即使考虑到损失的情况也在所不惜。因此大部分的氮肥被浪费了。

由于中国经济向城市化演变,自然的养分循环被打乱。在传统的农村

---

① Jan Willem Erisman, Mark A. Sutton, James Galloway, Zbigniew Klimont, Wilfried Winiwarter, How A Century of Ammonia Synthesis Changed the World, *Nature Geoscience*, No. 1, 2008, pp. 636 – 639.

社会,食物都在本地消费,人和动物的排泄物会返回到土壤中,形成养分循环。但是在高度城市化的社会里,食物是在离产地很远的地方被消费,使用化肥补充土壤失去的养分是保持土地生产力唯一可行的办法。因此化肥使用量的增长与过去40年集中发展的城市化轨迹密不可分。在这40年的城市化进程中,中国对于化肥的依赖程度逐年升高,所使用的化肥占了全世界使用量的35%,但化肥的利用效率却很低,同时造成的生态污染也影响深远。普查结果显示,化肥使用导致的水体实际污染要比以前所给出的最高数字高出两倍以上。中国农业源的磷排放量占了排放总量的67%,农业源的氮排放量占排放总量的57%。①

从国际比较来看,作为世界三大谷物生产国的中国、印度和美国,所使用的化肥占全世界化肥使用量的58%。在美国,化肥使用量虽然在1980年便不再增长,但它的谷物产量还在继续攀升——这是一个令人鼓舞的征象。中国的化肥使用量近几十年来迅速攀升。化肥在中国的使用量为一年近5000万吨,美国只有2000万吨。虽然中国和美国的谷物产量都为约4亿吨,但美国每吨化肥生产出的谷物比中国多一倍以上。部分原因是,美国农民在按需施肥方面比中国农民精确得多,另外还由于美国是世界上最大的大豆生产国,豆科植物可以使土壤固氮,以利后续作物的栽种。美国的玉米和大豆采取规律性的两年轮作方式,由此减少了对玉米的氮肥使用量。

长期以来,"石油农业"的发展模式有效缓解了我国现代化进程中所面临的农产品需求增加与劳动力成本上升的双重压力,但这种增加数量与节约劳动的"两全"结局是以牺牲发展质量为代价的,并在根本上造成了食品安全领域的系统性风险。与此同时,粮食的增产也是建立在大规模农业面源污染的基础之上的。生态环境部的数据显示,我国农业方面的污染已经

---

① [法]皮埃尔·雅克、拉金德拉·K. 帕乔里、劳伦斯·图比娅娜主编:《农业变革的契机:发展、环境与食品》,潘革平译,社会科学文献出版社,2014年,第85页。

超过工业污染,成为生态环境的第一大污染源,农药表面残留物更是对食品安全构成直接的威胁。农业部对全国11个省所售的蔬菜、水果中17种农药残留的检测结果显示,农药检出率为32.28%,超标率为25.20%。国家市场监督管理总局对蔬菜的检测结果显示,在181件样品中,有86件农药残留超过最大残留限量,占被检样品的47.5%。近年来,政府治理力度的加大使得农药残留合格率逐渐上升,然而农药使用量仍在增加,农药残留对食品安全的威胁仍然存在。并且专家调研发现,我国主要农作物育种工作面临着资源效率低下、病虫危害加重等突出问题,这在一定程度上加重了对化肥农药使用的依赖。化肥农药的大规模使用至少造成了两个严重后果:其一,存在潜在的健康风险。化肥的使用,都会导致地表水中硝酸盐的含量增加,并通过渗透作用导致地下含水层的硝酸盐的浓度增加,再经过生态系统的循环,对人体健康构成潜在危害;其二,存在对生态环境的污染。化肥的大量使用所带来的后果是河流、湖泊和沿海水域水体的富营养化。一些未经处理的污水或农业土地上带有肥料的水的径流都会引起水体富营养化。

中国用全球7%的耕地,养活了占全世界20%的人口,其代价就是中国农业消耗了全世界35%的化肥。在全球气候变化的大背景下,环境问题成为中国农业的主要威胁。[1] 近年来中国粮食供给的逐年增加建立在大规模使用化肥农药的基础之上,随着农村劳动力的大量流失,农户依赖简单和粗放的生产方式,大量使用化肥和农药,土壤的板结程度加重,农村生态环境的破坏导致生物多样性的丧失。长此以往,农业生产必将走入耕地质量越来越差、生产投入越来越大、自然灾害越来越严重、产品质量越来越低、农户收入越来越少的死胡同,并最终影响国家粮食安全和农村发展的未来。

---

① 袁越:《人造恐慌:转基因全球实地考察》,新世界出版社,2014年,第154页。

(二)重金属污染物造成严重生态破坏

化肥和农药的滥用使得越来越多的土地发出告急：土壤板结、微生物减少、病虫害增加、重金属超标。农药、化肥、地膜等污染物主要有两种运动方向：一种是残留在农产品表面及果实中，直接威胁食品安全；另一种是绝大部分污染物会残留在水体、大气和土壤内，在生态循环的作用下进入动植物体内，因而构成了食品安全的隐性威胁。[1]

以重金属污染为例，国务院发展研究中心国际技术经济研究所发布的报告显示，全国有1/5耕地受到重金属污染，每年被重金属污染的粮食多达1200万吨。江苏全省8市28县的粮食加工的食品中，铅检出率达88.1%，超标率为21.4%，此外，镉、汞等重金属也超出正常的标准范围。这些污染物通过食物链最终在人体内累积，超过一定阈值后，将引起中毒。

以2014年发生的湖南"镉米"事件为例：湖南地区为了增产，大面积使用磷肥，磷肥施到田里去，镉不断累积，一定程度后，就会导致表层土壤的镉含量超标，其中一部分会以化合物的形态存在（称为"有效态"），并被农作物吸收，进入和残留在作物的根茎及籽粒中。"镉米"就是镉物质的"有效态"含量超过安全标准的大米。[2]

在过去150年里，作物栽培发生了根本性的变化，即从历史上的"循环的农业生态系统"急剧简化成了以越来越多的使用化肥和其他化学制品为基础的系统，而且这一过程一直在强化。在前一个系统中，微生物、气候、植物化学、土壤之间进行着复杂的交互作用；而在后一个系统中，土壤成为一个纯粹的媒介，供植物吸收"流向"它们的化学物质，植物的生长速度因此加

---

① 陈雨生、张琳、梁杰：《环保型农资、生态环境和食品安全》，《东北农业大学学报》(社会科学版)，2015年第4期。

② 《湖南大量耕地遭受重金属污染，镉含量或来自磷肥》，http：// www. pway. cn/mart/y/ 201305/305980. htm。

快,数量因此增多,产量也因此得到提高。但这也导致土壤贫瘠,使得农作物的生长需要更多的化学物质。"化学化"的程度更强了,残留的重金属离子也更多了,导致土壤的毒性增强,生长在土壤中的植物和我们的食物的毒性也增大了。① 过度使用含有重金属离子的化肥与农药,其危害便会从粮食本身的安全性上显现出来,而且还会对生态环境造成污染,影响生态安全,并通过生态系统的传导和粮食的再加工带来食品安全问题。因此生态农业是一种永续产业,而那些打破永续生产的石化农业,对土地和环境的伤害是长时间存在的。我们会在很长的时间里不断地还债,来治理环境的污染。

（三）使用激素成为食品安全的内源性风险

食品安全的直观理解是食品加工制作过程符合相关的卫生标准,瓜果蔬菜农药残留达标,食品运输储藏符合相关的作业标准。然而由于石油农业向纵深扩展,直观的食品安全问题已经逐渐深化为更隐蔽的食品安全风险。此类风险从宏观环境来看,来自水体、大气污染以及土壤毒化和重金属污染;从微观环境来看,则来自各类动植物激素的大量使用。与农产品表面农药残留物相比,动植物激素的"内化"、难以察觉、不易检测和无法清洗,成为食品安全的内源性风险。

对于植物用激素成为食品安全的内源性风险,以大棚种植为例,由于大棚高产而且可以反季节种植,已经成为解决中国"菜篮子"问题的主要途径。但是为了让反季节果蔬能够尽早上市,一些果农、菜农大量使用植物催熟剂、生长剂等药物。② 然而这些激素类物质已经成为食品安全的内源性风险。动物用激素也成为食品安全的内源性风险,以"瘦肉精"为例,它于20世纪80年代源于美国等发达国家,90年代被引入中国。它能加快猪的生长

---

① ［英］亨利·伯恩斯坦:《农政变迁的阶级动力》,汪淳玉译,社会科学文献出版社,2011年,第135页。

② 倪学志:《对我国非粮农业发展战略的反思》,《农业经济》,2019年第1期。

速度,提高瘦肉率,而且屠宰后,肉色鲜红,脂肪层薄,所以被迅速推广。然而"瘦肉精"却有严重的毒副作用,轻则致人心律不齐,重则致死。这些毒副作用之所以能被发现,是因为"瘦肉精"的有效成分本身是治疗哮喘的一种药物,经过几十年的临床试验,最终人们才发现它的毒副作用。实际上,现实中还有大量的动植物激素在推广使用,其中大部分的毒副作用都不十分明确,这些将成为食品安全的系统性风险。这些动植物激素大多是以生物科技的形式出现的。按照研发者的说法,如果合理使用,其风险是可控的。然而这些动植物激素的化学及生物作用原理复杂、过程缓慢,而市场主体的逐利行为往往存在短视性,缺乏足够的动力和耐心验证其安全性。[①]

在养殖领域,农业企业多采用"封闭动物饲养法",这是一种"直流"系统,其中动物的身体成了媒介,用于吸收生长激素和抗生素,以对付因密闭饲养而带来的各种疾病。[②] 这样就可以将资本从土地和当地特定的生产限制条件之中解放出来,而这些限制条件自古以来都是农业历史的典型特征。而且被封闭饲养的动物所吸收的浓缩饲料很可能是由那些使用过植物激素抑或是存在激素残留的作物制成的,其中的内源性风险的"风险暴露程度"我们还不得而知,被封闭饲养的动物同时"吸收"了由植物用激素和动物用激素带来的双重内源性风险,其结果必然是风险转嫁到人类身上,并最终造成内源性风险的"自我实现"。这种工业化、规模化的养殖方式产生了大量的动物排泄物,[③]打破了农业和农村的生态平衡,并且导致了食品的劣质化。

---

① 王可山:《食品安全问题的政治经济学解读》,《中国流通经济》,2013 年第 9 期。
② [英]亨利·伯恩斯坦:《农政变迁的阶级动力》,汪淳玉译,社会科学文献出版社,2011 年,第 136 页。
③ 韩俊:《中国食物生产能力与供求平衡战略研究》,首都经济贸易大学出版社,2010 年,第 241 页。

三、反思与对策

基于短期利益实现的粮食安全不仅影响了生态安全,而且影响了食品安全,并最终影响到人类自身。片面强调工具理性的后果是忽视了价值理性和可持续发展。为了更全面地认识和维护粮食安全,拓宽粮食安全的内涵和外延,我们可以在以下五个方面采取措施。

(一)加强农业基础设施建设,提高抵御自然灾害的能力

在具体的运作过程中,可以从认识、投资和管理三个方面采取措施。

第一,在认识方面,充分树立农业基础设施先行意识。立足改善农业生产条件,加大农业基础设施建设的投入力度。与此同时在宣传方面加大力度,不断加强农民保护和建设基础设施的意识。

第二,在投资方面,对农业基础设施的投资力度进一步加大,加快重大农业基础工程建设,提高投资效率。首先,应优先考虑农业基础设施建设,按照相关的规定,政府要确保财政预算内支农资金增长幅度高于财政经常性收入的增长幅度。其次,对农业基础设施建设投资主体多元化进行探索,加大各地区农业利用外资的力度,开辟新的资金来源渠道。充分发挥政策引导和市场机制"两只手"作用,改变过去政府、村集体大包大揽的做法,多渠道筹集农业和农村发展资金,创新投入机制;进一步理顺投资利益关系,明确社会各利益主体在农业基础设施建设中应该承担的责任和义务。

第三,在管理方面,对农业基础设施的统筹管理工作进一步加强。建立现代企业制度,对竞争性基础建设要按照一般生产企业运作;非竞争性基础设施建设既要讲究经济效益,也讲究资本保值;在小型农业基础设施建设方面明晰产权,可以实行谁投资谁拥有的原则;逐步建立和完善农业基础设施法律保障体系。

（二）实行严格的耕地保护政策，提高粮食综合生产能力

一方面要树立耕地保护观。现阶段加快经济发展始终是中心任务，要想经济快速发展，就必须推进工业化和城市化的进程，而耕地就不可避免地被占用。因此要正确处理保护耕地与建设用地的关系，以经济社会全面、协调、可持续发展为基本立足点，进一步完善和实施耕地保护政策。这就需要各级政府综合考虑工业、农业用地需要，制定长远的经济发展规划，使得工业用地和农业用地得到均衡发展。另一方面，在耕地保护的时候，不能仅从耕地数量方面着手，更应该注重从耕地质量方面来保护。要数量和质量并重，强调"耕地动态总量平衡"。耕地数量的保护是保证当代中国粮食安全最基本的要求和首要的条件，但是随着人们生活水平的不断提高，保持一定的耕地质量是保证人民的饮食健康安全的必要选择。并且耕地作为半自然的生态系统，有着重要的生态功能，所以要从整个生态角度来保护耕地。

耕地保护涉及整个社会的方方面面，需要全社会的共同努力和积极参与。一方面，对保护耕地的相关政策法规应大力宣传。耕地保护需要全社会的支持和参与，这就需要引起整个社会的关注，并且在了解相关知识的同时更珍视赖以生存的土地，使得保护耕地的理念深入人心。另一方面，我国面临着人口基数大、人口增长量大的现状，这是导致人地关系紧张的主要因素之一。人是人地关系中的决定性因素，要想加强耕地的合理利用，必须适当控制人口增长，提高人口素质。保护耕地不可能一蹴而就，更不是一朝一夕的事情，我国耕地资源的现状和粮食安全的现状决定了保护耕地的重要性、长期性和严峻性。

此外，在被污染土壤的修复方面，由于干旱和洪水以及季节反常的炎热或寒冷，在供需之间维持着微妙平衡的系统迅速产生了缺口，况且地球本身也不能长期承受密集种植所需要的强度。由于过度使用化学肥料，土壤正在失去必不可少的矿物质和微量元素，尽管我们并未完全了解其方式，但这

强调了土壤的生态系统的重要性。土壤是农业生产的根本,为此,应建立健全土壤污染防治法律法规和标准体系,加强农用土壤环境保护和污染场地环境监管,利用环境科学工程技术来开展污染土壤修复与综合治理试点示范,改善土壤环境质量,保障农产品质量安全。并且因地制宜,采取不同的修复土壤方法和使用不同配方的土壤改良剂,由点及面进行土壤改良试点,利用农业生态科技以及土壤改良技术,通过市场化、产业化的方式逐步推广。同时,运用环境科学与工程的相关技术,降低耕地中存在的重金属离子污染物含量,避免这些重金属离子(例如镉)通过生态系统能量的流动向人类身上集聚。

(三)加强粮食安全预警,实施粮食安全的国际化战略

确保我国粮食安全,对我国经济发展和社会稳定具有重大的现实与战略意义。中国粮食受自然风险、需求量增长等因素影响,同时随着我国经济的不断发展及农业市场化与国际化程度不断提高,这就要求必须加强粮食安全预警建设,实施粮食安全的国际化战略。

粮食安全预警建设包括粮食安全预警系统、粮食安全监测系统、粮食安全应急系统的建设。建立有效的粮食安全预警系统,及时、准确地把握粮食供求基本态势,对粮食供求趋势做出超前判断,采取积极措施进行调节控制,从而达到保障中国粮食安全的目标。建立完善的粮食安全监测系统,粮食安全监测系统主要是运用现代化的互联网工具将全国粮食信息网点相互连接起来,形成快捷高效的信息系统,监测与影响粮食安全相关的重要因素的变化情况。建立完善的粮食安全应急系统,当粮食生产和储备出现不安全或波动的征兆时,粮食安全应急系统作为粮食安全预警的重要组成部分发挥着积极的作用。政府可启动粮食安全应急系统,采取应对措施,达到维护粮食安全的目的。

实施粮食安全的国际化战略是扩大对外开放、增强粮食安全国际话语

权的必然要求。在全球经济一体化和我国提出"一带一路"倡议的大背景下,实施粮食安全的国际化战略,从而保证我国粮食安全。基于粮食安全对于拥有 14 亿人口的中国的重要性,一方面,我们利用近几年国际粮食市场低价运行的有利时机,适度进口中国所需的粮食,充实我们的粮食储备,以舒缓中国粮食供求紧张的局面。从中国的粮食贸易现状来看,我国应该对粮食安全给予更高的重视。我国粮食贸易量大,并且粮食自给率还有提高的空间。更为严重的是大豆状况,国内市场上销售的大豆近 3/4 来自进口。从趋势上看,我国逐渐从粮食出口国成为粮食进口国,并且进口的数量和种类都在增加。粮食需求的增加迫切要求更多的粮食,粮食贸易是解决这一问题的必由之路。而粮食贸易的增加使得我国不得不注意粮食贸易中存在的风险,2008—2011 年间国际粮食价格翻倍甚至涨至 3 倍,这对一些欠发达国家而言是一个晴天霹雳,基本生活需要无法得到满足的民众通过暴力发泄心中的不满,导致社会的动荡不安。[①]同时,推行土地休耕措施,保证中国农业生产的可持续性,让因为追求连年增产而导致的土壤肥力下降的情况趋于改善,让已经过度透支的土地获得一丝喘息的机会,为子孙后代预留宝贵的耕地资源。

另一方面,为构筑对中国粮食安全有利的国际环境,我们应在"一带一路"的框架下开展与"一带一路"沿线国家的农业与粮食合作。尽管中国土地辽阔,但适合耕种的土地资源并不多,随着全国各地的开发利用,国内可用的优质耕地范围日益缩小。而中国的一些周边国家,自然资源非常丰富。我们可以在"一带一路"倡议的基础上,充分依托"一带一路"沿线国家经济和资源上的比较优势,通过互利共赢的技术合作、资源共享、资本投资等方式,积极开拓我国在"一带一路"沿线国家粮食种植生产基地和拓宽市场份额以及销售渠道。因为基于比较优势和要素禀赋的差异,"一带一路"沿线

---

① Neil MacFarquhar, Prices Worldwide Hit Record Levels, *The New York Times*, 2011 - 02 - 03.

的国家与我国的农业存在较强的互补性。例如,东南亚地区盛产热带水果、大米、棕榈油、木薯等,俄罗斯、乌克兰等黑海地区已经成为粮食的重要出口地。这些国家很多都有大量待开发的耕地资源,并且有着比我们更为丰富的光热水条件,但这些国家由于耕作技术的原因导致生产力水平不高,且缺乏优良性状的品种,作物单产水平偏低,这就为我国粮食安全的国际化战略和开拓境外粮食生产基地创造了绝好的机会。

基于此,中国政府应大力支持以中粮为代表的粮食企业实施农业全球化和"走出去"战略,并在投融资、关税减让、信贷支撑等方面给予优惠条件。中国粮食企业赴沿线国家开展租地投资、企业并购方面的业务,在当地租赁土地进行建厂生产,从事国际农业合作和交流,积累粮食贸易方面的经验,在与美国跨国粮食企业的竞争中发展壮大,控制更多的粮源,提高沿线国家的粮食生产效率,为中国和"一带一路"沿线国家提供充足的、稳定的粮食供应。并且通过贸易,我国可利用他国在土地资源上的比较优势来节约本国的土地等资源,甚至可以考虑发展粮食的二次加工,利用粮食中的各种成分,提高粮食产业的附加值。这既提高了中国与"一带一路"沿线国家的经贸水平和合作深度,又为我国粮食安全战略的国际化迈出了坚实的一步,并且还可以推广至其他国家,增强我国在粮食安全领域的国际话语权。

(四)加强农业生产经营模式的组织创新,向现代农业转型,推进农业产业化发展

一是发展现代生态农业。以现有的农业技术力量如高等院校农业学科、农业研究机构为依托,组建教学—科研—生产—推广示范基地,使科研成果尽快转化为生产力。同时,在这一类型基地建立农畜产品加工业,改变过去单一的资源直接利用方式,把种植业、养殖业、加工业结合在一起,形成地域生产体系。这就意味着逐步运用生物工程技术的生态农业之路,实现资源、环境、人口协调发展和经济、社会、环境效益的统一,而不是西方式的

"石油农业"的道路,使示范基地逐步成为区域现代化农业的增长点,而农业现代化是一项综合的系统性工程,包括农产品的生产效率提高,农业机械化、电气化、信息化等水平的提高,农产品供给能力的提升,农民收入和生活水平的提高,这些措施均有助于提高粮食安全保障能力。

首先要提高农业生产效率和农业机械化水平,进而减少化肥、农药、农膜等导致的农业源环境污染,也有助于减少因农资生产能耗相关的温室气体排放量。制定农机的燃油效率标准,鼓励高效率农业机械的使用,稳定或降低单位面积粮食生产的柴油使用量。通过技术改造、提高农资生产规模化水平,进一步降低农资生产过程的能耗水平,以此降低粮食生产农资投入相关的温室气体排放水平。尤其是合理控制化肥使用量,来降低化肥使用相关的污染物和温室气体排放水平。通过缓释肥技术、定期测土施肥技术、增加生物质肥料等方式,降低单位面积农业生产化肥使用量,可以减少单位面积化肥使用形成的种植业污染物总氮、总磷的流失量,同时可以减少化肥生产过程和使用过程的温室气体排放量。[1]

其次将畜禽养殖业作为治理农业源污染物的重点,提高畜禽养殖业污染物产生消除率,减缓畜禽养殖业污染物增长速度。鼓励畜禽养殖业使用青贮饲料、推广配合饲料等方式提高饲料利用率,其核心是提高饲料粮的转化率,减缓我国畜禽养殖业饲料粮需求量的增长速度,进而减缓粮食生产和畜禽养殖过程的农业源污染物和温室气体排放量的增长速度。[2]

二是优化农业生产要素的投入结构。农业生产要素的重组和不断优化实现了传统农业向现代农业的转型。土地是农业生产要素配置的基础,应加快放活土地要素。立足农业经营规模小的实际,鼓励农民开展土地合作、入股、流转等,逐步扩大农业经营规模,加快服务社会化、生产区域化、产业

①② 李锋:《关于中国口粮生产和消费对资源和环境相关影响的研究》,中国经济出版社,2015年,第218~219页。

集中化,形成农业服务规模优势、区域规模优势、产业规模优势,提高我国农业规模效益和竞争力,健全中国特色现代农业经营体系,同时促进农业产业化的发展。农业产业化可以延长农业的产业链条,为工业提供优质原材料,减少贫困化,加快农业现代化进程。因此要大力发展农工商一体化,建立具有合作社性质的小农农工商联合体,参与主体共同合作,组织广大农民进行农产品生产、开发、加工和经营活动,遵循经济效益、社会平等与生态环境保护等原则,通过合作社与企业间的合作,把工农和城乡间的资本、人才、技术、资源等生产要素进行优化组合,把单一的农产品发展为产业。只有这样,才能对市场需求变化做出迅速的反应,实现农产品的增值,提高农业生产效率,最终实现农民增收。

三是转变农业生产发展方式,从粗放经营尽快转到注重提高质量和效益的集约经营上来。[1] 面对生产成本上涨和比较效益下降趋势,需要加快培育和推广高产稳产优良、附加值高的品种,提高土地产出率。面对劳动力大量转移和土地经营规模扩大,需要加快培育适宜机械化作业、轻简栽培的新品种,提高农业劳动生产率。面对资源环境约束压力,需要加快培育水肥高效利用的新品种,提高农业资源利用率。

以营利为目的的现代食品工业体系,不仅割裂了人们的生活世界,造成人与自然、人与人之间的断联,将其自身的安全风险转嫁于消费者和生产者,而且置环境保护于不顾,这加重了人类的生存危机和环境危机。在全球范围内,面对现代食品工业咄咄逼人的态势,针对食品工业化的反向社会运动从未止息,如食物地方化运动。

为了摆脱食品帝国的控制,实现粮食主权中对整个食物生产、加工、销售和消费过程的民主化,一些让农民生产者同消费者直接对接的公平贸易机制正在各地建立起来。例如,通过建立消费者与生产者之间相互信任的

---

[1] 李克强:《以改革创新为动力 加快推进农业现代化》,《求是》,2015年第4期。

伙伴关系,来共同管理食物的生产过程,形成利益共享、风险共担、长期稳定的合作机制,在消费者获得质量上值得信赖的本地食品的同时,也让农民获得应有的经济回报。在这些新的机制和新的实践中,社区支持型农业正在全球推广。它作为食物地方化运动的主要表现,其兴起的直接原因是近年来工业化和城市化的不断推进所导致的一些负面效应,如环境问题和食品安全问题。在一些公民社会团体的推动下,许多地方出现了大量由农民和消费者共同管理、公平交易的合作社或其他农业组织,而各种借助互联网与电子商务技术的社区支持型农业模式更如雨后春笋,不断涌现,蓬勃发展。

但是鉴于未来世界人口对粮食巨大的需求,简单回归所谓的小型农业显然无法满足人们对粮食的需求。因而建立高效生态农业就成为必然选择。高效生态农业强调内生性可持续发展,即农田中自身营养物质与能量的循环利用而不是加大外部投入,通过模仿自然过程强化农业系统的方式,在农业生态系统的各个部分之间建立有益的生物互动与协调。

基于粮食安全和食品安全的辩证关系,以及作为两者之间中间变量的生态安全的重要性,粮食安全、生态安全、食品安全这三者之间存在密不可分的相互联系。更重要的是,在新的时代背景下,我们应该重新界定粮食安全的概念,新的粮食安全的概念不仅仅强调数量的安全,还应该强调生态环境的安全、食品的营养、质量安全、粮食主权,等等。这些内容综合构成了粮食安全新的内涵,也是本章的落脚点和着重强调之处。

第十二章 『六稳六保』中的『保粮食安全』

民以食为天，粮食安全自古都是一个国家稳定的重要因素，是一个国家的根本安全，像中国这样人多地少的大国尤甚。在全球不稳定性因素加剧的当下，保粮食安全的重要性更是与日俱增，成为"六稳六保"的重中之重。并且，新冠肺炎疫情在导致全球经济放缓的同时，也深刻影响着粮食安全的四根支柱，即可供应量、获取渠道、利用程度和稳定供应。确保14亿人口的粮食安全处于绝对无虞的状态，是国家的大政方针。未来我国人均口粮消费将稳中略降，饲料和工业转化用粮消费继续增加，粮食消费总量刚性增长，粮食消费结构不断升级，筑牢国家粮食安全的防线依然任重道远。

2020年4月，习近平总书记在陕西调研时提出了"六稳六保"的战略决策部署，在新冠肺炎疫情蔓延和国内外不确定性形势等各种复杂因素叠加的背景下，保粮食安全显得尤为重要。粮食如同空气一样平凡而珍贵，关乎人类的生存，粮食短缺往往伴随着饥荒、社会动荡、民族矛盾、地区冲突等问题。如果粮食安全得不到保障,社会就不可能稳定,发展也就失去了基础。纵观古今中外,粮食不足、粮食安全得不到保障往往会导致社会动荡,甚至政权更替,这进一步证明保障粮食安全至关重要。手中有粮,心中不慌。在市场经济的条件下,粮食作为一种商品出现在市场上,而价格是衡量商品的总指标,本章通过分析粮食的价格来综合研判我国当前的粮食安全形势,得出了"内忧外患,前景光明"的总体结论,对我国当前面临的粮食安全困境以及未来的希望所在做出阐述,并针对当前的粮食安全困境提出了政策性建议。

一、粮食安全的重要性

粮食安全至关重要,新中国成立之后就确定了"以粮为纲"的基本方针指导农业发展,以保障粮食自给自足和粮食储备。改革开放之后经济发展,市场化程度不断加深,我国对粮食流通体制进行改革,改革获得了极大的成效,便利了粮食生产和流通,增强了农民的生产热情。在新时代,国家更加重视粮食生产,在 2003 年至 2015 年,中央一号文件连续十三年强调"三农"问题,增强对粮食生产的支持,加强对粮食主产区的支持,完善粮食安全保障体系。粮食安全时刻关系到经济发展、政治稳定、社会和谐。

粮食安全时刻关系到政治,具有重要的政治意义,是影响一国政局稳定的重要因素。尽管在 1996 年世界各国认可并通过的《世界粮食安全罗马宣言》中明确禁止将粮食作为一种施加经济和政治压力的工具,[①]但粮食对于经济社会的影响力,使其成为一种十分重要的战略物资。粮食常常被大国作为政治手段,达成外交目的,大国通过粮食援助或贸易影响来干涉他国内政和外交。"谁控制了粮食,谁就控制了全人类。"[②]一些国家通过其粮食出

---

① 世界粮食首脑会议:《世界粮食安全罗马宣言》,1996 年 11 月 13 日。

② [美]威廉·恩道尔:《粮食危机》,赵刚等译,知识产权出版社,2008 年,第 48 页。

口大国的身份影响欠发达国家,控制一国的命脉。一些国家通过将粮食作为武器,影响国际政治,并且通过生物手段研发生物武器,企图影响他国农业生产,通过生物、基因等武器施加政治压力。

粮食安全关系到经济发展,农业的健康发展是一国经济良好发展的基础。粮食生产可以促进经济发展,粮食生产影响着一国物价水平和一国的消费者福利。粮食的稳定供给和价格稳定有利于满足消费者对生活必需品的需求,稳定经济社会。农业粮食生产在中国还承担着社会劳动岗位的"蓄水池"作用,一些外出打工的农民可以通过从城市回到农村,在农村生产满足其就业的要求。现代化农业的发展可以创造大量的就业岗位,进一步吸收农村的劳动力,促进社会就业。

但目前我国面临着玉米减产、进口不足、供应链不稳、饲料需求增加、全球新冠肺炎疫情暴发等问题,粮食安全问题十分严峻。只有在自给自足的基础上,正确认识当前国内外粮食形势,才能进一步制定相关政策,保障好粮食安全。粮食安全是国家富强的保障,只有解决了粮食安全问题才能建设好社会主义现代化强国。

二、玉米价格分析

粮食价格是粮食安全的重要组成部分,粮价的波动深刻影响着粮食安全。当粮价高涨时,会加剧市场的紊乱进而造成消费者的恐慌,导致社会动荡。当粮价大幅下跌时,又会损害种粮农民的利益,抑制他们从事农业生产的积极性,从长远来看会对粮食安全带来消极的影响。当前在我国的三大主粮作物中,小麦和水稻的供给相对比较充足,价格相对稳定,但玉米的供需形势比较紧张,自2020年以来玉米价格处于高位上涨的态势。玉米是重要的粮食能源,在整个粮食产业中占比较大,对整体粮食产业有着举足轻重的影响,所以在此选取玉米这一具体产业进行探究,影响玉米价格的因素有很多,在此将结合当前现实情况,一一做出分析。

玉米价格飙升正在加剧我国粮食安全的问题,食品价格已经攀升到十年来最高水平。[①] 从期货角度看,2020 年 10 月份大连玉米主力 2101 合约最高上涨到 2443 元/吨,创出了继 2012 年以来的 8 年新高,从现货价格看,多地玉米价格反弹了 10 - 30 元/吨不等。在市场经济条件下,供需是决定商品价格的主要因素,当前我国玉米的总体形势可以用四个字来概括——产不足需。在供给方面,在此将从产量、储量、进口供给三方面进行分析;在需求方面,在此将揭示市场上对玉米影响比较大的几方面需求增长的来源及其原因。

在产量方面,粮食生产对于价格变化的反应具有滞后性。2020 年玉米价格大涨之时,我国粮食主产区已完成玉米的播种,所以国内玉米产量的增幅有限。[②] 且由于秋季粘虫的影响,2020/21 年度玉米产量比 2019/20 年度下降 4%。[③] 再加之 2020 年并不友好的气候因素,例如"巴威"和"美莎克"台风对中国的"粮仓"——中国东北的玉米主产区的玉米带来破坏性影响,我国本土的玉米产量情况不容乐观,如果利用进口配额调控,的确会起到一定的作用,但不能从根本上解决问题。目前,我国的确加大了玉米等作物的进口,[④]2020 年 7—8 月间,中国企业订购了大量的美国玉米,美国是我国玉米进口的主要来源国之一,除美国外,乌克兰也是我国玉米的来源国之一。2020 年中国进口玉米的数量突破 1000 万吨。同比增长 135.7%,2021 年1—11 月,我国玉米进口总量达到 2703 万吨,同比增 199%。[⑤] 来自其他方

① 《美专家:中国市场蛋糕做大,即使巴西出口增加,美国大豆生产商也能受益》,2020 - 09 - 09,http://www. feedtrade. com. cn/soybean/soybean_forecast/2063829. html.

② 宁夏:《2020 玉米水稻收购政策 和走势研判》,2020 - 09 - 17,https://www. chinaseed114. com/news/22 /news_109137. html.

③④ China:Grain and Feed Update,July 2,2020,https://www. fas. usda. gov/data/china - grain - and - feed - update - 13.

⑤ 《2021 年中国玉米供需形势分析及后市预测》,2021 - 12 - 31,https://baijiahao. baidu. com/s?id = 1720637302008559755&wfr = spider&for = pc.

面的数据显示,2021年全年玉米进口总量达到2800万吨左右。[①] 而且,可以预期的是,未来我国玉米的进口还会进一步增加。但即使这样,对我国玉米价格过高的情况只能是缓解。且考虑到国家安全方面,进口配额不可能成为一项常态且力度很大的调控手段。这一方面是为了防止对外依赖度过高,另一方面也考虑到当前国际社会大量的不确定性因素。在新冠疫情肆虐全球的大背景下,国际上的粮食主产国多受其影响,产量下降,已有多个国家出台了粮食出口限令。在这种条件下,进口配额调控起到的作用是比较有限的。

在储量方面,目前临储玉米已经完成拍卖,国家的宏观调控影响力有限。[②] 对于农户而言,农民的惜售心态将强于往年,一方面是疫情影响,像2020年小麦、南方新稻谷,农民屯粮不卖的现象比往年增多。这将使得新粮收购期拉长,供应也从集中转向分散,农民和基层粮商参与市场竞争的意识增强。[③] 对于企业等市场其他主体而言,他们对今年的新玉米后市也是看好的,特别是考虑到有临储玉米陈粮成本的支撑,以及后期可能收购难度大,积极收购新玉米,特别是饲料企业建库存的意愿或将比较强。[④]所以,农户的惜售和粮食企业的建仓储存等因素都导致了玉米价格的上涨。[⑤]

在产量相对有限的情况下,市场对于玉米的需求却与日俱增,主要体现在以下几方面。首先是饲料需求,由于生猪的产量的快速恢复以及家禽和反刍动物领域产能的强劲增长,有专家根据官方数据称,不仅2019年清空的养殖场恢复情况较高,新建的场子也比较多。再加上禽蛋养殖存栏处于高

---

① 《2021年玉米年度行情总结及2022年一季度展望》,2022-01-08,https://www.sohu.com/a/515130394_121011450.

② 宁夏:《2020玉米水稻收购政策和走势研判》,2020-09-17,https://www.chinaseed114.com/news/22/news_109137.html.

③④ 《玉米市场总体看好走强的可能性比较大》,2020-09-21,http://www.feedtrade.com.cn/yumi/forecast/2124024.html.

⑤ 《2020年玉米水稻极大看涨》,2020-09-18,http://www.feedtrade.com.cn/yumi/forecast/2123975.html.

位,这些张口吃饭的,需要消耗大量的饲料,市场对饲料需求大增,而玉米是饲料的重要原料,对玉米的需求也被带动起来。[1] 第二是工业需求方面,在新冠疫情的大背景下,我国对于医用级乙醇的需求可以说是剧增。与此同时,伴随着复工复产,我国工业逐步恢复,乙醇又是工业的重要原料,所以工业级乙醇也有着巨大的市场。而且从长远的角度看,我国改善空气质量的行动也要求扩大燃料乙醇的生产和使用,所以未来市场对乙醇的需求将持续旺盛。玉米作为能源作物,是制造乙醇的重要原料,随着乙醇的需求增加,导致对玉米需求的增加。

粮食与能源息息相关,在关注粮食问题的同时,也要关注绿色能源发展问题。目前我国推广使用车用乙醇汽油,以此降低污染,满足低碳发展要求。[2] 生物乙醇目前有三条技术路线。第一代由谷物特别是玉米生产,通过酶转化为糖,经过发酵而成;第二代由树枝、玉米秸秆等植物纤维生产,通过将纤维素酶转化为糖,然后再经过发酵生成乙醇。第二代乙醇凭借其优异的环境效应受到国家和酒精产业界的青睐,但目前来说其工业化生产尚未实现;在两者之间还有一种被称为 1.5 代的燃料乙醇,其是由木薯、甜高粱等适宜于特殊土地和气候条件下生产的低等作物,中国众多偏僻贫瘠的荒地适宜大量种植此类作物,既能不占用良田,又能提高农民收入。在这三条技术路线中,第一代技术已经发展到较高水平,技术不断趋于成熟。[3]

我国的生物乙醇燃料生产以玉米作为原材料为主,所以玉米既是粮食作物,也是能源作物,玉米的多种用途及其价值打通了粮食与能源之间的界限,也将一国的粮食安全与能源安全联结在一起。目前玉米价格飞升,如果

---

① 《玉米市场总体看好走强的可能性比较大》,2020 - 09 - 21,http://www. feedtrade. com. cn/yumi/forecast/2124024. html.

② China:Biofuels Annual,August 9,2019,https://www. fas. usda. gov/data/china - biofuels - annual - 5.

③ 《2020—2026 年中国燃料乙醇行业分析与产业发展趋势研究分析报告》,2020 - 03 - 16,http://www. reporthb. com/report/reportview141792. htm.

使用玉米转化生物乙醇燃料,成本过高推行难度大,并且由于转化率的限制,需要大约 2100 万吨玉米。以目前的情况,如果一味推进生物乙醇燃料项目,国内粮食供需将进一步紧张。因此,在国家的宏观调控层面,政府应该对生物乙醇燃料项目的规划进行适度的限制和总量控制。[①] 毕竟,在关乎人类生存的问题上,粮食安全的重要性远远大于能源安全的重要性。

所以,无论是国内还是国外,产量还是储量,相比于我国市场高额的需求,我国目前玉米的供给都是显得不足的,于是市场的价格自然也被拉高。

以上的分析是从供需的角度探究玉米价格走高的原因。供给和需求只是决定了玉米价格应该在哪里,但并不一定在现实中价格一定在那里。在现实中,其价格的波动还受到诸如市场稳定、可能的外部冲击等多种因素的影响,所以面对当前形势要联系实际,综合判断。

三、我国面临的粮食安全困境

目前,我国的粮食安全形势可以用八个字形容——"内忧外患,前景光明"。我国面临的粮食困境有"内忧"和"外患"两大方面。在内部困境方面,主要是农业资源禀赋和生产效率较低,诸如人均耕地不足、土地综合使用存在突出问题、农村市场优质劳动力资源的缩减、农业生产率低下、对外依赖严重等问题。在外部困境方面,我们面临新冠肺炎疫情对全球市场的冲击、国际游资的不稳定因素等现实难题,本章将一一进行分析。

(一)农业资源禀赋和生产效率较低

在耕地方面,目前我国耕地面积只有 18.51 亿亩。按照 14 亿人口的基

---

① 张燕生、刘栋、黄永光、葛韶峰:《煤制乙醇或将成为化工行业下一投资热点》,《信达证券》,2019 年 6 月 18 日,第 1 页。

数计算后,我国的人均耕地面积仅为 1.43 亩,且存在质量下降、退化严重、后备不足等情况。为了提高土地的生产率,我国实行了占补平衡的政策,但这也造成了很严重的负面影响。占补平衡导致了大量的肥沃土地被占用,用来开发房地产或建立工厂,而许多劣质的土地被用作耕地,维持虚假的"平衡",且大大提高了粮食生产的成本,导致了虚假的粮食安全。中国只有 12% 的平原面积,而水土光热匹配的平原面积只占全部国土面积的 9.6%。而作为补偿,劣质耕地和山地被用来种植粮食。这违背了生态规律和经济规律。地方政府为了发展,以牺牲粮食安全为代价来提高国内生产总值,最终将粮食安全的风险转嫁给中央政府。同时,为了保证粮食供应,必须提高粮食产量,这就不得不大量使用化肥、农药及除草剂,然后使用机械,就导致粮食成本不断上升,根本没有任何可以竞争的余地。这就是我们今天粮食安全的内在威胁。

并且在耕地面积不足的情况下,我国农业土地资源使用存在突出问题。首先,土地开发不合理现象严重。土地使用的综合利用率不高,因而在这些地方的人们为了生存就采取了一些不负责任的"开发"方式,最终出现了大面积的毁林开荒、围湖造田、填海造陆等一系列违背自然生态规律的发展方式,从而引发了严重的水土流失,对土地资源、生态环境构成了严重的威胁。其次,农村土地建设的违法违规现象严重。我国对农村村民的住宅使用有着严格的规定,即农村村民只能拥有一处宅基地,宅基地和耕地不可以同日而语,并且其宅基地的面积不得超过相应的标准。然而村民们并不按照相应法律法规的规定,而是多占、抢占更多的土地去建房子,特别是由于现在土地开发严重,那些城中村的村民们为了在建设发展中获得更多的利益,这些抢占地盘或多占地盘、占好地盘的现象更为严重。在农村,不仅违规违法占地现象严重,而且村镇建设规划无序的现象也相当严重。

除却土地资源的问题外,劳动力资源存在的问题也不容忽视,即农村市场优质劳动力资源的缩减。在改革开放初期,我们就在农村实行了家庭联产承包责任制,在大大提高农民积极性以及农业生产率的同时,也让农村产生了大量的剩余劳动力。同时,在我国市场经济改革的发展过程中,为增加收入,这些剩余劳动力纷纷走入城市,寻找就业机会和致富途径。改革开放四十年来,中国的外来务工人员数量快速攀升,根据国家统计局对外公布的《2016 年农民工监测调查报告》显示,2016 年农民工总量达到 28171 万人,这导致了农村劳动力的大量流失。农村缺乏足够的优秀强壮劳动力。

基于中国的基本国情,农业方面的资源禀赋决定了我国的农业生产效率和竞争优势相对较低。长期以来,我国在对农业的定位中维稳占据了很重要的比重,因此我们并没有像西方发达国家一样将土地集中使用,我国的农业以一家一户的耕作模式为主,难以形成规模效应,已经不能满足我国现代经济发展的需要。同时由于地形复杂,以及科技力量落后等因素,限制了农业机械的使用,导致农产品的种植成本一直居高不下,反映到最后,就是农产品的价格高企。相比之下,发达国家多以大农场模式为主,农业机械得到广泛应用,规模效应显著,自然也就降低了单产的成本。随着土地流转政策的逐步实行,这种情况得到了一定程度的改善,但基本态势仍未改变。

(二)对外依赖过高

虽然我国粮食自给率看上去总体不算低,但对于粮食这种涉及国家基本安全的资源来说,还是显得过高了,而且在某些产业中更是严重依赖进口。例如大豆这类的粮食需要常年依赖进口,我国大豆的自给率不足 20%,2019 年的进口量超过 8800 万吨。美国是对华大豆出口的第一大国,自中美贸易战以来,特朗普将扩大对华大豆出口看作他自己改善中美贸易逆差的"政绩"。农业是一国之根本,粮食自给是国家安全的重要保障。在复杂多变的国际形势下,越高的外部依赖意味着越高的风险。在当前中美处于"新冷战"对抗的背景下,不排除美国政府将大豆作为"政治牌",以大豆为筹码换取中国让步的可能。与此同时,巴西作为对华大豆出口的第二大国,巴西的疫情和对华经贸关系也存在高度的不确定性,也不排除巴西"坐地起价"的风险。① 这也是为什么我们不能过度依赖进口配额的原因。

(三)全球市场前景黯淡

目前,国外疫情加速蔓延,新冠肺炎疫情已成为"全球性流行病",全球农产品供应链均受到疫情的负面冲击,对我国农产品贸易的影响也会进一步加深。疫情前期受限制人员流动、延迟复工复业等防疫措施影响,农产品进出口供应链受阻,加之很多国家对我国采取了限制措施,农产品进出口企业的经济损失严重,甚至部分企业面临法律风险。随着全球疫情形势的不断严峻,我国农产品进口来源稳定性将逐步降低,导致进口成本进一步增加,农产品进口需求也因此会受到抑制。② 2020 年 3 月以来,全球粮食市场出现剧烈波动,十余个主要粮食出口国一度禁止或部分限制本国粮食出口。以拉美为例,拉美地区作为全球农业主产区之一,是我国农产品的重要进口来源。在所有拉美国家中,尤以巴西、阿根廷等国对华出口占比最大。不幸的是,拉美地区疫情持续蔓延,主要的农产品供应国均已成为疫情重灾区。③ 受疫情影响,拉美地区出口下滑,其中尤以巴西、乌拉圭下滑最为严重。虽然依赖外部进口配额从长期来看有很大危害,可如果当下情况过度恶化时,可以解燃眉之急,但如果全球粮食市场不景气,那么连解燃煤之急的可能性都没有了,所以考虑到全球市场前景黯淡,我们也将面临更大的风险。

(四)短期来说粮食短缺和新能源发展存在矛盾

2018 年,中央政府确定了生物燃料乙醇产业的发展规划,强调适度布局

---

①③ 张玮:《历次粮食危机幕后都有国际游资的"黑手"》,2020 年 8 月 20 日,https://www.sohu.com/a/414073419_100191068。

② 李晋阳、罗博文、魏立乾、罗剑朝:《新冠肺炎疫情对"三农"发展的冲击、影响与建议》,《农村金融研究》,2020 年第 5 期。

粮食燃料乙醇生产,适量利用酒精闲置产能。[①] 目前我国生物燃料乙醇生产和车用乙醇汽油推广工作依然面临着巨大的困难,一个是时间短,另一个是我国乙醇汽油市场拓展缓慢。进入 2020 年受到疫情影响,一系列项目难以开工,工作推进缓慢,政策布局速度被迫放缓。这些问题进一步加大了国家推进 2020 年全国全面采用乙醇燃料的工作难度。面对新冠肺炎疫情,市场将乙醇生产能力从生物燃料乙醇转向医用级乙醇的生产,资源转移到医用乙醇生产部门,[②]这进一步放缓了国内政策实施的速度。目前还面对着玉米库存下降和玉米价格上涨的问题,为了保障粮食安全,生物乙醇燃料计划被暂时搁置。在过去几年,政府投入了大量的资源以支持生物乙醇燃料发展,对乙醇生产原料进行补贴以降低生产成本,建设了一批优秀的"领头羊"企业,生物乙醇燃料生产的基础设施建设不断完善,但在当前形势下许多已投入的项目已经停滞。粮食安全固然十分重要,也要注意到新能源项目的推进,不能一味地一刀切,造成社会资源的浪费。目前我国面临着在保障粮食安全和推进绿色能源项目之间抉择的困境。如何化解两者的矛盾,满足经济社会短期和长期的发展需求,成为另一个亟须解决的问题。

上述几大隐患中,既有内部困境,也有外部困境;既有短期困境,也有长期困境,且各个隐患直接相互联结,综合关系复杂,蕴含了多种现实矛盾。比如保证粮食供给的独立性和依赖外部进口之间的矛盾。在当下,我国粮食市场上农产品的供给不足,导致相当一部分农产品价格被拉高,并进一步影响多个相关行业的发展,这就使外部进口配额的调和显得尤为重要。进口配额的确是解决当下粮食供应不足的一个好方法,但却要面临过度依赖进口和外部市场的风险。通过进口配额,我们可以以较低的价格进口到足够的粮食缓解当前市场的供应不足,但粮食不同于其他产品,过度依赖外部

---

① 佟毅:《稳步推进生物燃料乙醇产业健康发展》,《中国粮食经济》,2019 年第 6 期。

② China:Biofuels Annual,August 7,2020,https://www.fas.usda.gov/data/china-biofuels-annual-6.

进口可能会导致安全危机。首先粮食关系国家安全命脉,粮食是社会生产、人类活动的基础,其安全性应当放在首要位置。其次粮食是一种生产周期比较长的产品,无法在短期内快速量产,如果对外依赖过高,一旦进口受阻则会导致严重的社会动荡和恐慌。同时,过于依赖某些国家的粮食进口也可能导致受到国际政治的影响,受到"制裁"的威慑性更大。此外,还有扩大使用清洁能源的需要和现实粮食产量供给不足的矛盾、长期发展和短期发展的矛盾等。

四、政策建议

正如上文提到的我国粮食安全的总体形势为"内忧外患,前景光明","内忧外患"为上述的粮食安全困境,"前景光明"是指虽然我们面临较为严峻的粮食安全形势,但我们的前景是光明的,凭借我们自身的优势和条件,我们用来解决问题的方法有很多,走出困境的路也有很多。笔者针对中国实际,立足面临的粮食安全困境,结合自身优势,提出以下政策性建议。

(一)出台惠农政策,增强农业抗险能力

粮食的生产依赖于农民,但目前大量劳动力从农村流向城市,农村老龄化、空心化问题严重,农业生产"后继无人"。究其根本还是农业生产附加值低,农民种植粮食收入低,其追求更好的生活就要放弃土地生产,外出务工。这就需要给予种粮农民足够的激励,应在合理的规则框架下,以政策调动农民粮食生产的积极性,通过政策给农民创收、增收,给予农民一定的种粮支

持。[1] 对玉米、大豆生产者进行补贴,对小麦、水稻实行最低收购价政策。[2] 通过完善产业链利益链接机制,提高农民种粮所得的收益。政策补贴还得注意到区域间的协调问题。粮食主产区承担着提高粮食产量、保障粮食安全的重要责任,但是因为第一产业附加值较低,对经济发展的贡献率低,进一步导致政府财政收入低,财政艰难。粮食主产区需要在政绩考核中拿到好成绩,这使政府缺乏加大粮食领域一系列投入的激励,没有动力发展粮食生产。地方政府寄希望于发展附加值更高的第二、第三产业,进行产业结构的调整,发展经济,在乡镇设立工业园,吸引加工业,农田被占用,农业生产人口转入其他产业。为了改变这种局面,粮食主产区要重视粮食生产,要发展特色农产品,就要适当增加对粮食主产区的财政转移支付力度,提高种粮补贴,形成农业补贴同粮食生产相挂钩的机制,落实"谁种地,谁受益"的原则,提高种粮大户、新型农业经营主体种粮的积极性,增加产粮农民的收益,增强粮食生产动力。

中国大部分地区地处季风气候区,水热条件年际变化大,我国水资源相对短缺,自然灾害频发。一旦发生自然灾害,农民就面临着遭受巨大损失甚至破产的困境。农民往往会选择购买农业保险,满足避险需要。农业保险避险虽然在推进,但是在实际情况下,保险公司很难按照自然灾害、病虫害造成的减产给予真正的赔付。因此要从国家层面上制定相关的粮食保险赔付条款,防止保险公司运用自身体量,与农民签订"霸王条款",让农户投保、避险落于实处,能够获得相关的利益赔偿,增强农业抗险能力,进一步激发种粮农户的积极性。

---

① 李晋阳、罗博文、魏立乾、罗剑朝:《新冠肺炎疫情对"三农"发展的冲击、影响与建议》,《农村金融研究》,2020 年第 5 期。

② 《农业农村部部长:农产品价格稳定,但粮食安全仍不稳固》,2020 年 8 月 7 日,https:// www.wxrz.cn/zixun/c8349.html。

（二）大力发展农业科技

大力发展农业科技，加强对农业技术方面的投入。粮食产量增加的方式无非有三种：第一种是调整粮食产业结构，使得一些产量较低的作物被另一些产量较高的作物取代，比如更多的种植玉米取代水稻等。但是由于对于不同种粮食的刚性需求量存在限制，不同作物对于种植条件等也有不同要求，所以该种方法可行性不高；第二种是增加对于农业的投入，促使更多的人力物力流向农业。这一方法虽然可行，但是如果想要让农业的活跃程度达到较高水平，需要的投入是十分长期和大量的，这一方法虽然在一些时候可行，但是后劲不足，无法从根本上促进农业生产效率的提高；第三种也是我们主要讨论的一种，就是科技的进步。纵观农业发展的历史，实际上也是一部科技的发展史。

在当今世界，科学技术在农业生产方面发挥着越来越重要的作用。在农作物产量的提高方面，从需求面看，我国人口增长基数大，农业产出消耗总量高；从供应面看，自然资源禀赋硬约束，主粮耕地保有不乐观，基层耕田劳力多流失，极端异常气候高频发。这必然要求创新和推广具有资源集约性、环境友好型、广泛适应性和较强抗逆性的高产、优质农作物新品种。目前我国农业科技进步对农业生产的贡献率提高到60%，其中良种对于粮食增产的贡献率达到了45%。而发达国家科技进步贡献率是80%左右，我们距离发达国家还有一定的距离。这要求我们加快培育具有自主知识产权的优良品种，破除国外的技术封锁，从源头上保障国家的粮食安全。值得指出的是，许多人将食物安全的供应在很大程度上寄希望于转基因技术。转基因技术使人们意识到分子水平操控物种的性状对于育种的重要性，转基因技术不仅仅是转基因本身，而且标志着分子育种时代的到来，由转基因带动的表观遗传育种（也被称为第二代转基因技术）、分子育种等如今也逐渐走进人们的视野。但是无论如何，育种技术的本质都不会变化，那就是获得优良性状,并且让它稳定的遗传下去同时批量生产。

遗传就不可避免的谈到基因,基因的复制和分配是遗传的主要方式(现代研究表明,遗传机制比我们想象的复杂得多,一些 RNA、蛋白质等也参与到遗传过程中)。深入到分子水平的育种也就不可避免的涉及基因的改变。转基因技术提高粮食产量的途径是多方面的,例如可以提高粮食作物的大营养(蛋白质、碳水化合物和脂类)与小营养(维生素和微量元素)的质量、扩大农作物在恶劣条件下生长的能力,如抗旱、抗寒、耐盐碱和耐酸性土壤,这样可以大规模利用荒地和贫瘠的土地。所以在现代条件下,想要全盘避免转基因是逆历史潮流的,也是不现实的。可以考虑使用转基因技术改造生物基因,增加粮食产量。在这种情况下核心技术就显得十分重要。拥有技术不代表建立霸权,但是却可以掌握主动权,在世界分子育种和现代农业大潮中立于不败之地。而在转基因技术存在的风险这一问题上,问题的关键不在于转基因是否存在风险,而是存在风险的可能性有多高、是否可以控制、如果出现意外是否可以承受。无论作为消费者还是技术的应用者,我们要做的就是正视转基因技术及其应用,充分认识转基因,客观评价转基因,在透明公开的条件下自我进行选择是用还是不用。同时如果我们放宽视野,农业生物技术并非仅仅限于转基因技术,转基因只是一种途径,未来的农业应是多方面的模式,即包括杂交农业、生态有机农业、病虫害综合治理、土壤养分管理学等多方面的内容。我们所需要的不是局限于以转基因为代表的还原论科学(reductionistic science),而是以农业生态学(agroecology)为中心的、综合多学科研究和实践(包括传统知识和当地知识)的系统工程(systematic approach)。2010 年,联合国粮农组织发起的第 21 次农业会议中提到,全球应致力于提高粮食产量,开展生态农业,促进农业生物品种多样化与可持续发展。[①]

与此同时,基于科学技术对农业生产的重要性,我们应该健全农业科技创新体系,提高农业劳动者的科技素质。根据我国农业科技创新和技术推广的现状,可以从以下四个方面采取措施。

第一,改革现有的科技体制,加速农业科技产业化进程。科技体制的建立应充分适应市场经济要求,将解决科技与经济结合问题作为农业科技体制改革的主要任务。一方面科研单位通过科技成果的转化获得自身的经济效益;另一方面也可以及时了解农民有关技术需求信息,有针对性的研究所急需的,提高科研成果转化率,加速农业科学技术进步。

第二,以政府投资为主体,创建多渠道、多层次的农业科技投资体系。积极利用外资,鼓励对于非政府部门的投资。民间资金投入农业科技应予以鼓励和支持,进一步拓宽金融资金渠道,对农村的信贷结构进行适当地调整,加强完善和发展农村金融服务体系,增加农业科技贷款规模。科学管理农业科技投入资金,对农业科技研发和推广的投入资金统筹安排,优化资源配置。

第三,充分发挥在农业科技进步中政府的促进和服务作用。政府应充分保证农业科技发展的方向正确,并且制定切实可行的战略方案;宏观引导激励政策,在利益诱导方面也应发挥积极作用。与此同时,更应该重视促进和服务作用,优化环境,协调关系,担当好农业科技发展过程中的服务者角色。

第四,对人力资源的开发给予高度重视。一方面,农业科技人员所具备的专业知识和职业技能是推动我国农业科技进步的关键因素。另一方面,农民是农业科学技术的直接使用者,农民科学文化素质的提高,对于农业科

① Tony Weis,The Accelerating Biophysical Contradictions of Industrial Capitalist Agriculture, *Journal of Agrarian Change*,No. 3,2010,p. 334.

技的推广和成果的转化都起到积极的作用。所以要加强农民科技培训,用现代农业技术改造传统农业,加快农业科技推广体系建设,加快农业科技成果的转化和推广速度,全面提高粮食综合生产能力,保障中国粮食安全。

(三)利用国内外粮食价格差

目前国外粮食价格较低,要充分利用国外粮食价格下行的机遇,补充国内粮食库存。政府应当放宽进口配额,增加粮食供给,适度进口以满足国内不断增加的粮食需求。借助中美第一阶段贸易协议,目前中国购买美国农产品只达到了目标的20%,中国面临着国内粮食供给不足,又面临着美国要求加大购买力度的压力,可以通过进口粮食缓解这两方面的压力。从长期来看,我国应该进一步充分利用国际国内两个市场、两种资源。扩大对外开放程度,进一步取消相关农产品进口配额和许可证等非关税措施,放宽农业领域外商投资的准入限制,吸引外资投资国内粮食市场,增加合作的广度和深度。

(四)减少粮食浪费,实现"无地增产"

中国目前面临着巨大的粮食浪费问题,根据数据显示,中国人每年在餐桌上浪费的粮食是500亿千克,接近全国粮食总产量的1/10,价值高达2000亿元。除了消费领域存在浪费问题外,粮食经济很多环节都存在浪费,包括生产、流通、消费各个方面。生产过程中存在土地、水资源、种子、化肥农药等方面的浪费,同时存在粮食过度加工的浪费。在流通方面存在物流方面的浪费等。所以粮食浪费不只是餐桌上的浪费,还有食品生产、加工、物流、储藏过程中的浪费。面对粮食浪费问题,要加大宣传使社会中形成一种节约之风,提高社会大众的节约意识,自觉厉行勤俭节约的"光盘行动",减少浪费现象。并且需要发动政府带头节约,反对浪费粮食的行为,毕竟珍惜粮食就是珍惜生命。在食品生产、加工环节需要提高科技水平,一些农机存在收割时洒落粮食的情况,要提高农机质量,推动科技下乡,以科技提升收割水平,减少粮食浪费。在物流和储存环节,要提高管理水平,减少不合理管理造成的粮食浪费问题。通过减少粮食的无效浪费,可以进一步满足国内的其他需求,提高社会的总福利。

(五)保障粮食安全还要兼顾绿色能源发展

目前面对生物乙醇生产主要原料——玉米短缺的问题,国内价格上涨,生物乙醇燃料开发面临着巨大的难题。当务之急是做到"开源节流",通过适当增加进口保障原料供给,减少浪费,恢复生物乙醇生产,继续推进国家项目落实。目前加工原料短缺的问题,可以倒逼各生产厂发展纤维素制造生物乙醇,激励一批企业在该领域走出一条可靠、可行、可复制的发展道路。长期来看,还是要通过加大科研投入,促进生物乙醇加工技术升级,在未来实现以非食品纤维素制造燃料乙醇,将农业生产产生的秸秆、林业废弃物等废料转化成燃料乙醇,以低价格原料降低生产成本获得优势。并且进一步开放生物乙醇燃料生产市场,进一步解除限制,吸引更多私人资本流入燃料乙醇生产领域,刺激燃料乙醇进一步发展。还要进一步学习国际先进经验,巴西通过立法来实现国家战略支持燃料乙醇的应用,立法是巴西推广燃料乙醇产业的强有力的手段。①

早在 1931 年,巴西国会就颁布法令《乙醇添加比例法》,明确规定在全国范围内的所有汽油中添加 5% 的无水乙醇,而政府的公务用车汽油中要添加 10% 的乙醇。巴西政府还通过技术政策扶持,重视推广甘蔗优良品种,巴西甘蔗平均单产高于国际水平。在美国,在《能源独立与安全法》的推动下,通过国内税收局的生物质原料生物燃料优惠、生物质燃料企业设备折旧特

---

① 《巴西燃料乙醇行业发展战略的成功之道》,2008 年 7 月 30 日,http://newenergy.giec.cas.cn/swzn/swrl/200807/t20080730_192790.html。

别补贴、美国农业部的生物质农产品援助（BCAP）、"生物燃料生产企业灵活原料计划"授权农产品信贷公司（CCC）购买过剩农产品，以生物质原料形式销售给企业作原料、"生物炼油动力援助"计划对可再生生物质炼油厂提供资助，除此之外美国能源部也对生物质能源和纤维素生产能源提供了一系列政策支持。此外，中国还要进一步改进乙醇特性，大部分国家都在使用燃料乙醇，但乙醇的保质期较短，只有一个月。达到保质期之后，容易出现不着火的模糊和分层，导致使用燃料乙醇非常困难。同时，乙醇对环境要求特别苛刻，比一般产品的储存和运输要求严格得多，这将大大增加成本。因此要加快技术改造，并发明适当的添加剂提高其性能。

上述的五条建议对应解决前文所述的四个困境和三大矛盾，主要思路是利用辩证的思维看待和解决矛盾。比如借助短期的进口配额满足当下粮食需求，但一旦形势好转，立刻控制进口配额的规模，避免对外依赖过高的局面在长期内存在。再比如，面对我国农业生产率较低以及受到冲击波动过大的困境，提出了大力发展农业科技以及提高农业抗风险能力的政策建议。此外，在面对扩大使用清洁能源的需要和现实粮食能源产量供给不足的矛盾时，笔者也是从短期和长期的角度来辩证看待，并且引入了技术的因素。

综上所述，我国当前的粮食安全形势虽然"内忧外患"，但仍然"前景光明"。虽然我们当下由于内外各种不利因素的汇合面临着较大的压力，但是我们的粮食安全的基本面仍然稳固[1]，而且由于我们的体制优势，解决问题的方法仍旧多样，我们走出困境的方向明确、意志坚决，当下的困境从长期看也困不住崛起中的中国。只要我们足够重视粮食安全这一涉及社会稳定、关乎社会发展的问题，在形势并不友好的当下，将其视为"六稳六保"的重中之重，我们就一定能将风险降至最低，也一定能走出困境。

---

[1] 叶兴庆:《恐惧"粮荒"大可不必，长远保障宜先筹谋》，《光明日报》，2020年8月20日。

参考文献

一、中文参考文献

（一）著作类

1. 白海军:《粮食狼烟》,东方出版中心,2012 年。

2. 白美清:《粮食安全:国计民生的永恒主题》,经济科学出版社,2013 年。

3. 陈仲常:《产业经济理论与实证分析》,重庆大学出版社,2005 年。

4. [美]丹·摩根:《粮食巨人》,张存节译,农业出版社,1983 年。

5. [印度]范达娜·席瓦:《失窃的收成——跨国公司的全球农业掠夺》,唐均译,上海人民出版社,2006 年。

6. 韩俊:《中国食物生产能力与供求平衡战略研究》,首都经济贸易大学出版社,2010 年。

7. 何昌垂:《粮食安全:世纪挑战与应对》,社会科学文献出版社,2013 年。

8. [英]亨利·伯恩斯坦:《农政变迁的阶级动力》,汪淳玉译,社会科学文献出版社,2011 年。

9. 黄贤金:《非洲土地资源与粮食安全》,南京大学出版社,2014 年。

10. 金雪军、王义中:《中国很受伤》,中国财政经济出版社,2009 年。

11. [英]拉吉·帕特尔:《粮食:时代的大矛盾》,郭国玺译,东方出版社,2017 年。

12. 李东燕、袁正清:《国际关系研究:议题与进展》,社会科学文献出版社,2011 年。

13. 李锋:《关于中国口粮生产和消费对资源和环境相关影响的研究》,中国经济出版社,2015 年。

14. 李汉卿:《自主与参政:日本农业合作组织发展研究(1900—1975)》,法律出版社,2012 年。

15. 李仁峰、张森:《国外农产品购销制度与价格政策》,经济科学出版社,1984 年。

16. 李艺、汪寿阳:《大宗商品国际定价权研究》,科学出版社,2007 年。

17. 李运楼:《粮食通识教育读本》,江西人民出版社,2014 年。

18. 厉为民:《世界粮食安全概论》,中国人民大学出版社,1988 年。

19. 卢新海、黄善林:《海外耕地投资问题研究》,科学出版社,2018 年。

20. 茅于轼、赵农:《中国粮食安全靠什么——计划还是市场?》,知识产权出版社,2011 年。

21. [法]皮埃尔·雅克等:《农业变革的契机:发展、环境与食品》,潘革平译,社会科学文献出版社,2014 年。

22. 齐建华、莫里斯·包和帝:《世界粮食安全与地缘政治》,中央编译出版社,2012 年。

23. 唐风:《新粮食战争》,中国商业出版社,2008 年。

24. 王洁、杨武:《新编中国经济地理》,中央民族大学出版社,2010 年。

25. 王振锁:《日本农业现代化的途径》,天津社会科学院出版社,1991 年。

26. [美]威廉·恩道尔:《粮食危机》,赵刚等译,知识产权出版社,2008 年。

27. 文富德:《印度经济全球化研究》,巴蜀书社,2008 年。

28. 吴冲锋:《大宗商品与金融资产国际定价权研究》,科学出版社,2010 年。

29. 吴次芳:《全球土地 2013:热点与前沿》,浙江大学出版社,2014 年。

30. 徐剑明:《"马尔萨斯幽灵"的回归》,中国致公出版社,2010 年。

31. 许新:《叶利钦时代的俄罗斯(经济卷)》,人民出版社,2001 年。

32. 尹成杰:《粮安天下》,中国经济出版社,2009 年。

33. 袁越:《人造恐慌:转基因全球实地考察》,新世界出版社,2014 年。

34. 张玉来等:《黑色 3·11——日本大地震与危机应对》,中国财政经济出版社,2011 年。

35. 周弘:《对外援助与国际关系》,中国社会科学出版社,2002 年。

36. 周立:《极化的发展》,海南出版社,2010 年。

37. 祝继高:《定价权博弈——中国企业的路在何方?》,中国人民大学出版社,2012 年。

(二)报刊类

1. 安琪、朱晶、林大燕:《日本粮食安全政策的历史演变及其启示》,《世界农业》,2017 年第 2 期。

2. 常理:《提单产,破重围:关注国产大豆振兴》,《经济日报》,2016 年 10 月 18 日。

3. 陈玮、耿曙:《发展型国家的兴与衰:国家能力、产业政策与发展阶段》,《经济社会体制比较》,2017 年第 2 期。

4. 陈雨生、张琳、梁杰:《环保型农资、生态环境和食品安全》,《东北农业大学学报》(社会科学版),2015 年第 4 期。

5. 邓海建:《农民工高工资,都是辛苦钱》,《法制日报》,2012 年 12 月 3 日。

6. 董运来、余建斌、刘志雄:《印度农业贸易自由化改革——基于粮食安全视角的分析》,《中国农业大学学报》(社会科学版),2008 年第 3 期。

7. 郭晓琼:《俄罗斯农业形势及发展因素研究(1991—2011 年)》,《俄罗斯中亚东欧市场》,2012 年第 10 期。

8. 国家粮食局入世后粮食流通政策改革培训班:《日本粮食"入世"应对举措借鉴》,《粮食科技与经济》,2001 年第 2 期。

9. 国家粮食局入世后粮食流通政策改革培训班:《入世前后日本粮食问题及对策》,《中国粮食经济》,2001 年第 5 期。

10. 韩璐、孟鹏、蒋仁开、徐保根、张冰松、陈美景:《新时代耕地占补平衡的逻辑根源、模式探索与管理创新》,《中国土地科学》,2018 年第 6 期。

11. 韩喜平、李二柱:《日本农业保护政策的演变及启示》,《现代日本经济》,2005 年第 4 期。

12. 侯力、汪晓红:《日本经济高速增长时期农业劳动力转移及其启示》,《现代日本经济》,2004 年第 6 期

13. 江瑞平:《日本的粮食问题:态势、症结与对策》,《日本研究》,1989 年第 4 期。

14. 李好、刘晓华:《印度对外贸易自由化模式改革的启示》,《南亚研究季刊》,2011 年第 3 期。

15. 李晋阳、罗博文、魏立乾、罗剑朝:《新冠肺炎疫情对"三农"发展的冲击、影响与建议》,《农村金融研究》,2020 年第 5 期。

16. 李克强:《以改革创新为动力　加快推进农业现代化》,《求是》,2015 年第 4 期。

17. 李睿璞、卢新海：《中国发展海外耕地投资的机遇与风险》，《华中科技大学学报》（社会科学版），2010 年第 6 期。

18. 刘忠涛、刘合光：《世界粮食贸易现状与趋势》，《农业展望》，2011 年第 5 期。

19. 陆志明：《"大米欧佩克"是一种市场垄断》，《东方早报》，2008 年 5 月 6 日，第 A23 版。

20. 马晓春、宋莉莉、李先德：《韩国农业补贴政策及启示》，《农业技术经济》，2010 年第 7 期。

21. 倪学志：《对我国非粮农业发展战略的反思》，《农业经济》，2019 年第 1 期。

22. 孙柏：《农业保护——日本实现贸易自由化的"绊脚石"》，《日本问题研究》，2006 年第 2 期。

23. 孙娟娟、胡锦光：《基于公众健康的食品营养规制》，《中国食物与营养》，2017 年第 3 期。

24. 孙培钧：《绿色革命推动下的印度农业》，《中国金融》，2006 年第 9 期。

25. 佟毅：《稳步推进生物燃料乙醇产业健康发展》，《中国粮食经济》，2019 年第 6 期。

26. 王殿华、拉娜：《俄罗斯粮食安全与政策评析》，《俄罗斯东欧中亚研究》，2013 年第 3 期。

27. 王纪孔：《WTO 体制下韩国农业政策变化对中国的启示》，《经济纵横》，2007 年第 4 期。

28. 王可山：《食品安全问题的政治经济学解读》，《中国流通经济》，2013 年第 9 期。

29. 王琳：《太极旗下的韩国米农风波》，《当代世界》，2006 年第 1 期。

30. 王明国：《机制复杂性及其对国际合作的影响》，《外交评论》，2012

年第 3 期。

31. 王岁孝:《试论印度为何要进行农业第二次"绿色革命"》,《农业考古》,2010 年第 3 期。

32. 王文涛:《我国大豆定价权缺失的表现、原因及对策》,《价格理论与实践》,2010 年第 6 期。

33. 王学君、周沁楠:《日本粮食安全保障策略的演进及启示》,《现代日本经济》,2018 年第 4 期。

34. 文佳筠:《养活中国必需转基因吗?》,《文化纵横》,2014 年第 2 期。

35. 吴春光、蔡体澎:《俄罗斯进口制度、交易成本与进口替代效果》,《俄罗斯研究》,2005 年第 4 期。

36. 吴晓黎:《农民自杀与印度农业危机》,《社会观察》,2011 年第 7 期。

37. 吴志华、胡学君:《中国粮食安全研究述评》,《江海学刊》,2003 年第 3 期。

38. 叶兴庆:《恐惧"粮荒"大可不必,长远保障宜先筹谋》,《光明日报》,2020 年 8 月 20 日。

39. 张锐:《"大米欧佩克"的冲动与未来》,《国际商报》,2008 年 5 月 17 日。

40. 张树焕:《民主视角下的印度腐败原因探析》,《南亚研究》,2012 年第 4 期。

41. 张秀倩、刘海彬:《美国、日本、印度的农业补贴政策比较》,《世界农业》,2012 年第 11 期。

42. 张雪婷、胡品品、常伟:《日本粮食流通体制及其对中国的启示》,《世界农业》,2015 年第 9 期。

43. 张燕生、刘栋、黄永光、葛韶峰:《煤制乙醇或将成为化工行业下一投资热点》,《信达证券》,2019 年 6 月 18 日。

44. 张忠根:《70 年代以来韩国农业发展与近期政策走向》,《世界农业》,2001 年第 6 期。

45. 张忠根:《韩国农业政策的演变及其启示》,《世界农业》,2001 年第 12 期。

46. 章志萍、贡献:《日本的 FTA/EPA 战略对实现其农业利益的有效性分析》,《亚太经济》,2010 年第 4 期。

47. 赵放:《美韩 FTA 的起步、拖延及影响——以东亚区域合作为视角的分析》,《东北亚论坛》,2010 年第 5 期。

48. 中国农业代表团:《韩国和德国保障粮食安全的经验值得借鉴》,《农业经济问题》,2008 年第 4 期。

49. 周建高:《论日本粮食安全保障政策》,《日本学刊》,2016 年第 6 期。

50. 朱颖:《美韩经贸关系及双边 FTA 的前景分析》,《世界经济研究》,2006 年第 4 期。

(三)其他类

1.《巴西燃料乙醇行业发展战略的成功之道》,2008 年 7 月 30 日,http: // newenergy. giec. cas. cn/swzn/swrl/200807/t20080730_192790. html。

2.《不愿单方面让步,日本拒绝对美国扩大农业市场准入》,2019 年 4 月 29 日, https: // baijiahao. baidu. com/s? id = 1632116205629775219&wfr = spider&for = pc。

3.《参考智库专家详解日本如何保障粮食安全(4)》,《参考消息》,2017 年 1 月 16 日,http: // column. cankaoxiaoxi. com/g/2017/0116/1608929_4. sht-ml。

4.《2020—2026 年中国燃料乙醇行业分析与产业发展趋势研究分析报告》,2020 年 3 月 16 日,http: // www. reporthb. com/report/reportview141792. htm。

5.《2011 年中国大豆产量在 1200 万吨左右》,2012 年 3 月 15 日,http: //

www. askci. com/news/2011 – 10/25/107279133. shtml。

6.《俄罗斯联邦 2020 年前国家安全战略》,http://www. cetin,net. cn/ce-tin2/servlet/cetin/action/HtmlDocumentAction?Baseid = 1&docno = 385648。

7.《俄罗斯粮食出口政策及其影响》,http:// cciLmofcom. gov. cn/wzjj/wzjj. Htm。

8.《俄罗斯、乌克兰、哈萨克斯坦成立粮食欧佩克》,2013 年 8 月 13 日,http:// agroinfo. com/rossiya – ukraina – i – kazaxstan – sozdayut – zernovoj – opek/。

9.《告别廉价粮时代》,2014 年 10 月 11 日,http:// www. outlookchina. net/template/news_page. asp?id = 2152。

10. 高尚全:《俄罗斯、匈牙利农地改革和农村经济转轨——中改院赴俄罗斯、匈牙利转轨考察报告》,http:// www. chinareform. org. cn/ad/shiyuezb/wangjinxin. Htm。

11.《韩国会通过韩美自贸协定或阻碍中国吸引外资步伐》,中新网,ht-tp:// www. chinanews. com/cj/2011/11 – 23/3480699. shtml。

12.《韩国开放大米市场面临抉择》,http:// www. fjktp. cn/cms/siteresource/article. shtml?id = 70177819578090005&siteId = 70177813456450019。

13.《韩美将从 6 日开始进行 FTA 第三次谈判》,中华人民共和国商务部,http:// www. mofcom. gov. cn/aarticle/i/jyjl/j/200609/20060903057281. Html。

14.《海外务农的范例——日本农业》,2014 年 9 月 24 日,http:// news. 163. com/14/0924/06/A6SSRLPB00014AEF. html。

15.《湖南大量耕地遭受重金属污染,镉含量或来自磷肥》,http:// www. pway. cn/mart/y/201305/305980. htm。

16. 黄贤金:《非洲土地制度与粮食生产安全》,http:// www. fmprc. gov. cn/zflt/chn/xsjl/xzhd_1/1/t1031513. htm。

17. 孔令龙:《非洲土地正成为外国资本的猎物》,中国网,2010 年 3 月 21 日,http://news. china. com. cn/rollnews/2010 - 03/21/content_1163323. htm。

18.《美国最核心的竞争力:农业傲视全球》,2016 年 9 月 18 日,http://business. sohu. com/20160918/n468587347. shtml。

19.《美专家:中国市场蛋糕做大,即使巴西出口增加,美国大豆生产商也能受益》,2020 年 9 月 9 日,http://www. feedtrade. com. cn/soybean/soybean_forecast/2063829. html。

20.《农业绿箱、黄箱、蓝箱政策措施》,2018 年 9 月 12 日,http://tradein-services. mofcom. gov. cn/article/zhishi/jichuzs/201809/69494. html。

21.《农业农村部部长:农产品价格稳定,但粮食安全仍不稳固》,2020 年 8 月 7 日,https://www. wxrz. cn/zixun/c8349. html。

22. 宁夏:《2020 玉米水稻收购政策和走势研判》,2020 年 9 月 17 日,https://www. chinaseed114. com/news/22/news_109137. html。

23. 彭亮:《米价蹿升背后的资本推手》,《财经时报》,2008 年 4 月 11 日,http://business. sohu. com/20080411/n256232000. shtml。

24.《70 年代以来韩国农业发展与近期政策走向》,中国政府创新网,http://www. Chinainnovations. org/Item. aspx?id =7568。

25.《世界粮储只够吃 57 天,粮食危机阴影笼罩全球》,2015 年 5 月 6 日,http://www. huanqiu. com/www/115/2007 - 11/25914. html。

26. 世界卫生组织:《2015 年世界卫生日:食品安全》,2015 年 4 月 7 日,https://www. who. int/campaigns/world - health - day/2015/event/zh/。

27.《谈谈中韩自由贸易协定》,全球观察,http://business. sohu. com/20070419/n249548030. Shtml。

28.《特朗普逼日本大批购买农产品？日农业界不满:过分要求》,2019 年 8 月 15 日,https://baijiahao. baidu. com/s?id =1641886162616803665&wfr

= spider&for = pc。

29. 文雪梅:《韩国批准开放大米市场计划,国内农民强烈反对》,http://finance. sina. com. cn/roll/20051125/0000414318. Shtml。

30.《习近平的外交义利观》,北方网,2016 年 6 月 19 日,http://news. enorth. com. cn/system/2016/06/19/031025586. shtml。

31.《新圈地运动》,《南方都市报》,2009 年 8 月 9 日,http://epaper. oeeee. com/C/html/2009。

32. 许经勇:《论我国粮食生产与贸易保护政策的演变趋势》,http://www. xbnc. org/Article_Show. asp?ArticleID = 5056。

33.《玉米市场总体看好走强的可能性比较大》,2020 年 9 月 21 日,http://www. feedtrade. com. cn/yumi/forecast/2124024. html。

34.《玉米涨价逻辑:畜禽肉价格将被波及,如何避免与大豆抢地?》,2020 年 9 月 21 日,http://www. feedtrade. com. cn/yumi/talk/2124049_2. html。

35. 严雄:《日本在海外屯田备战粮食危机》,2008 年 6 月 5 日,http://news. sina. com. cn/w/2008 − 06 − 05/103315686997. shtml。

36. 颜颖颛:《中国告别廉价劳动力时代,制造业工资已迅速上涨》,2011 年 6 月 27 日,http://www. cnstock. com/gonggaojd/xxjm/xxjmnr/201106/1378250. htm。

37. 张玮:《历次粮食危机幕后都有国际游资的"黑手"》,2020 年 8 月 20 日,https://www. sohu. com/a/414073419_100191068。

38. 中国经济周刊:《美国人给我们上了"贸易课"》,2005 年 2 月 16 日,http://news. xinhuanet. com/fortune/2005 − 02/16/content_2583407_4. htm。

二、外文参考文献

(一)著作类

1. Amartya Sen, *Poverty and Famines: An Essay on Entitlement and Depriva-tion*, Oxford: Clarendon Press, 1981.

2. Andrew Schmitz, P. Lynn Kennedy, Troy G. Schmitz, *Food Security in An Uncertain World: An International Perspective*, Bingley: Emerald Group Publishing Limited, 2015.

3. Andro Linklater, *Owning the Earth: The Transforming History of Land Ownership*, New York: Bloomsbury, 2013.

4. Christopher Findlay, Andrew Watson, *Food Security and Economic Re-form: the Challenges Facing China's Grain Marketing System*, New York: St. Mar-tin's Press, 1999.

5. Claudio Chiarolla, *Intellectual Property, Agriculture and Global Food Secur-ity: the Privatization of Crop Diversity*, Northampton, MA.: Edward Elgar, 2011.

6. David D. Songstad, Jerry L. Hatfield, Dwight T. Tomes, *Convergence of Food Security, Energy Security and Sustainable Agriculture*, Heidelberg: Springer, 2014.

7. Deborah Brautigam, *Will Africa Feed China*, Oxford and New York: Oxford University Press, 2015.

8. Fantu Cheru, Renu Modi, *Agricultural Development and Food Security in Africa: the Impact of Chinese, Indian&Brazilian Investments*, New York: Zed Books, 2013.

9. Jennifer Clapp, Doris Fuchs, *Corporate Power in Global Agrifood Govern-*

ance, Cambridge, MA：MIT Press, 2009.

10. John L. Shover, *First Majority*, *Last Minority*：*the Transforming of Rural Life in America*, DeKalb：Northern Illinois University Press, 1976.

11. Kizito Michael George, *From the Green Revolution to the Gene Revolution*, Saarbrücken：LAP Lambert Academic Publishing, 2010.

12. Mark W. Rosegrant, *Food Security*, London：Sage Publications, 2015.

13. Milton Park, *The State of the World's Land and Water Resources For Food and Agriculture：Managing Systems At Risk*, New York：Earthscan, 2011.

14. Nick Cullather, *the Hungry World*, Cambridge, Mass：Harvard University Press, 2010.

15. Pablo Lapegna, *Soybeans and Power*, New York：Oxford University Press, 2016.

16. Prosper B. Matondi, *Biofuel*, *Land Grabbing and Food Security in Africa*, London：Zed Books, 2011.

17. Rais Ahmad, *Agriculture and Food Security：Concept*, *Crises and Challenges*, New Delhi：Regal Publications, 2015.

18. Robert Falkner, *The International Politics of Genetically Modified Food：Diplomacy*, *Trade and Law*, New York：Palgrave Macmillan, 2007.

19. Robert Paarlberg, *Starved for Science：How Biotechnology is Being Kept Out of Africa*, Cambridge：Harvard University Press, 2008.

20. Sara J. Schwartz, Jitendar S. Mann, Randolph, Beth Rose, *The Rice Economy of Asia*, Washington, DC. ：Resources for the Future, 1986.

21. Shashi Kumar, *Biodiversity and Food Security*, New Delhi：Atlantic Publishers and Distributors, 2002.

22. T. Allen, M. Keulertz, S. Sojamo, J. Warner, *Handbook of Land and Water Grabs in Africa*, London：Routledge, 2013.

23. Vrushal Ghoble, *Energy*, *Food Security and Environment*: *Issues in Global Politics*, New Delhi: Regal Publications, 2014.

(二) 报刊类

1. Adam Sieminski, International Energy Outlook 2013, *Washington*: *Center for Strategic and International Studies*, 2013.

2. Ana Komparic, The Ethics of Introducing GMOs into sub – Saharan Africa: Considerations From the sub – Saharan African Theory of Ubuntu, *Bioethics*, Vol. 29, No. 9, 2015.

3. Andrew Bowman, Sovereignty, Risk and Biotechnology: Zambia's 2002 GM Controversy in Retrospect, *Development and Change*, Vol. 46, No. 6, 2015.

4. Arvind Panagariya, The Triumph of India's Market Reforms: The Record of the 1980s and 1990s, *Policy Analysis*, No. 7, 2005.

5. Bigman, D. Goldfarb, E. Schechtman, Futures Market Efficiency and the Time Content of the Information Sets, *The Journal of Futures Markets*, Vol. 3, No. 3, 1983.

6. Chris Otter, Feast and Famine: The Global Food Crisis, *Current Events in Historical Perspective*, Vol. 3, No. 6, 2010.

7. Christie Kneteman, Tied Food Aid: Export Subsidy in the Guise of Charity, *Third World Quarterly*, Vol. 30, No. 6, 2009.

8. Don Lotter, The Genetic Engineering of Food and the Failure of Science – Part 1: The Development of A Flawed Enterprise, *International Journal of Sociology of Agriculture and Food*, Vol. 16, No. 1, 2009.

9. Gurling Bothma, Charlotte Mashaba, Nompumelelo Mkhonza, Ereck Chakauya, and Rachel Chikwamba, GMOs in Africa: Opportunities and Challenges in South Africa, *GM Crops*, Vol. 1, No. 4, 2010.

10. Hubert G. Schenck, Natural Resources Problems in Japan, *Science*, Vol. 108, No. 2806, 1948.

11. International Food Policy Research Institute, *Green Revolution: Curse or Blessing*, Washington, DC: IFPRI, 2002.

12. Jacob J. Lew, Positioning the State Department to Achieve the Obama Administration's Foreign Policy Goals, *The Ambassadors Review*, Spring 2009.

13. Jan Willem Erisman, Mark A. Sutton, James Galloway, Zbigniew Klimont, Wilfried Winiwarter, How A Century of Ammonia Synthesis Changed the World, *Nature Geoscience*, No. 1, 2008.

14. Jennifer Clapp, The Political Economy of Food Aid in An Era of Agricultural Biotechnology, *Global Governance*, Vol. 11, No. 4, 2005.

15. José Falck – Zepeda, Guillaume Gruère, Idah Sithole – Niang, Genetically Modified Crops in Africa, *International Food Policy Research Institute (IFPRI)*, 2013.

16. Kerstin Nolte, International Land Deals for Agriculture, *Fresh Insights From the Land Matrix: Analytical Report II*, 2016.

17. Melissa Alexander, Focus on Thailand: Government Takes Lead in Setting Rice Exporter, *World Grain*, No. 12, 2002.

18. Nalini Kanta Dutta, Corruption in Public Service, *New Delhi: Anmol Publications*, 2006.

19. Neil MacFarquhar, Prices Worldwide Hit Record Levels, *The New York Times*, 2011 – 02 – 03.

20. Noah Zerbe, Feeding the Famine? American Food Aid and the GMO Debate in Southern Africa, *Food Policy*, Vol. 29, No. 6, 2004.

21. Peter V. Schaeffer, Economic Methods for Analyzing Economic Development, *Hershey, Pennsylvania: IGI Global*, July 2013.

22. Robin Palmer, Land Grabbing in Africa, *Independent Catholic News*, 19 April, 2013.

23. Tony Weis, The Accelerating Biophysical Contradictions of Industrial Capitalist Agriculture, *Journal of Agrarian Change*, No. 3, 2010.

24. U. S. Government Accountability Office (GAO), *Global Food Security: Progress Toward a U. S. Government Wide Strategy Is Under Way, But Approach Has Several Vulnerabilities*, March 2010.

25. World Bank, World Development and Climate Change, *World Development Report* 2010, Washington, D. C. : World Bank, 2010.

(三)其他类

1. American President: A Reference Resource, http: // millercenter. org/president/hoover/essays/biography/4.

2. Breaking the Cycle of Crisis and Boosting Growth Through African Agriculture: A Call to the U. S. Government for Urgent Action, April 5, 2013, available at: http: // www. one. org/c/us/policybrief/4063/.

3. China: Biofuels Annual, August 9, 2019, https: // www. fas. usda. gov/data/china – biofuels – annual – 5.

4. China: Biofuels Annual, August 7, 2020, https: // www. fas. usda. gov/data/china – biofuels – annual – 6.

5. China: Grain and Feed Update, July 2, 2020, https: // www. fas. usda. gov/data/china – grain – and – feed – update – 13.

6. Deepak Rajagopal, Rethinking Current Strategies for Biofuel Production in India, http: // www. iwmi. cgiar. org/EW – MA/files/papers/rajagopal_biofuels_final_Mar02. pdf, 2015 – 04 – 20.

7. FAOSTAT, http: // faostat. fao. org/site/368/default. aspx#ancor.

8. FAOSTAT, http: // faostat. fao. org/site/612/default. aspx#ancor.

9. Goodpal, Is India a Poor Country or Emerging Superpower? http: // good-pal. hubpages. com /hub/Is – India – a – PoorCountry – or – Emerging – Super-power, 2015 – 04 – 20.

10. India Needs Second Green Revolution, February 26, 2011, http: // arti-cles. economictimes. indiatimes. com/2011 – 02 – 26/news/28636051 _1 _indian – agriculture – gross – capital – formation – green – revolution.

11. Joseph Hanlon, British NGOs Attack Agriculture Corridors, December 14, 2012, available at: http: // www. oc – nus. net/artman2/publish/Africa_8/ British – NGOs – Attack – Agriculture – Corridors. shtml.

12. Land Matrix, http: // landmatrix. org/en/get – the – idea/agricultural – drivers/.

13. Land Matrix, http: // landmatrix. org/en/get – the – idea/web – transna-tional – deals/.

14. L' Aquila Food Security Initiative (AFSI) , 2012 Report, available at: http: // www. state. gov/documents/organization/202922. pdf.

15. Lucy Madison, Obama Announces Global Food Initiative, May 18, 2012, available at: http: // www. cbsnews. com/8301 – 503544 _l62 – 57437150 – 503544/obama – announces – global – food – initiative/.

16. Manmohan Singh, India Needs Another Green Revolution, http: // www. thehindu. com/sci – tech/article2233318. ece, 2015 – 04 – 06.

17. Namibia Tables Bill to Ban Foreign Ownership of Land Report, Novem-ber 16, 2016, http: // www. farmlandgrab. org/post/view/26711 – namibia – ta-bles – bill – to – ban – foreign – ownership – of – land – report.

18. Narendrasinh B. Chauhan, Information Technology for Agricultural Devel-opment in India, http: // agropedia. iitk. ac. in/openaccess/sites/Default/files/

WS%2014. pdf,2015 - 05 - 02.

19. Paras Chopra, Akhil Kamma, Genetically Modified Crops in India: The Current Status of GM Crops in India,http://www. docin. com/p - 586824824. html,2015 - 04 - 06.

20. Sylivester Domasa, Tanzania: Village Land Purchases Banned, August 29, 2016, http://allafrica. com/stories/201608290076. html.

21. Thanking Republicans For Supporting The No Oil Producing And Exporting Cartels Act of 2008, May 21, 2008, http://capitolwords. org/date/2008 / 05/21/H4328 - 2_thanking - republicans - for - supporting - the - no - oil - pro/.

22. Understanding Agriculture Industry: Business Ideas,http://www. entrepreneurswebsite. com/2011/02/26/agriculture - industry - of - india,2015 - 05 - 02.

23. U. S. Agency for International Development, Boosting Harvests, Fighting Poverty, October 2012, available at: http:// www. feedthefuture. gov/sites/default/files/FtF_annual_report_web_ ready. pdf.

24. U. S. Agency for International Development, Feed the Future, available at: http:// www. feedthefuture. gov/article/former - agriculture - secretaries - discuss - food - securitynational - security - urge - bipartisan.

25. U. S. Department of State, Farm Policies and World Trade,http:// economics. about. Com/od/Americanagriculture/a/farm_trade. htm,2013 - 09 - 08.

26. U. S. Department of State, Farm Policy of the 20th Century,http:// economics. about. com/od/americana griculture/a/farm_policy. htm.

27. U. S. Department of State, Promoting Global Food Security: Next Steps for Congress and the Administration,April 22, 2010,available at: http:// www. state. gov/s/dmi/fonner/lew/140672. Htm.

28. U. S. Department of State, U. S. Government's Feed the Future Initiative Helps Countries Cope with Rising Food Prices, March 3, 2011, available at: http://www. state. gov/r/pa/prs/ps/2011/03/157626. htm.